Ma terre natale

Les États-Unis : ses merveilles, ses beautés et ses habitants ; avec notes descriptives, croquis de personnages, folklore, traditions, légendes et histoire, pour l'amusement des vieux et l' instruction des jeunes

James Cox

Writat

Cette édition parue en 2024

ISBN : 9789359945439

Publié par
Writat
email : info@writat.com

Contenu

CHAPITRE I.

LA NAISSANCE DE NOTRE NATION.

L'histoire de Liberty Bell--Opinions impartiales sur la guerre d'indépendance--Le coup de feu entendu dans le monde entier--Le Premier Comité de Sûreté--Une défaite qui équivalait à une victoire--Le sérieux de Washington--Le Congrès à cheval-- La première célébration du 4 juillet.

Ce n'est que le 19 avril 1775 que fut tiré le coup de feu qui fut « entendu dans le monde entier ». Mais la lutte pour l'indépendance américaine a réellement commencé près d'un quart de siècle plus tôt, lorsque, dans l'après-midi du 27 août 1753, la cloche de la Liberté sonna pour convoquer l'Assemblée de la province de Pennsylvanie.

À l'époque des assemblées municipales, des journées de formation, des écoles municipales et des puritains, les cloches jouaient un rôle plus important dans les affaires publiques qu'aujourd'hui. Il était d'usage de réunir les gens pour délibérer au moyen d'une cloche de village ou de ville, et de ces cloches, celle à laquelle nous faisons référence était la plus importante et la plus intéressante. Liberty Bell porte bien son nom. Il fut commandé en 1751 et livré un an plus tard. Peu de temps après, il se fissura et dut être refondu, mais en juin 1753, il fut finalement accroché à la Pennsylvania State House à Philadelphie. Il n'a jamais été retiré du bâtiment sauf à deux reprises. La première date de 1777, lorsqu'elle fut transportée à Allentown pour des raisons de sécurité, et la seconde, en 1885, lorsqu'elle fut exposée à la Nouvelle-Orléans.

Cette cloche, qui sonna le coup mortel à la tyrannie et à l'oppression, fut d'abord sonnée pour convoquer l'Assemblée, qui résolut aussitôt d'insister sur certains droits qui avaient été refusés aux colons par la couronne britannique. Dix-huit mois plus tard, on sonna de nouveau pour annoncer la réunion au cours de laquelle les droits des colons furent sévèrement définis et insistés. En 1765, elle convoqua la réunion de l'Assemblée à laquelle elle résolut d'être représentée au Congrès des Colonies à New York, et un mois plus tard elle fut assourdie et sonnée à l'arrivée du « Royal Charlotte », portant les timbres tant détestés. , dont l'atterrissage n'était pas autorisé. De nouveau, cela sonna assourdi lorsque la loi sur le timbre entra en vigueur et lorsque les gens brûlèrent publiquement des papiers timbres. En 1768, la Liberty Bell convoqua une réunion des hommes de Philadelphie, qui protestèrent une fois de plus contre l'oppression d'un gouvernement sans représentation. En

1771, il convoqua l'Assemblée pour demander au roi d'Angleterre l'abrogation des droits sur le thé, et deux ans plus tard, il rassembla la plus grande foule jamais vue à Philadelphie jusqu'à cette date. Lors de cette réunion, il fut décidé que le navire « Polly », chargé de thé, ne serait pas autorisé à accoster.

En 1774, la cloche fut étouffée et sonna lors de la fermeture du port de Boston, et l'année suivante, elle convoqua la mémorable réunion qui suivit la bataille de Lexington. A cette occasion, 8 000 personnes se sont rassemblées dans la cour de la State House et ont convenu à l'unanimité de s'associer pour défendre, avec les armes, leur vie, leur liberté et leurs biens contre toutes les tentatives visant à les en priver. En juin 1776, Liberty Bell annonça la soumission au Congrès du projet de Déclaration d'Indépendance et le 4 juillet de la même année, la même cloche annonça la signature de la Déclaration. Le 8 juillet de la même année, le glas de la grande proclamation de l'indépendance américaine sonnait vigoureusement. Le péage fut suspendu pendant la lecture de la Déclaration, et sonné de nouveau lorsque ce document immortel eut été ainsi formellement promulgué.

En avril 1783, Liberty Bell sonna la proclamation de la paix et le 4 juillet 1826 inaugura l'année du jubilé.

Le dernier coup de cloche eut lieu en juillet 1835, lorsque, tout en sonnant lentement et sans aucune raison apparente, la cloche, qui avait joué un rôle si important dans la guerre d'indépendance et dans l'assurance de la liberté du peuple de ce grand pays, fendu de part en part, faisant une grande déchirure, qu'on voit encore clairement. C'était comme si la cloche réalisait que sa grande tâche était accomplie et qu'elle pouvait laisser à d'autres cloches plus jeunes les tâches mineures qui restaient à accomplir.

Il ne s'agit pas ici d'une histoire des États-Unis, mais plutôt d'une description de certaines des caractéristiques les plus intéressantes et les plus remarquables que l'on puisse trouver dans diverses parties de ce pays. Il est cependant difficile de décrire des scènes et des bâtiments sans au moins une brève référence historique, et comme nous présentons une excellente illustration de l'appartement dans lequel la Déclaration d'Indépendance a été signée, nous sommes obligés de faire une brève référence aux circonstances et aux événements. qui a précédé cet événement le plus important de l'histoire du monde.

Comme nous l'avons vu, le conflit entre la métropole et les colonies a commencé bien avant qu'il n'éclate réellement. Comme l'exprime si clairement M. Thomas Wentworth Higginson, la capitulation du Canada à l'Angleterre par la France en 1763 a soudainement ouvert les yeux des hommes sur le fait que l'Amérique britannique était devenue un pays si grand qu'il faisait paraître l'Angleterre ridiculement petite. Même le Dr Franklin, qui avait la tête froide, écrivit la même année à Mary Stevenson à Londres, parlait de l'Angleterre comme de « cette pierre dans un ruisseau, dont il y en a à peine assez au-dessus de l'eau pour garder les chaussures sèches ». Un homme d'État français clairvoyant de l'époque envisageait la question de la même manière. Choiseul, le premier ministre qui a cédé le Canada, a affirmé par la suite qu'il l'avait fait dans le but de détruire la nation britannique en lui créant un rival. Cette affirmation n'a été faite que dix ans plus tard, et peut-être très probablement après coup, mais elle était destinée à être confirmée par les faits.

Nous devons maintenant faire face au déclenchement d'une lutte qui était, selon le plus grand des hommes d'État anglais de l'époque, « une guerre des plus maudites, des plus méchantes, des plus barbares, des plus cruelles, des plus contre nature, des plus injustes et des plus diaboliques ». Aucun écrivain américain n'a jamais employé pour le décrire une combinaison d'adjectifs aussi vigoureux que ceux réunis par Pitt aîné, plus tard Lord Chatham. Les droits pour lesquels les Américains se battaient lui semblaient être les droits communs des Anglais, et de nombreux Anglais pensaient la même chose.

D'un autre côté, nous sommes désormais en mesure de rendre justice à ces loyalistes américains qui croyaient honnêtement que la tentative d'indépendance était folle et qui ont sacrifié tout ce qu'ils possédaient plutôt que de se rebeller contre leur roi. Massachusettensis , le pamphlétaire conservateur bien connu, a écrit que les annales du monde n'avaient pas été déformées par un seul exemple de rébellion aussi contre nature, aussi dénuée de cause, aussi gratuite et aussi méchante.

Ces épithètes fortes utilisées de part et d'autre montrent combien étrangement les opinions étaient divisées quant à la rébellion et à ses causes. Certains des premiers hommes d'État d'Angleterre ont défendu les colons, et certains des hommes les plus connus des colonies ont défendu l'Angleterre.

La ville de Boston comptait à cette époque environ dix-sept mille habitants, contre environ un demi-million aujourd'hui. Sa garnison comptait trois mille soldats britanniques et les lois du Parlement étaient appliquées de manière rigide. En conséquence, la ville subit une mort commerciale temporaire et les efforts les plus vigoureux furent déployés pour empêcher le déclenchement ouvert des hostilités. En janvier 1775, un conflit fut à peine évité à Marshfield, et le mois suivant, la situation était si tendue à Salem que seules une grande patience et une grande présence d'esprit de la part des colons empêchèrent une effusion de sang. Le massacre de Boston, survenu moins de cinq ans auparavant, était encore au premier plan des pensées des hommes, et il fut décidé que la responsabilité du premier coup de feu dans la guerre, s'il devait y avoir guerre, devait incomber aux troupes royales.

En conséquence, les colons ont accepté les insultes et les injures jusqu'à ce qu'ils soient soupçonnés de lâcheté par les troupes britanniques. Un officier a écrit à ses amis pour dire qu'il n'y avait aucun danger de guerre, parce que les colons étaient des tyrans, mais pas des combattants, ajoutant que deux régiments devraient être décimés s'ils ne pouvaient pas vaincre l'ensemble des forces déployées contre eux. Mais le conflit ne pouvait pas tarder. C'est le 18 avril 1775 que Paul Revere fit sa célèbre chevauchée. Il avait vu les deux lumières dans un clocher d'église à Boston, ce qui avait été considéré comme un signal indiquant que les troupes britanniques étaient sur le point de s'emparer des approvisionnements des patriotes à Concord. La mise en garde du sergent Monroe contre le bruit inutile fut accueillie par sa réplique : « Vous aurez assez de bruit ici d'ici peu – les habitués sortent.

Puis il commença son voyage pour la vie, ou plutôt pour la vie des autres. Nous connaissons tous le résultat de sa chevauchée, et comment les cloches des églises ont été sonnées et comment des coups de feu ont été tirés pour avertir les gens de l'arrivée des soldats. Ce fut une nuit de tumulte et d'horreur, personne ne sachant à quelle brutalité ils devaient s'attendre de la part des soldats britanniques désormais enragés. Les femmes des villes, averties par les signaux préétablis, pressèrent leurs enfants de sortir de leurs maisons et s'enfuirent vers les fermes et même les granges des environs. Avant le lever du jour, les troupes britanniques avaient atteint Lexington Green. Ici, ils trouvèrent le capitaine Parker et 38 hommes debout devant vingt fois plus de troupes armées, indifférents quant à leur sort, mais déterminés à protéger leur cause et leurs amis. Les paroles du capitaine sont entrées dans l'histoire. Elles prirent la forme d'un ordre adressé aux hommes :

"Ne tirez pas à moins qu'on vous tire dessus ; mais s'ils veulent la guerre, qu'elle commence ici."

L'histoire nous parle de peu de luttes aussi inégales que celle-ci. Les troupes tirèrent sur la vaillante petite troupe, et sept d'entre eux furent tués. Le combat de Concord s'ensuivit, lorsque 450 Américains rencontrèrent les troupes britanniques au North Bridge, où

"Une fois, les agriculteurs en difficulté se sont levés
et ont tiré le coup de feu entendu dans le monde entier."

Le détachement britannique fut repoussé en désordre, mais le corps principal était trop fort pour être attaqué. Les hommes les plus minuscules, cependant, livrèrent un combat des plus magnifiques et, à la fin de la journée, ils avaient tué 273 soldats britanniques, dont 93 seulement figuraient parmi les tués ou les disparus.

Ainsi commença la guerre d'indépendance, l'événement étant décrit par le Dr Joseph Warren dans un document suffisamment intéressant pour justifier sa reproduction intégrale.

"Les meurtres barbares commis contre nos frères innocents", écrit le médecin, "ont rendu absolument nécessaire que nous levions immédiatement une armée pour défendre nos femmes et nos enfants des mains meurtrières d'un soldat inhumain qui, irrité par les obstacles qu'ils rencontrés dans leur progression sanglante, et furieux d'avoir été repoussés du champ de massacre, saisiront sans le moindre doute la première occasion en leur pouvoir pour ravager ce pays dévoué à feu et à sang. Nous vous en conjurons donc par tous. il est précieux, par tout ce qui est sacré, que vous apportiez toute l'aide possible à la formation d'une armée. Notre tout est en jeu. La mort et la dévastation sont les conséquences immédiates d'un retard. Chaque instant perdu peut inonder notre pays. dans le sang, et entraîner un esclavage perpétuel pour le petit nombre de votre postérité qui survivra au carnage. Nous vous supplions et vous supplions, comme vous répondrez à votre pays, à votre propre conscience, et, par-dessus tout, comme vous répondrez à Dieu lui-même, que vous hâterez et encouragerez, par tous les moyens possibles, l'enrôlement d'hommes pour former une armée, et que vous les enverrez au quartier général de Cambridge, avec la célérité qu'exigent la vaste importance et l'urgence immédiate de l'affaire.

Deux jours après le combat, le Comité de sécurité du Massachusetts résolut d'enrôler 8 000 hommes, événement que notre vieil ami Liberty Bell célébra par un vigoureux carillon. Partout dans les colonies, un esprit de détermination à résister s'est répandu comme l'éclair, et le coup de feu qui a été entendu dans le monde entier a certainement été entendu très distinctement dans tous les coins et recoins de la Nouvelle-Angleterre et des anciens États atlantiques. Naturellement, il y eut au début un manque de concentration et même de discipline ; mais ce qui manquait à ces traits était plus que compensé par le courage et la détermination. Comme l'écrivait John Adams en 1818, l'armée de Cambridge à cette époque n'était pas une armée nationale, car il n'y avait pas de nation. Ce n'était même pas une armée des Colonies Unies, parce que le Congrès de Philadelphie n'avait ni adopté ni reconnu l'armée de Cambridge. Il ne s'agissait même pas de l'armée de la Nouvelle-Angleterre, car chaque État avait ses armées distinctes, qui s'étaient unies pour emprisonner l'armée britannique à Boston. Il n'y avait même pas le commandant en chef des armées alliées.

Bien entendu, ces anomalies se sont rapidement corrigées. La proclamation de la loi martiale par Gage a accéléré la bataille de Bunker Hill, provoquée par l'impatience des troupes britanniques et par la confiance accrue parmi les colons, résultant des combats de Lexington et de Concord. Il est vrai, bien sûr, que les troupes américaines non entraînées n'ont pas réussi à vaincre l'armée britannique à Bunker Hill, mais le monument situé à cet endroit célèbre le fait que pendant deux heures, les attaques des réguliers ont résisté. Un important journal anglais a décrit la bataille comme l'une des innombrables erreurs de la part des Britanniques. Comme l'écrivait si clairement William Tudor : « Les troupes ministérielles ont gagné la colline, mais ont été victorieuses et perdantes. Encore quelques victoires de ce genre et elles sont défaites. » De nombreux écrivains ont été crédités d'être les auteurs d'un sentiment similaire, rédigé du point de vue américain. "C'est vrai que nous avons été battus, mais il n'en faudra pas beaucoup pour remporter une magnifique victoire."

Ce qui commençait à être connu comme la grande armée américaine augmenta en force. Il a été adopté par le Congrès et George Washington en a pris le commandement. Sous l'orme historique de Cambridge, Massachusetts, qui fut le théâtre de tant de conciles importants dans les premières heures de la vie des États-Unis, il assuma l'autorité qui lui était conférée par cette fonction, et une semaine plus tard, il occupa un conseil avec ses officiers. Il trouva sous ses ordres quelque 17 000 hommes, qu'il décrivit comme une multitude mélangée de personnes très peu disciplinées.

William Emerson, grand-père du grand poète, dans un monologue sur la tournure étrange que les événements avaient pris, a déclaré : « Qui aurait pensé, douze mois plus tard, que Cambridge et Charleston seraient recouverts de camps américains et découpés en forts et retranchements. , et toutes les terres, champs et vergers mis en commun, avec des chevaux et du bétail se nourrissant des meilleurs terrains fauchés, et de grands parcs de criquets bien réglementés coupés pour le bois de chauffage. Cela, je dois le dire, semble un peu mélancolique. amusant de se promener parmi les camps. Ils sont aussi différents dans leur apparence que les propriétaires le sont dans leur tenue vestimentaire, et chaque tente est un portrait de l'humeur et des goûts des personnes qui y campent. Certaines sont faites de planches et d'autres de toile à voile. Certains sont en partie de l'un et d'autres en partie de l'autre ; d'autres encore sont faits de pierre et de gazon, de brique ou de broussailles, d'autres sont curieusement ouvrés avec des portes et des fenêtres, faites de couronnes et de guirlandes. à la manière d'un panier. Certaines sont de véritables tentes, ressemblant au camp régulier de l'ennemi. C'est là que se trouvent les habitants du Rhode Island, qui sont équipés de tentes et de tout dans le style anglais le plus exact. Cependant, je pense que cette grande variété est plutôt une beauté qu'un défaut dans l'armée. »

Comme on pouvait s'y attendre, il y avait plus ou moins un manque d'harmonie et d'unité parmi les groupes d'hommes rassemblés pour former une armée pour lutter pour la liberté. L'histoire nous apprend qu'il y avait même une petite jalousie entre les quatre colonies de la Nouvelle-Angleterre. Il y avait aussi une grande méfiance à l'égard de Washington. On prétendait qu'au moins un tiers de la classe dont il était issu avait des tendances conservatrices et royalistes, et quelle garantie avaient-ils que Washington ne faisait pas partie des leurs ? Washington lui-même a constaté que ceux qui s'appelaient eux-mêmes dans le vieux langage campagnard « la noblesse » étaient loyaux au roi George plutôt qu'aux colonies, et tandis que ses propres hommes étaient parfois enclins à douter de la sincérité du père de son pays, ceux-là mêmes avec lesquels il était soupçonné d'avoir des sympathies le dénonçaient avec vigueur.

Washington, à son honneur, fut indifférent aux louanges comme aux censures. Voyant que la discipline était la seule chose nécessaire, il commença à la faire respecter d'une main de fer. Il refusa toute rémunération et offrit librement ses services à la cause. Il se trouva à court de munitions et perdit plusieurs fois plusieurs de ses hommes. Au printemps 1776, Washington se rend à New York avec son armée continentale. Ici, il rencontra de nouvelles difficultés et rencontra une série de mésaventures. L'échec de l'avancée vers le Canada au cours de l'hiver avait causé des dégâts matériels, mais la bravoure des troupes dans les Carolines était un grand encouragement.

Nous n'avons pas besoin de retracer davantage les progrès de la guerre, ni de noter comment, à travers de nombreux découragements et difficultés, la cause du droit a triomphé de la cause de la force. Nous passons ensuite en revue quelques faits intéressants liés à la signature de la Déclaration d' Indépendance. Aujourd'hui, nos sénateurs et membres du Congrès se rendent dans la capitale nationale à bord de voitures Pullman, entourés de tout le luxe que la richesse et l'influence peuvent leur apporter.

À l'époque du Congrès continental, il fallait beaucoup plus de courage pour accomplir son devoir. Le délégué a dû se rendre au Congrès à cheval. Parfois, il pouvait trouver une petite auberge de campagne où dormir la nuit, mais d'autres fois, il devait camper en plein air du mieux qu'il pouvait. Souvent, un avertissement amical l'obligeait à faire un détour de plusieurs milles pour échapper à quelque danger menacé, et, dans l'ensemble, sa marche vers la capitale était loin d'être triomphale.

A cette époque particulière, les difficultés étaient plus grandes que d'habitude. Les délégués sont arrivés à Philadelphie blasés et fatigués. Ils trouvèrent une écurie pour leurs chevaux, aménageèrent les meilleures toilettes possibles et se dirigèrent immédiatement vers l'Independence Hall, où leurs opinions furent échangées. Le 7 juin, Richard Henry Lee, de Virginie, soumit une série de résolutions, sous les instructions de l'Assemblée de Virginie, résolutions qui, peut-on dire, engageaient les colonies à poursuivre la guerre jusqu'à ce que les Anglais soient entièrement chassés du territoire. le pays. Le Congrès déclara délibérément que les États-Unis étaient absous de toute allégeance à la couronne britannique, et il entreprit ensuite de brûler les ponts en déclarant l'opportunité de prendre des mesures efficaces pour former des alliances étrangères. John Adams a appuyé les résolutions, qui n'ont pas été adoptées sans débat.

Les délégués de New York, de Pennsylvanie et de Caroline du Sud se sont opposés très vigoureusement à la proposition, un membre déclarant qu'il fallait l'impudence d'un habitant de la Nouvelle-Angleterre pour qu'ils, dans leur État disloqué, proposent un traité à une nation maintenant en paix ; qu'aucune raison ne pouvait être invoquée pour appuyer cette mesure, si ce n'est la raison de tout fou : une démonstration d'esprit. John Adams a défendu les résolutions, affirmant qu'elles proclamaient des objectifs de la plus grande ampleur, dans lesquels la vie et les libertés de millions de personnes encore à naître étaient infiniment intéressées. Finalement, l'examen fut ajourné et fut adopté à la quasi-unanimité le 2 juillet. John Adams était très enthousiasmé par ce résultat et, écrivant à sa femme à ce sujet, il a déclaré :

"Le 2 juillet 1776 sera l'époque la plus mémorable de l'histoire de l'Amérique. Je suis porté à croire qu'il sera célébré par les générations suivantes comme la grande fête anniversaire. Il devrait être commémoré comme un jour de délivrance. , par des actes solennels de dévotion à Dieu Tout-Puissant, d'un bout à l'autre du continent, dès maintenant et pour toujours."

Mais bien que le jour évoqué par John Adams ait vu les treize colonies devenir des États indépendants, c'est bien le 4 juillet que le pays célèbre. Ce jour-là, la Déclaration d'Indépendance fut promulguée. Ce merveilleux document a été préparé par Jefferson dans une petite maison en brique, qui se dressait alors au milieu des champs, mais qui est maintenant connue comme le coin sud-ouest de Market et Seventh Streets , à Philadelphie. Il est situé à environ quatre cents mètres de la Place de l'Indépendance. Dans sa petite chambre de cette maison, sur un tout petit bureau qui existe encore, Jefferson rédigea le titre de propriété de nos libertés. Il écrivait sans référence d'aucune sorte, se contentant de mettre sur papier la succession de pensées qui étaient primordiales dans son esprit depuis des années. Dans le document original, tel que soumis par Jefferson, figurait une condamnation sévère de la « guerre pirate contre la nature humaine elle-même », telle que l'esclavage était décrit. Cela fut annulé par le Congrès et finalement le document, tel que modifié, fut adopté par le vote de douze colonies, New York refusant de voter.

Nous donnons une illustration de l'intérieur de l'Independence Hall. C'est ici que la Déclaration fut signée. Selon certaines autorités, la signature n'a pas eu lieu le 4 juillet, alors que selon d'autres, elle a eu lieu. Certains documents semblent montrer que cinquante-quatre des cinquante-six noms étaient attachés au parchemin le 2 août. Jefferson a souvent déclaré que la signature de la Déclaration avait été précipitée par une circonstance très insignifiante. Près de la salle se trouvait une grande écurie où les mouches abondaient. Tous les délégués portaient des bas de soie et étaient donc facilement incommodés par les mouches. La chaleur était intolérable, et une formidable invasion de petits nuisibles, qui n'étaient pas retardés par des moustiquaires ou des moustiquaires, rendit les législateurs presque affolés et les poussa à apposer leurs signatures sur le document avec une hâte presque indécente.

Intérieur de l'Independence Hall, Philadelphie

Quoi qu'il en soit, la Déclaration fut finalement signée et Liberty Bell le proclama à tous ceux qui l'entendaient. John Hancock, nous dit-on, faisait référence à sa signature presque écolière avec un sourire, affirmant que John Bull pouvait lire son nom sans lunettes. Franklin aurait fait remarquer qu'ils devaient tous être pendu ensemble, sinon ils seraient certainement tous pendu séparément - un jeu de mots montrant que le sens de l'humour du patriote était trop admirablement développé pour être atténué même par un événement de cette ampleur.

De tous côtés, on se réjouissait de l'accomplissement de ce grand acte. Une histoire très plaisante raconte comment un vieux sonneur de cloches attendait, haletant, pour annoncer à des milliers de personnes réveillées le vote du Congrès. Cette histoire a depuis été démentie, et il semble évident que le vote n'a été annoncé que le lendemain, lorsque des circulaires ont été envoyées au peuple. Le 6 juillet, la Déclaration a été imprimée dans un journal de Philadelphie et le 8, John Nixon a lu la Déclaration dans la cour de l'Independence Hall. Le même jour, les armes royales au-dessus de la porte de la salle de la Cour suprême furent démolies et les trophées ainsi sécurisés furent brûlés.

La première célébration du 4 juillet dont nous disposons a eu lieu deux ans après la signature. Le général Howe avait quitté la ville peu de temps auparavant et tout le monde se sentait brillant et heureux. Dans le journal d'un des vieux patriotes qui prirent part à cette célébration unique, figure la description suivante, pittoresque et même pittoresque, des événements de la journée :

"Le glorieux 4 juillet (1778), j'ai célébré à la City Tavern, avec mes frères délégués du Congrès et un certain nombre d'autres messieurs, ce qui équivaut au total à environ quatre-vingts ans, à l'anniversaire de l'Indépendance. Le divertissement était élégant. et bien dirigés, il y avait quatre tables réparties ; deux d'entre elles s'étendaient sur toute la longueur de la salle ; les deux autres les traversaient à angle droit, en face de la table supérieure, en tête. de la table haute, et à la droite du président, se dressait un grand pudding cuit au four, au centre duquel était planté un bâton, sur lequel était déployé un drapeau cramoisi, au milieu duquel se trouvait cet emblème emblématique : Un œil, désignant Providence ; une étiquette sur laquelle était inscrit : « Un appel au ciel » ; un homme avec une épée nue à la main, et dans l'autre la Déclaration d'Indépendance, et à ses pieds un rouleau portant l'inscription « Les actes déclaratoires ». Dès que le dîner commença, la musique composée de clarinettes , hautbois, cors d'harmonie, violons et violes de basse, s'ouvrit et continua, faisant des pauses convenables, jusqu'à ce qu'elle soit terminée. Puis les toasts, suivis d'une décharge de pièces de campagne. , ont été bu, et ainsi l'après-midi s'est terminé. Le soir, il y a eu une collation froide et un brillant feu d'artifice. La rue était bondée de monde pendant l'exposition.

"Quelle étrange vicissitude dans les affaires humaines ! Ceux-ci, quelques années seulement après avoir été colonies de la Grande-Bretagne, sont maintenant des États libres, souverains et indépendants, et célèbrent maintenant l'anniversaire de leur indépendance dans la ville même où, un jour ou deux seulement, auparavant, le général Howe exhibait son ridicule Champhaitre . »

L'Independence Hall reste aujourd'hui dans un merveilleux état de conservation. Lors de la grande Exposition du Centenaire, organisée pour célébrer le centième anniversaire des événements auxquels nous avons fait allusion dans ce chapitre, des dizaines de milliers de personnes passèrent par la salle où fut signée la Déclaration d'Indépendance et contemplèrent avec des sentiments mêlés l'histoire historique. cloche, qui, bien qu'elle ait depuis longtemps perdu son utilité, avait autrefois fait une si grande proclamation de nobles vérités, sentiments et actions. Jusqu'à une date assez récente, la justice était administrée dans l'ancien bâtiment, mais la plupart des tribunaux ont maintenant été transférés dans la structure majestueuse que Philadelphie moderne est en train d'ériger au prix d'environ 16 000 000 de dollars.

Le Hall de l'Indépendance et la Place de l'Indépendance sont entretenus avec amour et les visiteurs de toutes les nations prennent soin de les inclure tous deux dans leur visite touristique pendant leur séjour dans ce pays. Dans la salle, ils trouvent des parchemins anciens et des curiosités du XVIIIe siècle presque innombrables, et les antiquaires en trouvent de quoi les intéresser et les amuser plusieurs jours de suite. Tout amoureux de sa terre natale, quelle que soit cette terre, lève son chapeau en signe de révérence lorsqu'il se trouve dans cet ancien bâtiment inspirant la mémoire, et il doit être inconsidéré, en effet, qui peut le traverser sans payer au moins un hommage mental. de respect à la mémoire des hommes qui ont assisté à la naissance de la plus grande nation que le monde ait jamais connue et qui ont assuré au peuple des États-Unis une liberté absolue.

L'illustration de l'intérieur de l'Independence Hall, à la page 17, a été fournie pour être utilisée dans cet ouvrage par la Société nationale de Saint-Louis, éditrice de « Our Own Country », un grand ouvrage décrivant une tournée à travers les sections les plus pittoresques du États-Unis. La typographie de "Our Own Country" a été écrite par l'auteur de cet ouvrage, et c'est l'un des plus beaux hommages au pittoresque de l'Amérique qui ait jamais été publié. D'autres illustrations de cet ouvrage ont également été aimablement fournies par la même maison d'édition.

CHAPITRE II.

LES SORCIÈRES DE SALEM.

Une relique d'intolérance religieuse--La tirade du pasteur Lawson contre la sorcellerie--Des archives judiciaires extraordinaires de l'époque puritaine--Des conjurations surnaturelles présumées--Un homme et sa femme tous deux mis à mort--Écrasés pour avoir refusé de plaider--Une romance du L'époque de la persécution des sorcières.

Parmi les curiosités de la Nouvelle-Angleterre présentées aux touristes et aux visiteurs, se trouve le site original de certains des procès et exécutions extraordinaires pour sorcellerie dans la ville de Salem, maintenant connue sous le nom de Danvers, Massachusetts. En revenant sur les événements d'il y a deux cents ans, les poursuites contre les prétendues sorcières nous semblent avoir été une persécution du type le plus infâme. La seule justification des puritains sévères est le fait qu'ils ont hérité leurs idées sur la sorcellerie et ses méfaits de leurs ancêtres et du pays d'où la plupart d'entre eux sont originaires.

L'un des premiers préceptes de l'intolérance religieuse était : « Tu ne permettras pas à une sorcière de vivre », et depuis des temps immémoriaux, la sorcellerie semble avoir été un délit capital. Il est reconnu que des milliers de personnes ont, de temps à autre, été légalement assassinées pour des relations sexuelles présumées et une liaison avec le Malin. La superstition semble avoir gagné en force plutôt que de l'avoir perdue avec la propagation du christianisme primitif. En règle générale, les victimes de cet engouement étaient des femmes, et le pourcentage de femmes âgées et infirmes était toujours très élevé. Un des plus grands juristes d'Angleterre, au dix-septième siècle, condamna à la potence deux jeunes filles pour aucun autre délit que le prétendu crime d'avoir exercé une influence funeste sur certaines victimes, et d'avoir, ce qu'on appellerait dans certains districts, " les a envoûtés.

En Ecosse, l'engouement fut poussé encore plus loin. Être accusé de sorcellerie devait être condamné systématiquement, et la mort terrible, le bûcher, était la sentence invariable. La plupart des victimes ont fait des aveux imaginaires, préférant mourir sur-le-champ plutôt que d'être torturées indéfiniment. En 1716, une riche dame et sa fille de neuf ans furent pendues pour sorcellerie, et même trente ou quarante ans plus tard, les archives de la Grande-Bretagne sont entachées par un autre cas de persécution similaire.

Ces récits peu recommandables sont donnés afin de corriger une idée fausse quant au rôle que les vieux puritains ont pris dans les persécutions. Beaucoup de gens croyaient sérieusement que l'idée de la sorcellerie, en tant que crime capital, était originaire de Salem, et attribuaient à la maison des sorcières d'origine la réputation d'avoir réellement donné naissance à une nouvelle superstition et à une nouvelle persécution. Comme nous l'avons vu, c'est totalement erroné. Le fait que les puritains ont copié un mauvais exemple, au lieu d'en donner un nouveau, devrait, au moins, être rappelé pour pallier la malheureuse tache sur leur écusson par ailleurs propre.

En 1704, un certain Deodat Lawson, ministre à Salem au cours des seize ou dix-sept dernières années du XVIIe siècle, publia un ouvrage remarquable intitulé « La fidélité du Christ, le seul bouclier contre la malignité de Satan ». Dans cet ouvrage apparaît un récit de la soi-disant calamité de Salem, dont l'auteur nous dit qu'elle fut affligée, vers 1692, « d'une souffrance très douloureuse et très douloureuse, dans laquelle ils avaient des raisons de croire que le Souverain et Saint Dieu était heureux de permettre à Satan et à ses instruments d'effrayer et d'affliger ces pauvres mortels d'une manière aussi étonnante et inhabituelle.

Le récit de Parson Lawson est si réaliste et emblématique de l'époque dans laquelle il a vécu, que nous reproduisons certaines de ses propres expressions. Ainsi, dit-il : « Ayant assisté depuis quelque temps au travail du ministère dans le village de Salem, le rapport de ces grandes afflictions m'est rapidement venu à l'esprit, d'autant plus que la première personne affligée était dans la famille du ministre. , qui m'a succédé après que j'ai été éloigné d'eux. Par conséquent, par pitié pour mes amis chrétiens et mes anciennes connaissances là-bas, je me suis beaucoup préoccupé d'eux, je les ai fréquemment consultés et (par l'aide divine) j'ai prié pour eux, mais surtout pour eux ; l'inquiétude s'est accrue lorsqu'il a été rapporté, lors de l'examen d'une personne soupçonnée de sorcellerie, que ma femme et ma fille, décédées trois ans auparavant, avaient été envoyées hors du monde sous les opérations malveillantes des puissances infernales, comme cela est plus pleinement représenté dans J'ai alors souhaité, et c'était également le souhait de certains concernés du tribunal, d'être présent pour entendre ce qui était allégué à cet égard, observant donc, lorsque j'étais parmi eux, que le cas du affligés était très étonnant et déplorable, et les accusations portées contre l'accusé étaient des motifs de suspicion, mais très complexes et difficiles à tirer de bonnes conclusions à leur sujet. Ils affirmèrent avoir vu les fantômes de plusieurs défunts qui, à leur apparition, les avaient incités à découvrir de tels instruments (disaient-ils) pour hâter leur mort, menaçant de les affliger gravement s'ils ne le faisaient pas savoir aux magistrats.

"Ils ont affirmé à l'interrogatoire, puis au procès d'un accusé, qu'ils avaient vu les fantômes de ses deux épouses (à l'égard desquelles il avait agi très mal dans leur vie, comme le prouvent plusieurs témoignages), et aussi que ils ont vu les fantômes de ma femme et de ma fille (décédée il y a plus de trois ans), et ils ont affirmé que lorsque ces fantômes regardaient le prisonnier au bar, ils étaient rouges, comme si le sang sortait de leurs visages avec indignation. La manière de procéder était la suivante : plusieurs affligés se trouvant devant le prisonnier au bar, tout d'un coup ils fixèrent tous leurs yeux ensemble sur un certain endroit du sol devant le prisonnier, sans bouger les yeux ni le corps pendant quelques minutes. , ni répondre à aucune question qui leur était posée. Dès que cette transe fut terminée, certains étant hors de vue et d'ouïe, on leur demanda tous, l'un après l'autre, ce qu'ils avaient vu, et ils convinrent tous qu'ils avaient vu ces fantômes. mentionné ci-dessus. J'étais présent et j'ai entendu et vu tout ce qui s'est passé sur ce récit lors du procès de cette personne qui était accusée d'être l'instrument de la méchanceté de Satan.

"Diverses épingles ont été retirées des poignets et des bras des personnes atteintes, et l'une d'entre elles, au moment de l'examen d'une personne suspecte, s'est fait transpercer la lèvre supérieure et inférieure par une épingle lorsqu'elle a été appelée à parler, mais aucune purulente apparente n'a suivi. Ensuite, après qu'il ait été retiré, certains des affligés, alors qu'ils se débattaient en audience publique, ont eu (par des moyens invisibles) leurs poignets liés ensemble avec une véritable corde, de sorte qu'il était difficile de l'enlever sans se couper. Certains affligés ont été trouvés avec les bras liés et pendus à un crochet, d'où d'autres ont été forcés de les descendre, afin qu'ils ne puissent pas expirer dans cette posture. Certains affligés ont été tirés sous des tables et des lits par une force indiscernable. ils pouvaient à peine être retirés. Et l'un d'eux était tiré à mi-chemin du bord d'un puits, et se rétablissait avec beaucoup de difficulté lorsqu'ils étaient les plus gravement affligés, s'ils étaient amenés à l'accusé, et que la main du suspect était posée. sur eux, ils furent immédiatement soulagés de leurs tortures ; mais si l'accusé les regardait, ils étaient immédiatement frappés de nouveau. C'est pourquoi ils couvraient le visage de l'accusé pendant qu'ils imposaient les mains à l'affligé, et cela obtenait alors l'issue désirée. Car il a été constaté (tant dans les interrogatoires que dans les procès) que dès que les affligés arrivaient en vue de l'accusé, ils étaient immédiatement plongés dans leurs crises. Oui, bien que les accusés se trouvaient parmi la foule, à l'insu des victimes, ils furent néanmoins frappés au premier coup d'œil ; ce qui a été observé chez une enfant de quatre ou cinq ans, lorsqu'on a craint que tous ceux qu'elle regardait, soit directement, soit en tournant la tête, soient immédiatement frappés dans leurs crises.

"Un fuseau de fer d'une roue en laine, retiré très étrangement d'une maison du village de Salem, a été utilisé par un spectre comme instrument de torture sur un malade, n'étant pas discernable pour les spectateurs jusqu'à ce qu'il soit arraché par ledit malade. de la main du spectre , et alors il apparut immédiatement aux personnes présentes qu'il s'agissait réellement du même fuseau de fer.

"Parfois, dans leurs crises, ils avaient la langue tirée de leur bouche à une longueur effrayante, leur tête était très tournée par-dessus leurs épaules, et pendant qu'ils étaient si tendus dans leurs crises, leurs bras et leurs jambes, etc. ., arrachés comme s'ils étaient complètement disloqués, le sang a jailli abondamment de leur bouche pendant un temps considérable; certains, pour être sûrs que c'était du vrai sang, ont pris sur leur doigt et se sont frottés sur l'autre main. J'en ai vu plusieurs ensemble ainsi violemment tendus et saignants dans leurs crises, à mon très grand étonnement que mes semblables mortels soient si gravement affligés par les puissances invisibles des ténèbres. Car certainement toutes les personnes attentionnées qui ont vu ces choses doivent être convaincues de leurs mouvements. leurs crises étaient surnaturelles et involontaires, à la fois quant à la manière, qui était si étrange, qu'une personne en bonne santé ne pouvait pas (au moins sans grande douleur) visser son corps, et quant à la violence, également, c'étaient des mouvements surnaturels, étant donné qu'ils étaient surnaturels et involontaires. bien au-delà de la force ordinaire des mêmes personnes lorsqu'elles étaient saines d'esprit. De sorte que, étant donné qu'ils souffrent si gravement, il semblerait très dur et injuste de les blâmer de consentir ou d'avoir une conversation volontaire ou une familiarité avec le diable.

"On a demandé à certains d'entre eux comment il se faisait qu'ils n'aient pas été effrayés lorsqu'ils ont vu l'homme noir. Ils ont répondu qu'ils l'étaient au début, mais pas tellement par la suite. Certains d'entre eux ont affirmé avoir vu l'homme noir assis sur le sol. potence, et qu'il murmurait à l'oreille de certains condamnés alors qu'ils étaient sur le point d'être éteints, même pendant qu'ils prononçaient leur dernier discours.

"Certains d'entre eux ont vu à plusieurs reprises un homme blanc apparaître parmi les spectres , et aussitôt qu'il est apparu, les sorcières noires ont disparu ; ils ont dit que cet homme blanc leur avait souvent prédit quel répit ils devraient avoir de leurs crises ; comme , parfois, un jour ou deux ou plus, qui tombaient en conséquence. L'une des affligées a déclaré qu'elle l'avait vu dans sa crise et qu'elle était avec lui dans un endroit glorieux, qui n'avait ni bougie ni soleil, mais qui était plein de lumière et de luminosité. , où il y avait une multitude en « robes blanches et scintillantes », et ils chantèrent le chant dans Apocalypse v, 9. Elle devait toutes deux quitter cet endroit et dit : « Combien de temps dois-je rester ici ? .' Elle était triste de ne plus pouvoir rester dans cet endroit et en cette compagnie.

« Une jeune femme qui était affligée à un rythme effrayant a vu apparaître un spectre entouré d'un drap blanc, invisible aux spectateurs, jusqu'à ce que cette victime (se débattant violemment dans sa crise) l'a saisi, s'est emparé et l'a arraché. le coin de ce drap. Son père, étant près d'elle, essaya de le saisir avec elle, afin qu'elle puisse conserver ce qu'elle avait obtenu ; mais au moment du décès du spectre , il eut un mouvement de main si violent que il aurait été arraché. Aussitôt apparut dans la main du malade le coin d'un drap, un véritable tissu, visible des spectateurs, qui (comme on dit) reste encore à voir.

Il a été prouvé, continuent les archives de l'époque, par des preuves substantielles contre un accusé, qu'il possédait une force si inhabituelle (bien qu'il s'agisse d'un très petit homme) qu'il pouvait tenir un fusil d'une main, derrière la serrure, qui était près de sept pieds dans le canon, étant tel qu'un homme vigoureux pouvait commander avec les deux mains, selon la manière habituelle de tirer. Il a également été prouvé qu'il soulevait seul des barils de métal et des barils de mélasse d'un canot ; et que, mettant ses doigts dans un tonneau de mélasse, plein à moins d'un doigt, selon l'usage, il le porta à plusieurs pas. Et qu'il a mis son doigt dans la bouche d'un fusil qui avait plus de cinq pieds dans le canon, et a soulevé la crosse de celui-ci, la platine, la crosse et tout, sans aucune aide visible pour la soulever. Il a également été témoigné que, étant à l'étranger avec sa femme et le frère de sa femme, il restait parfois sur place, laissant sa femme et son frère avancer ; mais, les reprenant tout à coup, il se mit en colère contre sa femme à cause de la conversation qui avait eu lieu entre elle et son frère. Ils se demandèrent comment il devait le savoir, il dit : « Je connais vos pensées », et eux, étonnés, lui demandèrent comment il pouvait faire cela, il répondit : « Mon Dieu que je sers me fait connaître vos pensées. "

Certains affirmaient qu'il y avait quelques centaines de membres de la société des sorcières, dont des compagnies considérables se rassemblaient en armes au rythme du tambour. Lors des interrogatoires et des procès, ils déclarèrent qu'un tel homme avait coutume de les convoquer de toutes parts aux réunions de sorcières, au son d'une trompette diabolique.

Etant amenés à voir les prisonniers au bar, lors de leurs procès, ils jurèrent, en audience publique, qu'ils les avaient souvent vus à des réunions de sorcières, « où il y avait festin, danse et gaieté, ainsi qu'aux sacrements du diable, et particulièrement qu'ils Ils virent un tel homme parmi l'équipage maudit et affirmant qu'il leur avait administré le sacrement de Satan, les encourageant à continuer dans leur voie et qu'ils devraient certainement l'emporter. Ils dirent également qu'une telle femme était diacre. et servaient à distribuer l'élément diabolique. Ils affirmaient qu'il y avait un grand nombre de sorcières.

Avec de tels sentiments qui prédominent, il n'est pas du tout remarquable que les prétendues sorcières aient été traitées avec une brutalité continuelle et ostentatoire. Une vieille dame de soixante ans, nommée Sarah Osburn , a été traquée à mort parce qu'elle était une sorcière. La pauvre vieille dame, qui était dans une assez bonne situation et paraissait avoir eu un bon caractère, fut jugée pour sorcellerie. Pendant trois jours, des témoignages plus ou moins ridicules furent faits contre elle, et un certain nombre de petits enfants, visiblement soigneusement élevés, déclarèrent à la barre que Mme Osburn les avait ensorcelés. Le tribunal lui a demandé d'avouer, ce qu'elle a refusé de faire, affirmant qu'elle était plutôt une victime qu'une criminelle. Elle fut envoyée en prison et traitée avec tant de brutalité qu'elle mourut avant qu'il ait été possible de l'exécuter selon les modalités réglementaires.

Bridget Bishop était une autre des nombreuses victimes. Les accusations habituelles furent portées contre elle et elle fut rapidement condamnée à mort. Avant que la sentence ne soit exécutée, la coutume de tenir conseil avec le clergé local était suivie. Ces braves hommes, tout en conseillant la prudence dans l'acceptation des témoignages, recommandèrent humblement au gouvernement de poursuivre rapidement et vigoureusement ceux qui « s'étaient rendus odieux en enfreignant les saines lois de la nation anglaise pour la détection de la sorcellerie ». Suite à cette recommandation, des pendaisons doubles et triples eurent lieu, et il y eut assez de brutalité pour apaiser l'appétit des plus vindicatifs et des plus malveillants.

Le récit le plus extraordinaire de persécutions contre la sorcellerie à la fin du XVIIe siècle est peut-être celui de Giles Corey et de son épouse Martha. Le trait singulier de l'affaire est que le mari avait été l'un des déclamateurs les plus enthousiastes contre le crime impie de sorcellerie, tandis que sa bonne épouse avait été plutôt disposée à ridiculiser cette idée et à condamner les poursuites comme des persécutions. Elle fit de son mieux pour empêcher Giles d'assister aux procès, et l'une des accusations les plus graves portées contre elle était qu'elle avait un jour caché la selle familiale, afin d'empêcher son seigneur et maître de se rendre à l'un des examens.

Cette tentative de faire valoir les droits de la femme il y a deux cents ans a suscité un ressentiment très amer, et deux chasseurs de sorcières enthousiastes ont été envoyés chez elle pour la piéger et lui faire faire des aveux. En chemin, ils se sont renseignés, ce qui leur a permis de monter une accusation contre la femme pour avoir marché en tenue fantomatique pendant la nuit. Lorsque les détectives sont venus à la maison, elle leur a dit qu'elle connaissait l'objet de leur visite, mais qu'elle n'était pas une sorcière et qu'elle ne croyait pas qu'une telle chose existait. Le simple fait qu'elle connaissait l'objet de leur visite était considéré comme une preuve concluante contre elle, même si une personne impartiale suggérerait naturellement que, compte tenu du sentiment local, sa supposition était très facile. La pauvre femme a été immédiatement arrêtée et jugée. Plusieurs petits enfants furent examinés, et ceux-ci s'écrièrent à la barre des témoins, que lorsque la malheureuse se mordait les lèvres dans sa douleur, ils étaient saisis de douleurs corporelles, qui duraient jusqu'à ce qu'elle desserre les dents. Les chroniques du tribunal nous disent, avec beaucoup de solennité, que lorsque les mains de la femme étaient liées, ses victimes ne souffraient pas, mais qu'au moment où les cordes étaient retirées, elles avaient des crises.

Même son mari a été appelé comme témoin contre elle. Son témoignage ne semble pas avoir été très important ou pertinent. Mais un autre témoin, une Mme Pope, qui semble avoir été une experte en la matière et qui a été citée à presque tous les procès, a ôté sa chaussure au tribunal et l'a jetée à la tête du prisonnier, un acte d'indécorum qui était toléré en raison de la sincérité évidente du coupable. La pauvre femme fut condamnée, bien entendu, et lorsqu'elle fut emmenée en prison, une députation de l'Église dont elle était membre vint vers elle et l'excommunia. Elle monta avec beaucoup de dignité l'échelle qui menait à la potence, et mourut sans chercher à prolonger sa vie par un aveu.

Le sort de son mari fut encore plus terrible. Malgré son zèle et le fait qu'il avait témoigné contre sa propre femme, il fut arrêté et accusé d'un délit similaire. On ne peut pas savoir à l'heure actuelle si des influences hypnotiques ont été exercées ou si les juges d'instruction ont simplement imaginé des choses contre le prisonnier. Les archives judiciaires indiquent cependant que pendant que les témoins étaient à la barre, ils ont été si gravement affligés de convulsions et de blessures que les mains du prisonnier ont dû être liées avant qu'ils puissent continuer leur témoignage. Contrairement à sa femme, le pauvre homme ne niait pas l'existence de la sorcellerie et se contentait de gémir, en réponse à la censure du magistrat, qu'il était un pauvre être et qu'il n'y pouvait rien. Les preuves contre lui étaient en effet très minces et il fut placé en prison, où il resta sans être inquiété et apparemment oublié pendant cinq ou six mois.

Il fut ensuite excommunié par son église et traduit de nouveau devant le tribunal. Le séjour en prison semble avoir rendu le vieil homme têtu, car lorsqu'il fut de nouveau confronté à ses persécuteurs, il refusa de plaider, au motif qu'aucune accusation n'était portée contre lui. Une vieille loi anglaise obsolète fut rétablie contre lui, et la terrible sentence fut prononcée selon laquelle, pour être resté muet, il serait renvoyé dans la prison d'où il était sorti et mis dans une chambre basse et sombre. Là, il devait être allongé sur le dos, à même le sol, sans vêtements. Un poids de fer aussi lourd qu'il pouvait supporter devait être placé sur son corps et y rester. Le premier jour, il devait avoir trois morceaux de pain et le deuxième jour trois gorgée d'eau, qu'il choisirait dans l'étang le plus proche qu'il puisse trouver. Ainsi, le régime devait être alterné, jour après jour, jusqu'à ce qu'il réponde à son accusation ou meure.

Le 19 septembre 1692, la mort vint comme un heureux soulagement au misérable, qui avait supplié le shérif d'ajouter des poids plus importants afin d'accélérer la fin. Il s'agit du seul cas enregistré d'un homme ayant été « pressé à mort » en Nouvelle-Angleterre pour avoir refusé de plaider coupable ou pour toute autre infraction. Il existe quelques cas connus où cette loi inhumaine a été appliquée auparavant en Angleterre, mais elle a toujours été considérée comme une relique de la barbarie médiévale, et le fait qu'elle ait été réintroduite lors des persécutions contre les sorcières est très significatif. Après sa mort, on a tenté de justifier cet acte en affirmant que Corey lui-même avait poussé un homme à mort. Cette justification semble faible et dépourvue de tout témoignage corroborant.

Une autre histoire de sorcière très remarquable a une teinte romantique, bien que les faits principaux se soient réellement déroulés comme indiqué. Un marin nommé Orcutt a laissé sa bien-aimée lors d'un de ses voyages réguliers, promettant de revenir le plus tôt possible pour réclamer son épouse. La fille qu'il laissa derrière lui, qui s'appelait Margaret, semble avoir été une jeune femme très jolie et innocente, qui souffrait considérablement de la jalousie d'une rivale. Peu de temps après le départ de son amant, le problème des sorcières survint et la jeune fille fut très inquiète et attristée par ce qui s'était passé. Un jour, elle dit à une amie qu'elle regrettait les malheureuses sorcières qui devaient être pendues le lendemain. L'amie semble avoir été un ennemi déguisé et, se tournant vers Margaret, lui dit que si elle parlait de cette façon, elle serait elle-même jugée comme sorcière. Preuve de la vengeance de la justice à cette époque, la pauvre fille fut arrêtée le lendemain par le shérif, au nom du roi et de la reine, sous l'accusation de sorcellerie. La jeune fille a été conduite à travers les rues et huée par la foule. Arrivée au tribunal, son amie présumée a livré divers témoignages contre elle. Les histoires habituelles de maux et de douleurs ont bien sûr été racontées. Quelques autres détails ont été ajoutés. Ainsi, Margaret, en regardant un certain nombre de poules, les avait tuées. Elle avait également été vue courir la nuit en tenue spectrale. La pauvre fille s'est évanouie sur le banc des accusés, et cela a été considéré comme un châtiment venu d'en haut et comme une preuve directe de sa culpabilité. Elle a été emmenée en prison, où elle a dû s'allonger sur un banc dur, pour ensuite être ramenée au tribunal le lendemain, où on lui a posé un certain nombre de questions scandaleuses.

En sanglotant, elle protestait de son innocence, mais ce faisant, les témoins à charge criaient qu'ils étaient tourmentés et que le seul mouvement des lèvres de la jeune fille leur causait une douleur terrible. Elle a été condamnée à être pendue avec huit autres sorcières présumées deux jours plus tard et a été ramenée, évanouie, dans sa cellule. Au bout de quelques minutes, la jeune fille délire et commença à parler de son amant et de ses perspectives d'avenir. Même sa sœur n'était pas autorisée à rester avec elle pendant la nuit, et la frêle jeune créature était abandonnée à la tendre merci de geôliers sans cœur.

Quelques heures avant l'heure fixée pour l'exécution, le jeune Orcutt entra dans le port et, avant l'aube, il était à la maison. C'est là qu'il apprit pour la première fois l'horrible calamité qui était arrivée à sa bien-aimée en son absence. À 7 heures, il a été autorisé à entrer dans la prison, en compagnie de la sœur de la jeune condamnée. A la porte de la prison, on apprit que la méchante fille était morte pendant la nuit. Sachant qu'il n'y avait en aucun cas aucun espoir de remise de peine, les endeuillés considérèrent la nouvelle comme une bonne nouvelle et, bien qu'ils s'effondrèrent de chagrin devant le naufrage de leur vie, ils comprirent tous deux que, pour reprendre les paroles pieuses du sœur de la victime, « Le Seigneur l'avait délivrée des mains de ses ennemis. »

Le bilan de la brutalité liée à l'agitation des sorcières pouvait se poursuivre presque sans limite, car le nombre des victimes était très grand. Aujourd'hui, les visiteurs de Danvers se voient souvent montrer par des guides locaux les lieux où certaines des tragédies de la persécution ont été commises. La superstition a finalement été chassée par l'éducation pédagogique, et il semble étonnant qu'elle ait duré aussi longtemps. Deux cents ans se sont presque écoulés depuis que cet engouement s'est éteint, et il n'est que charitable d'admettre que, bien que beaucoup de témoins aient dû être corrompus et parjures, la majorité de ceux qui étaient liés à ces affaires étaient tout à fait sérieux, et que bien qu'ils se réjouissaient de la perte des impies, ils regrettaient beaucoup d'être devenus les instruments de cette perte.

CHAPITRE III.

DANS UN NEW YORK PITTORESQUE.

Quelques erreurs locales corrigées--Un voyage sur la rivière Hudson--Le dernier des Mohicans--La maison de Rip Van Winkle--Les dames de Vassar et leur maison--West Point et son histoire--La prison de Sing Sing-- Les chutes du Niagara - Indiens de l'État de New York.

Les habitants des anciens États de l'Est sont souvent ridiculisés par leur ignorance des nouveaux États de l'Ouest et des us et coutumes de ceux qui, après avoir suivi les conseils d'Horace Greeley à plusieurs reprises, tournèrent leur visage vers le soleil couchant, décidèrent profiter de la fertilité du sol et grandir avec un pays qu'ils connaissaient peu.

Il suffit d'un séjour de quelques jours dans une ville de l'Est par un Occidental pour se rendre compte à quel point l'habitant de la Nouvelle-Angleterre est sublimement ignorant concernant au moins les trois quarts de son pays natal. On a récemment demandé à l'écrivain, dans une ville de l'Est, comment il faisait pour se passer de tout le confort de la civilisation, et s'il ne trouvait pas nécessaire de commander tous ses vêtements et son confort par courrier au Est. Lorsqu'il répondit que dans les grandes villes occidentales, en tout cas, il y avait des magasins de vente au détail parfaitement à jour en matière de mode et d'amélioration, et des traiteurs capables de fournir les dernières spécialités de saison à des prix raisonnables, un sourire incrédule Tel fut le résultat, et l'on exprima le regret que les préjugés et l'orgueil locaux aveuglent à ce point un homme à la vérité réelle.

Pourtant, il n'y avait aucune exagération dans la réponse, comme le sait bien le voyageur expérimenté. Ni Chicago ni Saint-Louis ne se trouvent réellement à l'ouest, en ce qui concerne les points cardinaux, ces deux villes se trouvant à des centaines de kilomètres à l'est du centre géographique des États-Unis. Mais on parle tous deux de « l'Ouest » et ils sont inclus dans le territoire dans lequel l'homme de l'extrême Orient est enclin à penser que les gens vivent de la nourriture la plus grossière et s'habillent de la manière la plus grossière possible. Pourtant, l'homme impartial et désintéressé de New York ou de Boston qui visite l'une ou l'autre de ces villes admet sans tarder qu'il a souvent du mal à croire qu'il ne se trouve pas dans sa propre ville tant aimée, tant la ressemblance est étroite à bien des égards entre les maisons de commerce et la méthode de faire des affaires. L'Oriental moyen considère Denver comme une ville frontalière, située dans les Rocheuses, entourée de paysages grandioses, sans aucun doute, mais aussi d'ours grizzlis et d'Indiens féroces.

San Francisco est trop loin pour être pensé de manière très intelligente, mais un grand nombre de gens considèrent cette maison de richesse et d'élégance comme une autre ville occidentale extrême et agitée.

Cette ignorance, car il s'agit plutôt d'ignorance que de préjugés, résulte de la manie des voyages en Europe, qui était autrefois une caractéristique des États atlantiques, mais qui, ces dernières années, a, comme la civilisation, voyagé vers l'Ouest. L'homme de l'Est qui a gagné de l'argent est beaucoup plus susceptible d'emmener sa famille faire un tour d'Europe que de faire un voyage à travers son pays natal. Il engage plus de dépenses en traversant l'Atlantique, et bien qu'il ajoute à ses connaissances en voyageant, il n'apprend pas des choses d'égale importance pour lui comme s'il avait traversé le continent américain et s'était éclairé sur les hommes et les mœurs de son pays. différentes sections et États.

Cette ignorance sectorielle n'est en aucun cas limitée à l'Est. Les Occidentaux ont tendance à se faire une idée totalement erronée des États de l'Est. Le mot « Est » donne pour eux une impression de population dense, de surpeuplement et d'activité manufacturière. On ne se rend pas compte qu'il existe des milliers et des milliers d'acres de paysages grandioses, ainsi que des terres agricoles, dans certains des États les plus peuplés, et que ce soit le cas sera une nouvelle pour beaucoup. L'année dernière, un groupe d'Occidentaux se rendait à New York et, en chemin, traversait la Pennsylvanie, contournait la pittoresque Horse Shoe Curve des Alleghenies et longeait les rives de la romantique et historique Susquehanna. On a vu un membre du groupe plongé dans ses pensées pendant un long moment. On lui a finalement demandé ce qui l'inquiétait.

« Je pensais, » fut sa réponse, « à quel point il est singulier que le parti républicain ait obtenu une majorité d'environ cent mille personnes lors des élections, et je me demandais d'où venaient tous ceux qui ont voté. Je n'ai pas vu une douzaine de maisons au cours de la dernière heure. »

Notre ami ne faisait qu'exprimer une pensée à laquelle se livrait assez généralement toute la foule. Ceux qui faisaient le voyage transcontinental pour la première fois étaient émerveillés par l'étendue de la campagne et les paysages exquis qu'ils traversaient ; et ils se demandaient comment ils en étaient arrivés à penser que le bruit du marteau et la fumée des cheminées d'usine faisaient partie intégrante de l'Orient, d'où ils savaient que l'argent, ainsi que les « sages », venait. Le but de ce livre étant de présenter quelques-uns des traits saillants de toutes les sections des États-Unis, il est nécessaire de supprimer, autant que possible, cette fausse impression ; et pour ce faire, nous proposons de donner une brève description du fleuve Hudson romantique et historique. Ce fleuve traverse le grand État de New York, au sujet duquel règne la plus grande ignorance. L'État lui-même est, selon l'opinion commune, éclipsé par la grandeur de sa métropole, et si le projet du Grand New York est mis à exécution et si les limites de la ville de New York sont étendues de manière à englober Brooklyn et d'autres villes voisines, cela le sentiment sera intensifié, plutôt que autrement.

Mais « au-dessus de Harlem », pour reprendre une expression si couramment utilisée lors d'une compétition politique, il y a des milliers de kilomètres carrés de ce que l'on peut appeler un « pays », y compris des montagnes pittoresques, des terres de pins qui ne sont pas susceptibles d'être cultivées, et sont préservées à des fins de loisirs et de plaisir, et des vallées fertiles, divisées en fermes et fermes.

C'est à travers un pays comme celui-ci que coule le fleuve Hudson. Il s'élève dans les montagnes Adirondack, à environ 300 milles de la mer et à plus de 4 000 pieds au-dessus de son niveau. Il agit comme une alimentation et un exutoire pour de nombreux lacs, grands et petits. C'est d'abord un joli petit ruisseau, presque asséché en été, mais bruyant et tumultueux en saison des pluies. Du lac Schroon, près de Saratoga, il reçoit une si grande quantité d'eau qu'il commence à prendre de l'air. Il cesse d'être un ruisseau de campagne et devient une petite rivière. Un peu plus bas, le lit de la rivière s'abaisse brusquement, produisant des chutes d'une grande beauté, qui varient en intensité et en volume selon les saisons.

A Glens Falls, le cours supérieur de l'Hudson traverse un long défilé, au-dessus d'un précipice long de quelques centaines de pieds. C'est ici que Cooper a reçu une grande partie de son inspiration, et l'un des incidents les plus surprenants de son "Le Dernier des Mohicans" est censé s'être déroulé aux chutes. Lorsqu'on atteint Troie, le fleuve prend un tout autre aspect et coule avec une singulière rectitude presque directement jusqu'au port de New York. Les touristes aiment naviguer sur l'Hudson, et ils trouvent une immense quantité de paysages des plus charmants caractères, avec de nouvelles découvertes à chaque voyage. Les millionnaires considèrent les rives de l'Hudson comme les endroits les plus appropriés pour construire des demeures de campagne et des retraites rurales. Beaucoup de ces demeures sont entourées de jardins superbement entretenus et de magnifiques parterres, qui valent à eux seuls un long voyage à voir.

L'île Beacon, à quelques milles en aval d'Albany, est signalée au voyageur comme particulièrement intéressante, parce que quatre comtés bordent la rivière juste en face d'elle. L'île a une histoire d'un intérêt plus qu'ordinaire. Il était autrefois présidé par un patron qui percevait un péage sur tous les navires de passage. Juste à côté se trouvent des colonies hollandaises d'origine, et les descendants des immigrants d'origine se tiennent assez à l'écart du public anglophone. Ils conservent la langue, ainsi que les mœurs et coutumes de la Hollande, et le touriste qui s'égare parmi eux se trouve, pour le moment, nettement étranger dans un pays étranger. Le pays regorge de légendes et de romans, et est littéralement rempli de souvenirs historiques.

La ville d'Hudson, un peu plus en aval de la rivière, est intéressante car c'est près d'elle que débarqua Henry Hudson en septembre 1609. Il fut immédiatement entouré d'Indiens, qui lui donnèrent une immense quantité de renseignements et ajoutèrent à son magasin d'expériences un certain nombre d'expériences nouvelles. Voici l'embouchure de la rivière Catskill, avec les magnifiques montagnes Catskill à l'arrière. Ce sera en effet une nouvelle pour beaucoup de nos lecteurs que dans ces montagnes sauvages (seulement partiellement explorées) il y a des forêts où les ours, les chats sauvages et les serpents abondent en grand nombre.

De nombreuses personnes relativement riches résident dans les collines, où se trouvent des hôtels et des centres de villégiature des plus coûteux. Durant les tempêtes de l'hiver, ces amoureux du pittoresque se retrouvent enneigés plusieurs jours à la fois et ont une petite expérience de la vie de frontière et d'exploration.

Les levers de soleil dans les Catskills sont rendus d'une beauté unique par la formation particulière du sol, et pour la même raison, les orages ont souvent un caractère passionnant et une splendeur terrible. Des cascades de toutes tailles et de toutes sortes, des ruisseaux avec des paysages de toutes sortes sur les rives, des forêts, des prairies et des sommets élevés rendent la monotonie impossible et donnent à la région de Catskill un air de majesté qui n'est pas facile à décrire sur le papier.

Chaque visiteur demande à voir le pont immortalisé de Sleepy Hollow et, en le contemplant, il pense à la description inégalée de ce pays par Washington Irving. Il convient rapidement avec Irving que chaque changement de temps, et même chaque heure de la journée, produit un certain changement dans les teintes et les formes magiques de ces montagnes, et elles sont considérées par toutes les bonnes épouses de loin et de près comme de parfaits baromètres. Lorsque le temps est beau et calme, ils sont vêtus de bleu et de violet et impriment leurs contours audacieux sur le ciel clair du soir, mais, parfois, lorsque l'arrière du paysage est clair et sans nuages, ils rassemblent une capuche de vapeurs grises qui , dans les derniers rayons du soleil couchant, poussera comme une couronne de gloire.

C'est ici que Rip Van Winkle est censé avoir vécu et dormi et étonné ses vieux amis et voisins, ainsi que leurs descendants. Le chemin par lequel Rip Van Winkle a gravi la montagne, avant son sommeil prolongé, est montré au touriste, qui entend à son hôtel, dans le véhicule qu'il loue pour la journée, et au milieu des montagnes elles-mêmes, d'innombrables légendes locales comme à Rip Van Winkle, et quant au pourcentage de faits et de fiction dans la production magistrale de Washington Irving.

S'il est suffisamment antiquaire pour le désirer, on peut lui montrer l'endroit même où Rip Van Winkle s'est endormi. L'opinion locale diffère quant à l'endroit exact, mais la foi affichée par la population est telle que personne ne peut douter de l'authenticité de ses croyances et de la sincérité de ses convictions. On peut également montrer au touriste l'emplacement de l'ancienne auberge de campagne, sur le banc devant lequel Rip Van Winkle était assis et étonnait les indigènes par sa conversation extraordinaire et son refus de croire qu'une génération s'était écoulée depuis qu'il était dans la ville. dernier.

Un souvenir de Rip Van Winkle

La chaise sur laquelle Dame Van Winkle est censée s'être assise, tandis qu'elle réprimandait son seigneur et maître oisif et incorrigible, est également montrée au visiteur, et les plus crédules regardent avec intérêt un flacon dont ils sont assurés qu'il est le même. celui dans lequel Rip Van Winkle a bu. La seule chose nécessaire pour compléter l'illusion est l'apparence du vieux chien, que l'homme qui s'était si gravement endormi était sûr qu'il l'aurait reconnu s'il avait pris son apparence.

Il est presque impossible de survivre à son accueil dans les montagnes Catskill, ou de s'épuiser à faire du tourisme , tant les nouveautés qui accueillent le regard sont nombreuses. Les Catskills regorgent de traditions tout aussi intéressantes et extraordinaires que l'histoire de Rip Van Winkle. À l'origine, elles étaient connues sous le nom de « Montagnes du Ciel », nom que leur avaient donné les Indiens qui, pendant de nombreuses générations, les ont possédées de manière incontestée. Hyde Peak, le point le plus élevé des Catskills, était considéré par les Indiens comme le trône du Grand Esprit, et les colons hollandais qui chassèrent les Indiens semblent avoir été presque aussi généreux dans leurs superstitions et leurs légendes. Ces colons ont abandonné le nom de « Montagnes du Ciel » et ont adopté celui, pour eux, plus euphonique, des montagnes de Katzberg , dont le nom plus moderne a été adopté.

Le village de Catskill mérite plus qu'une simple mention. C'est la maison d'un grand nombre de personnes célèbres, y compris les veuves de nombreux hommes dont les noms sont célèbres dans l'histoire. L'ancien manoir de Livingston était situé près du village, et un peu plus loin se trouve Barrytown , où les riches Astors possèdent une somptueuse station d'été. Un peu plus loin sur la rivière se trouvent deux villes avec un aspect nettement ancien et hollandais. Ils ont été colonisés par les Hollandais il y a plus de deux cents ans, et il existe encore de nombreuses maisons construites au siècle dernier, tant nos ancêtres ont construit leurs maisons avec force et en ont fait de véritables châteaux et des forteresses imprenables.

Une autre ville très ancienne sur l'Hudson est le célèbre siège du savoir, Poughkeepsie. On a dit qu'il y avait plus de frais de scolarité au pouce carré que dans n'importe quelle autre ville du monde. Le plus célèbre des établissements d'enseignement à l'heure actuelle est le Vassar College, le premier séminaire pour dames du monde, et la cible de tant de plaisanteries et de sarcasmes. Poughkeepsie n'est pas aussi vieille que les collines qui la surplombent, mais elle est extrêmement ancienne. Ici eut lieu la célèbre convention d'État pour la ratification de la Constitution fédérale, à laquelle participèrent Alexander Hamilton, le gouverneur Clinton, John Jay et d'autres hommes aux noms immortels.

Ce n'est que relativement récemment que le premier bâtiment en pierre érigé dans cette ville a été démoli pour laisser place à des améliorations, après avoir résisté aux tempêtes et au temps de la manière la plus parfaite pendant plus d'un siècle et quart. A Newburgh, quelques kilomètres plus au sud, une vieille demeure grise est montrée au visiteur comme le quartier général de Washington à plusieurs reprises au cours de la Révolution. Heureusement, l'État a sécurisé la possession de la maison et la protège des mains du vandale.

Cette magnifique maison ancienne a été construite il y a à peine un siècle et demi. Il y a cent douze ans, l'armée de Washington s'est finalement dissoute de ce point, et le visiteur peut voir à l'intérieur des murs bien conservés de cette maison la salle historique, avec ses sept portes, dans laquelle Washington et ses généraux tenaient leurs nombreuses conférences, et dans où l'on trouve encore d'innombrables reliques de la guerre d'indépendance.

En naviguant sur l'Hudson, on a un aperçu de West Point, la grande école militaire dont sont diplômés tant de célèbres généraux américains. West Point possède l'un des plus beaux passages fluviaux du pays. Le fort et la chaîne qui s'étendaient sur la rivière furent capturés par les Britanniques en 1777 (deux ans après qu'il fut décidé que West Point devait devenir un poste militaire), mais furent abandonnés après la capitulation de Burgoyne. Les forces continentales y substituèrent alors des ouvrages plus puissants. West Point a donc une histoire qui remonte à la guerre d'indépendance et les ruines des forts Clinton et Montgomery, érigés en 1775, se trouvent à proximité immédiate.

Il y a 176 chambres dans la caserne des cadets. Il n'y a aucune tentative d'ornementation et les quartiers sont presque rigides dans leur simplicité et leur manque de confort. Non seulement les embryons de guerriers apprennent les rudiments de l'exercice militaire et de la guerre, mais ils reçoivent également de sévères leçons sur la vie dans le camp. Chaque jeune homme agit comme sa propre femme de chambre et doit garder sa petite chambre absolument propre et exempte de détritus et de saletés de toute sorte.

La chapelle de West Point présente un intérêt en raison du nombre de tablettes qui s'y trouvent, immortalisant de nombreux héros révolutionnaires. Une route sinueuse mène au cimetière, où reposent les restes de nombreux autres généraux célèbres, dont Winfield Scott. Le State Camp se réunit chaque année à Peekskill, une autre ville très ancienne, regorgeant de réminiscences de la guerre d'indépendance. Elle a été colonisée en 1764 par un navigateur hollandais, dont elle tire son nom. Une autre maison utilisée par le général Washington comme quartier général se trouve à proximité de la ville, ainsi que l'église Saint-Pierre, dans laquelle le Père de son pays adorait.

Tarrytown est un autre des endroits célèbres de l'Hudson. Près d'ici vivait Washington Irving, et sur l'ancienne route de Sleepy Hollow se trouve la plus ancienne structure religieuse de l'État de New York. L'église a été construite par les colons hollandais en 1699 et à proximité se trouve le cimetière dans lequel Washington Irving a été enterré. Sunnyside, la maison d'Irving, est une structure en pierre des plus intéressantes, dont les nombreux pignons sont recouverts de lierre, dont la masse immense est issue de quelques bouts présentés à Irving par Sir Walter Scott.

Un spectacle plus triste pour le touriste sur l'Hudson, mais qui est nécessairement plein d'intérêt, est la prison de Sing Sing , juste en dessous de Croton Point. Dans cette grande prison d'État, une armée de forçats est occupée à fabriquer divers articles d'usage domestique. La prison elle-même tire son nom du mot indien « Ossining », qui signifie « pierre sur pierre ». Le village de Sing Sing , chose étrange à dire, renferme de nombreuses demeures charmantes, et la proximité de la prison de l'État ne semble pas avoir d'effet particulier sur les esprits et les idées de ceux qui l'habitent.

Plus loin encore sur l'Hudson se trouve Riverside Park, New York, théâtre de la tombe du général Grant, qui surplombe la partie inférieure de la rivière, au sujet de laquelle nous avons essayé de donner quelques petites informations d'un caractère intéressant. Du tombeau, nous présentons une illustration très précise.

Tombe du général Grant, Riverside Park

Lors de son séjour dans l'État de New York, le touriste, qu'il soit américain ou européen, prend soin de visiter les chutes du Niagara, qui ont été vues par un plus grand nombre de personnes que toute autre scène ou merveille du continent américain. Ce fait est dû, en partie, aux admirables installations ferroviaires qui placent Niagara à une distance facile des grandes villes de l'Est. Cela est dû aussi, en grande partie, au caractère extraordinaire des chutes elles-mêmes et à la grandeur de la scène qui accueille l'œil du spectateur.

La rivière Niagara mesure un peu plus de trente-trois milles de long. Dans son court cours, il assure le débordement des lacs Supérieur , Michigan, Huron et Érié, et en déversant les eaux de ces lacs dans le lac Ontario, il tombe de 334 pieds, soit plus de dix pieds par mille.

Les rapides commencent à environ seize milles du lac Érié. À mesure que le chenal de la rivière se rétrécit soudainement, la vitesse du courant augmente très brusquement. Les rapides n'ont qu'un tiers de mille de longueur, distance pendant laquelle il y a une chute de cinquante-deux pieds. Le bateau pris dans ces rapides n'a qu'une faible chance, car au bout du torrent l'eau se précipite dans une cataracte de plus de 150 pieds de profondeur. La Chute Canadienne passe sur une corniche rocheuse d'une immense superficie et laisse dans la descente un espace au toit d'eau, l'espace étant connu sous le nom de « Grotte des Vents », avec une entrée du côté canadien. La chute canadienne a une portée de 1 100 pieds et est considérablement plus profonde que l'autre.

Ce n'est guère plus qu'un gaspillage de mots que de tenter de transmettre une impression de la grandeur et de la magnificence de Niagara. Des gens l'ont visité de toutes les régions du monde. Les monarques et les princes ont reconnu qu'il dépassait leurs attentes les plus folles, et tous ceux qui l'ont contemplé conviennent qu'il est presque impossible d'exagérer sa grandeur, ou d'en dire trop sur sa grandeur. Même après que l'eau se soit précipitée jusqu'à 150 pieds de profondeur, la descente continue. Le lit de la rivière se contracte graduellement en largeur, sur sept milles en aval des chutes, là où l'on peut voir les rapides tourbillonnants. Après la seconde chute, la rivière semble avoir épuisé sa véhémence et coule plus délibérément, creusant son canal plus profondément dans le lit rocheux et abandonnant ses habitudes sensationnelles.

Certains auteurs ont émis l'opinion que, à mesure que le temps change toutes choses, le jour viendra peut-être où les chutes du Niagara cesseront d'exister. Aussi improbable que cette idée paraisse naturellement, elle a en fait un certain fondement, car il y a eu de merveilleux changements dans les chutes au cours des dernières générations. Il y a environ deux cent cinquante ans, un croquis de Niagara a été réalisé et, cent ans plus tard, un autre artiste a réalisé un tableau soigné et apparemment précis. Ces deux éléments diffèrent sensiblement l'un de l'autre, et ils diffèrent également grandement de l'apparence actuelle des chutes. Les deux anciennes photos montrent une troisième chute du côté canadien. On sait qu'il y a une centaine d'années, plusieurs immenses fragments de roche se sont détachés de la corniche rocheuse du côté américain et, plus récemment, un tremblement de terre a modifié l'apparence de la chute canadienne. Il est certain que l'immense action corrosive de l'eau et le rongement graduel de la roche tant sur le rebord que sur le bassin, ont eu pour effet de changer l'emplacement des chutes et de forcer la rivière à remonter en direction du lac. Érié. Le temps seul peut décider de la question capitale de savoir si les chutes finiront par changer d'apparence au point de devenir méconnaissables. L'amateur du beau et du grand, et plus particulièrement l'antiquaire, espère sincèrement qu'une telle calamité n'aura jamais lieu.

L'histoire des Indiens de l'État de New York est très intéressante. Avant la découverte de l'Amérique par Colomb, la partie du pays comprenant la majorité de l'État de New York et la partie nord de la Pennsylvanie était occupée par les Iroquois, les Mohawks, les Oneidas, les Onondagas, les Cayugas et les Sénèques . Celles-ci formèrent les Cinq Nations historiques, dont les écrivains du siècle dernier nous racontent tant de choses qui revêtent une importance durable. Ces tribus étaient autonomes, leurs dirigeants étant choisis selon un plan héréditaire. Il existait entre eux une union fédérale à des fins offensives et défensives, et ils s'appelaient collectivement le « Peuple de la Maison Longue ». Cette maison imaginaire avait une porte est à l'embouchure de la rivière Mohawk et une porte ouest aux chutes du Niagara.

La pudeur n'était pas une caractéristique de ces hommes rouges d'antan, qui portaient pour eux un nom spécial composé de nombreuses lettres, ce qui, interprété, signifiait « des hommes surpassant tous les autres ». Ils font remonter leur origine au Dieu aux cheveux de serpent, Atotarhon , et d'autres traditions attribuent leurs pouvoirs de confédération et d'alliance au légendaire Hiawatha. Ils construisaient des cabanes à ossature et défendaient leurs maisons avec beaucoup d'habileté. Leurs vêtements étaient principalement faits de peau de cerf et d'élan, et les reliques encore existantes montrent qu'ils avaient de bonnes idées en matière d'agriculture, de tannage, de poterie et même de sculpture. Ils étaient environ 12 000 hommes et semblent avoir été la combinaison indienne la plus puissante avant l'arrivée de l'homme blanc.

Ils étaient puissants en temps de guerre et relativement raisonnables en temps de paix. Leur religion était, au moins, cohérente et incluait une ferme croyance en l'immortalité. Ils entretenaient ce que l'on pourrait appeler des relations familiales civilisées et traitaient leurs femmes avec le respect qui leur était dû. Leur comportement envers les hommes blancs fut beaucoup plus amical qu'on aurait pu s'y attendre, et presque dès le début ils manifestèrent une attitude conciliante et conclurent des alliances avec les nouveaux venus. Ils combattirent aux côtés des habitants de la Nouvelle-Angleterre contre les Français et les Indiens hostiles qui s'alliaient à eux, et en 1710, cinq de leurs sachems ou législateurs traversèrent l'Atlantique et furent reçus avec les honneurs par la reine d'Angleterre. En diplomatie, ils ne se montrèrent pas à la longue aussi habiles que les nouveaux venus, qui peu à peu s'emparèrent d'eux des terres sur lesquelles ils exerçaient auparavant des droits souverains.

Les survivants de ces Indiens ne sont pas tombés à un niveau aussi bas que celui de nombreuses autres tribus. On ne sait généralement pas en Occident qu'il y a actuellement dans les réserves de New York plus de 5 000 Indiens, dont environ 2 700 survivants de l'ancienne grande tribu des Sénèques.

L'État de New York a à peu près la même taille que le Royaume d'Angleterre. C'est le dix-neuvième État de l'Union en termes de taille, possédant une superficie de plus de 49,000 milles carrés, dont 1,500 milles carrés sont recouverts d'eau, formant des parties des lacs. Sa ligne côtière lacustre s'étend sur 200 milles sur le lac Ontario et sur 75 milles sur le lac Érié. Le lac Champlain coule le long de la frontière orientale sur plus de 100 milles, recevant les eaux du lac George, décrit comme le Côme de l'Amérique. Le lac a une histoire singulière. À l'origine, les Canadiens français qui l'ont découvert l'appelaient « Lac du Saint-Sacrement » et il fut le théâtre de batailles et de conflits pendant plus de cent ans.

La capitale de l'Empire State, avec sa population si importante qu'elle dépasse celle de plus de vingt nations étrangères importantes, est Albany, fondée par les Hollandais en 1623 et qui s'est depuis mérité le titre de « ville d'Édimbourg ». d'Amérique." Comparée à la ville de New York, elle est éclipsée en termes de population et d'importance commerciale.

Il est impossible de parler longuement de la véritable métropole du grand Empire State dans l'espace limité dont on dispose. De New York même, M. Chauncey Depew a récemment déclaré, avec sa manière énergique : « Aujourd'hui, dans la fraternité des États, elle est un empire dans tout ce qui constitue une grande république. Une population industrieuse, intelligente et prospère de 5 000 000 d'habitants. de personnes vivent à l'intérieur de ses frontières. En termes de valeur de ses fermes et de ses produits agricoles, et de ses industries manufacturières, elle est le premier État de l'Union. Elle entretient plus de 1 000 journaux et périodiques, a investi 80 000 000 $ dans la propriété de l'Église et dépense 12 000 000 $. une année sur l'éducation populaire. Plus de 300 académies et collèges préparent sa jeunesse à des professions spéciales et offrent des opportunités d'apprentissage libéral et de culture la plus élevée, et des édifices majestueux dans tout l'État, dédiés à des objets humains et bienveillants, en montrent la permanence et l'étendue. de ses œuvres caritatives organisées. Il y a 600 000 000 $ dans ses caisses d'épargne, 300 000 000 $ dans ses compagnies d'assurance et 700 000 000 $ dans le capital et les prêts de ses banques d'État et nationales. Six mille milles de chemins de fer, coûtant 600 000 000 $, ont pénétré et développé tous les coins accessibles de l'État et maintiennent, contre toute rivalité et concurrence, son prestige commercial. »

CHAPITRE IV.

AU CENTRE DU PAYS.

Le centre géographique des États-Unis et sa situation à l'ouest du fleuve Mississippi--Le centre de la population--Histoire de Fort Riley--Le vaillant « Septième »--Les premiers troubles du Kansas--Extermination des buffles--Mais un Peu de survivants sur plusieurs millions.

Le Kansas est inclus par la plupart des gens dans la liste des États occidentaux ; par beaucoup, il est considéré comme l'extrême Occident. Si on avait dit aux Pères Pèlerins que le havre de refuge qu'ils avaient choisi ferait partie, d'ici deux ou trois cents ans, d'une grande nation anglophone comptant quelque 70 000 000 d'habitants et dont le centre serait à quelque 1 500 milles à l'ouest, ils auraient J'aurais écouté l'histoire avec une incrédulité pardonnable, et j'aurais eu envie d'invoquer la condamnation sur la tête du prophète téméraire qui s'adressait à eux.

Pourtant, le Kansas se trouve aujourd'hui au centre même des États-Unis. Il ne s'agit pas là d'une erreur d'imprimeur, ni d'un jeu de mots, même si les habitants de la Nouvelle-Angleterre peuvent soupçonner l'un ou l'autre. Il fut un temps où le mot « Ouest » était utilisé pour désigner n'importe quelle partie du pays située à une journée de voyage à cheval depuis la côte atlantique. Pendant des années, et même des générations, tout ce qui se trouvait à l'ouest des monts Allegheny ou de la rivière Ohio était « à l'ouest ». Aujourd'hui encore, il est probable qu'une majorité des habitants des États strictement orientaux considèrent tout ce qui se trouve à l'ouest du fleuve Mississippi comme strictement occidental.

Il ne fait aucun doute que lorsque Horace Greeley a dit aux jeunes gens du pays « d'aller à l'ouest et de grandir avec le pays », il a utilisé le terme dans son sens commun et non dans son sens strictement géographique, et plusieurs milliers de jeunes, qui ont suivi le conseil du philosophe et homme d'État, se sont arrêtés près des rives du fleuve Mississippi et se sont enrichis dans leurs nouvelles maisons. Cependant, on ne peut pas trop se rendre compte que le fleuve Mississippi descend lentement jusqu'au golfe du Mexique, bien dans la moitié orientale du plus grand pays du monde. En plusieurs points du cours détourné du Père des Eaux, la distance entre le fleuve et l'océan Atlantique est d'environ 1 000 milles. En nombre égal de points, la distance à l'océan Pacifique est de 2 000 milles, ce qui montre que quoi qu'on puisse dire des affluents du fleuve Mississippi, et particulièrement de son gigantesque affluent le Missouri, le Mississippi est un fleuve oriental et non occidental.

Nous donnons une illustration du point qui, selon des géomètres et des ingénieurs compétents, est le centre géographique exact des États-Unis proprement dits. Le monument qui se dresse au centre de ce grand pays est entouré d'une balustrade en fer et est visité sans cesse par les touristes, qui ont du mal à croire qu'un point apparemment si éloigné à l'ouest soit réellement central. Le centre des États-Unis s'est déplacé vers l'ouest avec l'absorption de territoires, et l'achat de la Louisiane, dont nous célébrerons bientôt le centenaire, a eu un grand effet sur la localisation.

Le centre de population s'est déplacé moins spasmodiquement, mais avec une grande régularité. Il y a cent ans, la ville de Baltimore était le centre de la population, et ce n'est qu'au milieu du siècle que l'Ohio se vantait de posséder le centre de la population. Pendant une vingtaine d'années, elle est restée près de Cincinnati, mais dans les années 80, elle est allée jusqu'à Columbus, dans l'Indiana, où elle se trouvait lors du dernier recensement gouvernemental. À l'heure actuelle, il se trouve probablement à vingt ou trente milles à l'ouest de Columbus, et dans un avenir proche, Fort Riley sera le centre de la population ainsi que le centre géographique.

Fort Riley est un endroit intéressant aussi bien pour les civils que pour les soldats. Ayant été choisi par le gouvernement comme école de formation permanente pour les deux branches montées du service – la cavalerie et l'artillerie légère – ses 21 000 acres ont été améliorés à grands frais. Il semble vraiment remarquable qu'un territoire aussi métropolitain ait pu être découvert dans les plaines, où, bien que la civilisation fasse des progrès rapides et que le luxe de la richesse soit acquis par la population croissante, il est rare de trouver des rues et des bâtiments macadamisés. qui peut abriter un régiment sans être bondé. Telles sont pourtant quelques-unes des caractéristiques de la réserve de Fort Riley, et la nouveauté de tout cela est la meilleure preuve de l'intérêt que le ministère de la Guerre a porté à son développement. De nombreux bâtiments récemment érigés orneraient la capitale elle-même. Près de 1 000 000 $ ont été dépensés au cours des quatre dernières années dans de nouvelles structures, toutes en calcaire magnésien, et construites selon les lignes de l'architecture moderne la plus approuvée et d'un caractère qui assure des dizaines d'années d'utilité.

Le fort est situé sur la rive gauche de la rivière Kansas, près de la jonction de Republican et de Smoky Hill Forks. Il a été aménagé pour la première fois en 1852 et constitue depuis lors l'un des principaux postes occidentaux. Situé, bien qu'il soit loin dans les prairies du Kansas, il a, particulièrement ces dernières années, été pleinement en contact avec la vie sociale de l'Est, grâce à l'ajout de nouveaux officiers et à l'échange de courtoisies de poste.

Le poste, tel qu'il se présente aujourd'hui, comprend les quartiers des officiers, les casernes d'artillerie et de cavalerie, les bâtiments administratifs, les hangars, l'hôpital, le dispensaire, etc., répartis sur 150 acres de terrain. La rivière Kansas est formée juste au sud-ouest de celle-ci par l'union de Smoky Hill et de Republican Forks, et la topographie pour la pratique et le tourisme ne pourrait être surpassée dans l'État. Cinq milles de rues macadamisées, 150 000 pieds d' allées de pierre et de gravier, six milles d'égouts, quatre milles de conduites d'eau et de chauffage à vapeur, menant à chaque pièce de chacun des soixante bâtiments, composent l'équipement, qui est, bien sûr , , de la plus haute qualité partout. Toute la pierre est extraite de la réserve, est d'une variété durable et donne des bâtiments qui ont une apparence vraiment substantielle. Le Gouvernement a une idée de pérennité dans ses améliorations.

L'histoire de Fort Riley a été pleine de vicissitudes. Lors de son aménagement en 1852, il s'appelait d'abord Camp Center, mais il a été changé pour son nom actuel sur ordre du ministère de la Guerre en l'honneur du général BC Riley. En 1855, le fort souffrit du choléra asiatique et le major EA Ogden, l'un des premiers commissaires qui a aménagé la réserve, qui y séjournait, soignait les soldats avec un attachement héroïque au devoir et fut lui-même victime de la maladie. Un beau monument marque son lieu de repos. C'était un véritable héros soldat, et son nom est encore prononcé avec révérence par les attachés du poste.

Une autre caractéristique notable de la réserve est la paroi rocheuse démantelée à l'est du fort, qui est tout ce qui reste aujourd'hui du bâtiment autrefois ambitieux du Capitole de l'État du Kansas. Elle a une histoire étrange puisqu'il s'agit de la « Maison Pawnee », dans laquelle la législature territoriale se réunissait au début d'avant la guerre, confiante dans la protection des soldats contre les bandes indiennes errantes qui infestaient les prairies.

Un habitant célèbre du fort pendant deux décennies était le vieux Comanche, la seule créature vivante à avoir échappé au massacre de Custer du côté du gouvernement. C'était le cheval monté par un officier dans ce combat mémorable, et il s'en sortit par miracle après avoir reçu sept balles. Il a été retrouvé errant dans la prairie après le massacre, et a été mis sur la liste des retraités et stationné à Fort Riley, où pendant vingt ans il a été caressé et soigné, mais jamais monté. Son seul service consistait à se dérouler en processions cérémonielles, drapées de deuil. Maintenant qu'il est mort, son corps a été préservé avec le meilleur savoir-faire du taxidermiste et constitue l'une des reliques les plus remarquables de l'État.

Le fort a récemment suscité un intérêt inhabituel. Outre les manœuvres de l'école du service à cheval, dans laquelle les soldats ont été régulièrement entraînés, se livrant à des combats simulés, érigeant des fortifications simulées, traversant les rivières à gué, etc., le War Signal Service a mené des expériences intéressantes. Le Service des Transmissions a installé à la poste son énorme ballon, exposé à l'Exposition universelle, et ses ascensions et les opérations mises en pratique se sont révélées très attractives et instructives.

Le nouveau manège, ou bâtiment d'entraînement de cavalerie, permet à l'école de formation de fonctionner toute l'année, quelle que soit la météo. Il a un espace au sol ouvert de 300 pieds de long et 100 pieds de large, ce qui en fait une pièce admirable à cet effet.

Les troupes de Fort Riley sont toujours sollicitées lorsqu'il y a des troubles dans l'Ouest. Ils ont réprimé une douzaine de soulèvements indiens dans les plaines et, il y a quelques mois seulement, ils ont été envoyés pour maintenir l'ordre à Chicago pendant les grèves des chemins de fer. De ce voyage, quatre anciens membres du poste furent ramenés morts, après avoir connu leur sort dans l'éclatement d'un caisson, alors qu'ils défilaient dans une rue pavée.

Le fort est la grande station de plaisance du Kansas. Le défunt commandant, le colonel Forsyth, aujourd'hui général Forsyth, est très porté sur l'hospitalité, et la population de l'État est très fière de l'avancement du poste et de ses victoires. Durant l'été, à plusieurs reprises, les fêtes nationales notamment, les soldats « reçoivent » et des trains d'excursion amènent de toutes parts des centaines de visiteurs ravis de se régaler de vrais canons, d'uniformes et de bretelles. Ils sont divertis royalement. Les exercices, les saluts, les faux combats et les défilés occupent chaque heure de la journée, et le soir, la piste d'exercice devient un lieu de danse pour tous ceux qui apprécient les délices d'un bal militaire.

L'histoire du fort a été, dans une certaine mesure, celle de la Septième Cavalerie, qui y a élu domicile pendant près de deux décennies et s'est identifiée à l'endroit. La Septième Cavalerie date sa gloire d'avant l'époque de l'intrépide Custer, dont elle chérit la mémoire. Elle a pris part à de nombreuses batailles indiennes ; en fait, il n'y a pas eu, depuis des années, de soulèvement en Occident sans qu'elle n'ait accompli son devoir. Sa dernière rencontre considérable eut lieu à Wounded Knee et à la mission Drexel, où le massacre de Custer fut dans une certaine mesure vengé. Ici, elle a perdu vingt-quatre de ses membres, et un magnifique monument en granit a été érigé au fort à leur mémoire. Il porte les noms de ceux qui sont tombés et raconte brièvement l'histoire de leur bravoure.

Lors de la bataille de Wounded Knee, dans les plaines du Dakota, dans les derniers jours de 1891, les quatre troupes du régiment furent traîtreusement surprises par les Sioux et parce qu'après l'attaque, le colonel Forsyth ordonna une charge, entraînant la mort de Beaucoup de sauvages, il fut suspendu par son officier supérieur, le général Miles, pour désobéissance aux ordres qui étaient de ne pas tirer sur l'ennemi. Une enquête a cependant amplement justifié son action et il a été réintégré à son poste comme auparavant. Au début de novembre 1894, suite à la promotion du général McCook au rang de major général, le colonel Forsyth accède au poste de général de brigade et sa place à Fort Riley sera prise par le colonel Sumner. Il y a cependant une rumeur dans les cercles militaires, selon laquelle l'ancien Septième serait stationné dans l'extrême nord-ouest et que le Cinquième Cavalerie lui succéderait en tant que régiment résident ici. Le poste est devenu si étroitement associé à la fortune de l'ancien régiment qu'il semblera étrange que d'autres troupes y aient élu domicile.

Il y a ordinairement au fort trois escadrons de cavalerie, de quatre troupes chacun, et cinq batteries d'artillerie légère, occupées aux manœuvres de l'école du service à cheval, qui a ici son quartier général pour toute l'armée. Le but principal de cette école est l'enseignement des opérations combinées de la cavalerie et de l'artillerie légère, et cet objectif est constamment gardé en vue. Les troupes de chaque arme forment une sous-école et reçoivent un enseignement neuf mois par an dans leur propre arme, préparatoire aux trois mois d'opérations combinées. Ainsi les batteries sont fréquemment pratiquées en marche sur route à allures rapides ; la rivière Kansas est souvent traversée à gué ; les collines escarpées sont gravies « à double vitesse », et les canons sont mis en action sur toutes sortes de terrains difficiles, de sorte que, lorsque les opérations combinées commencent, les batteries peuvent être manœuvrées sur toutes sortes d'obstacles.

Parmi les projets d'avenir, il y en a un, qui était l'un des favoris du général Sheridan, consistant à faire de Fort Riley le quartier général de l'équipement équestre de toute l'armée. L'emplacement étant si central, il assure l'approche la plus proche d'une parfaite acclimatation des animaux envoyés dans n'importe quelle partie de l'Union. Deux plans sont envisagés pour la réalisation de cet objet. La première consiste à en faire une station d'élevage ; l'autre est d'en faire simplement une station d'achat, qui achèterait aux fermiers de l'Ouest les chevaux nécessaires à l'armée, et dresserait les animaux pour un usage régulier avant de les envoyer aux différents postes.

Les plans actuels prévoient également une augmentation du nombre de soldats stationnés à Fort Riley à 3 000. Si l'augmentation proposée de l'armée permanente est réalisée, il pourrait y en avoir davantage. Le gouvernement a évidemment confiance dans l'emplacement du fort. Tandis qu'il a abandonné et regroupé d'autres stations, il n'a cessé d'augmenter ses dépenses ici, et les estimations pour l'année prochaine totalisent des dépenses de plus de 500 000 $, pourvu que le comité des crédits fasse son devoir. Il est prévu d'embellir encore davantage le terrain et d'ajouter davantage d'autoroutes et de routes macadamisées.

L'État du Kansas, et notamment les comtés de Geary et Riley, dans lesquels le fort est situé, tirent un bénéfice considérable de son emplacement. Les produits périssables du département de l'économat proviennent des pays environnants. Des centaines de chevaux sont achetés à des prix ronds, tandis que le commerce des soldats a propulsé Junction City, à six kilomètres à l'ouest, devant tous ses concurrents du centre du Kansas en termes de volume d'affaires et de population. Naturellement, le Kansas est heureux de voir Fort Riley devenir permanent et espère qu'il pourra devenir le principal poste occidental du gouvernement.

Le Kansas est considéré comme l'État le plus merveilleux de l'Union et, à bien des égards, il a pleinement raison de sa réputation à cet égard. Il a connu suffisamment de découragements et d'inconvénients pour ruiner une demi-douzaine d'États, et rien que la fertilité phénoménale du sol et le va-et-vient des pionniers qui revendiquent l'État comme leur propre ont permis au Kansas de résister aux difficultés et de naviguer avec entrain. à travers des vagues de danger vers des ports de refuge. À ses débuts, la guerre aux frontières a entravé le développement et a poussé de nombreux colons les plus convoités vers des endroits plus paisibles. Depuis lors, le préfixe « Saignement » a de nouveau été utilisé à plusieurs reprises en relation avec l'État, en raison de la succession de sécheresses et d'invasions de sauterelles et de punaises velues, qui ont mis en péril son crédit et sa juste réputation. Mais le Kansas reste aujourd'hui un grand Etat, avec un avenir magnifique devant lui. La fertilité des sols est plus que phénoménale. Le maïs du Kansas est connu dans le monde entier pour son excellence et, à l'Exposition universelle de 1893, il a remporté les plus hautes récompenses pour ses variétés blanches et jaunes. En outre, il a obtenu la médaille d'or pour le meilleur maïs du monde, ainsi que les plus hautes récompenses pour la farine de blé rouge d'hiver, le sucre de sorgho et les pommes. En effet, le sol du Kansas produit presque tout à la perfection, et l'État, grâce en grande partie aux travaux d'irrigation dans l'extrême ouest, produit chaque année de plus grandes quantités de produits agricoles indispensables.

La devise même de l'État indique les premiers troubles qu'il a traversés, l'interprétation littérale étant « Vers les étoiles (et les rayures) à travers les difficultés ». L'État est généralement connu aujourd'hui sous le nom d'« État Tournesol » et, depuis de nombreuses années, l'épée a cédé la place au soc de charrue. Mais l'existence même de Fort Riley montre que cela n'a pas toujours été le cas. Au début du XVIIIe siècle, les commerçants de fourrures français traversèrent le Kansas et, plus tard, les explorateurs espagnols furent frappés par les possibilités offertes par les plaines fertiles. Les tribus indiennes locales étaient alors en guerre, mais un sentiment de danger commun poussa les hommes rouges antagonistes à s'unir et les immigrants blancs furent massacrés en masse. Après le célèbre compromis du Missouri de 1820 et la loi Kansas-Nebraska de trente ans plus tard, la question des esclaves devint très vive au Kansas et, pendant un certain temps, l'État se trouva dans une situation proche de la guerre civile. La convention de 1859, à Wyandotte, régla cette difficulté et plaça le Kansas sur la liste des États anti-esclavagistes.

Il y a une dizaine d'années, après que le Kansas eut connu une période de prospérité des plus uniques, au point de vue agricole, l'impression générale commença à prévaloir que l'État était destiné à devenir presque immédiatement le plus grand de la nation. Les champs de maïs ont été répartis sur les sites urbains et des ajouts aux villes existantes ont été aménagés dans toutes les directions. Pendant un certain temps, il apparut que les prévisions extravagantes de la grandeur future semblaient peu exagérées. Les lots de la ville se vendirent de la manière la plus remarquable, de nombreux coins précieux augmentant en valeur de dix à vingt fois en une seule nuit. L'époque de la construction des chemins de fer coïncidait avec l'engouement pour le boom des villes, et les habitants de l'Est étaient si désireux d'obtenir une part des énormes profits réalisés en spéculant sur les lots des villes du Kansas que l'argent était télégraphié aux agents et aux banques dans tout l'État. , et les options sur l'immobilier ont été vendues en grande partie selon le plan adopté par les traders d'actions et d'obligations à Wall Street.

L'avidité de certains, sinon de la plupart, des spéculateurs tua bientôt la poule aux œufs d'or. Le boom éclata de la manière la plus prononcée. Les gens qui avaient perdu la tête les retrouvèrent, et plus d'un agriculteur qui avait abandonné l'agriculture pour s'enrichir grâce au commerce des lots, retourna à sa charrue et à ses travaux, un homme plus triste et plus sage, quoique généralement plus pauvre. Plusieurs centaines de milliers de dollars ont changé de mains pendant le boom. On ne sait jamais exactement qui « a gagné le jeu », pour reprendre l'expression du joueur. Il est certain que pour chaque homme au Kansas qui admet avoir gagné de l'argent grâce à l'excitation et à l'inflation, il y en a au moins cinquante qui disent que le boom les a presque ruinés.

Le Kansas est aussi grand que la Grande-Bretagne, plus grand que toute la Nouvelle-Angleterre réunie, et constitue en soi un véritable empire. C'est un État aux proportions magnifiques et à l'histoire la plus unique et la plus délicieuse. Il y a trois siècles et demi, Coronado, le grand prospecteur et aventurier pionnier, parcourait le Kansas de bout en bout à la recherche des métaux précieux qu'on lui avait dit pouvoir y trouver en abondance. Il erra à travers l'immense étendue de prairies et chercha au fond des ruisseaux sans trouver ce qu'il cherchait. Il parle dans ses récits de « plaines puissantes et de bruyères sablonneuses, lisses, ennuyeuses et dépourvues de bois. Tout le long du chemin, les plaines sont aussi pleines de bœufs tordus que la montagne Serena en Espagne l'est de moutons ».

Ces bœufs au dos tordu étaient bien sûr des buffles ou, plus exactement, des espèces de bisons d'Amérique. Aucun autre continent n'a jamais été doté d'une sélection d'animaux et d'oiseaux plus magnifique et plus variée dans les forêts et les prairies que l'Amérique du Nord. Le Kansas, en particulier, avait la chance de posséder des milliers de troupeaux de buffles. Aujourd'hui, il n'en reste plus, sauf quelques-uns à l'état domestiqué, avec leur ancienne gloire royale disparue à jamais. Quand on lit les rapports des voyageurs et des trappeurs, rédigés il y a à peine plus d'un demi-siècle, et traitant des énormes troupeaux de bisons qui couvraient les prairies à perte de vue, on se demande si ces descriptions peuvent être réelles, ou si elles ne sont plus dans la lignée des fables et le fruit d'une imagination trop vive.

Si, il y a trente ans, un sage s'était manifesté et avait prédit qu'il deviendrait nécessaire de trouver des moyens pour protéger cette énorme quantité de gibier, on aurait ri de lui. Pourtant, cette situation extraordinaire s'est effectivement produite. Des espèces entières d'animaux qui appartenaient à la magnifique faune de l'Amérique du Nord sont déjà éteintes ou sont en passe de le devenir rapidement. La vache marine est un de ces animaux ; dont les derniers spécimens ont été vus en 1767 et 1768. L' éléphant de mer de Californie et le chien de mer des Antilles ont partagé un sort semblable. Depuis longtemps, aucune trace de ces animaux n'a été retrouvée. L'extinction du canard du Labrador et du grand pingouin a souvent été déplorée. Ces deux oiseaux peuvent être considérés comme pratiquement éteints. Le dernier squelette du grand pingouin a été vendu 600 dollars, la dernière peau 650 dollars et le dernier œuf a rapporté la fabuleuse somme de 1 500 dollars.

Enfin et surtout, le bison d'Amérique appartient au passé !

Il est historiquement prouvé qu'à l'époque de la découverte de l'Amérique, les troupeaux de buffles couvraient tout l'immense territoire allant de la Pennsylvanie à l'Oregon et au Nevada, jusqu'au Mexique, et qu'il y a trente ans les grandes caravanes d'émigrants qui voyageaient des États de l'Est à travers du Mississippi jusqu'aux champs aurifères de Californie, on rencontra des troupeaux de buffles, non pas des milliers, mais des centaines de milliers. Les trains de construction du premier Pacific Railroad étaient fréquemment interrompus et retardés par des troupeaux de bisons errants.

Aujourd'hui, les États-Unis peuvent être parcourus d'un bout à l'autre, et pas un seul buffle n'y sera vu, et il ne reste rien pour indiquer leur présence, si ce n'est les sentiers profonds et bien fréquentés qu'ils ont tracés il y a des années. La pluie n'a pas pu effacer ces traces, et elles comptent parmi les « traits » des prairies, où les bisons erraient autrefois dans une gloire tranquille. Ce fut une tâche difficile pour le gouvernement que de rassembler les derniers restes, environ 150 à 200 têtes, pour les approvisionner dans le parc de Yellowstone et empêcher leur extinction complète.

Sans aucun doute, le buffle était l'animal le plus stupide des prairies. En petits groupes, il échappait assez bien au chasseur ; mais par milliers, il ne se souciait pas du tout de tirer sur les flancs de son armée. N'importe quel Indien ou trappeur, posté derrière des buissons ou une colline de terre, pouvait tuer des dizaines de buffles sans déranger le troupeau par le bruissement de la flèche, le détonation du fusil ou les gémissements mourants des animaux blessés. Il s'ensuivait parfois une bousculade générale, qui entraînait souvent le troupeau dans les marécages ou dans les sables mouvants des rivières, où ils périssaient misérablement. La destruction fut encore plus grande lorsque le chef du troupeau tomba sur quelque abîme béant. Ceux qui le suivaient le poussèrent dans les profondeurs, et tout le troupeau le suivit aveuglément, pour ensuite être précipité à mort.

La stupidité même des bisons a contribué à exterminer la race, là où l'intervention humaine aurait semblé presque inadéquate.

Parmi les gros gibiers du continent, le bison était le plus important et fournissait aux nombreuses tribus indiennes non seulement une nourriture abondante, mais aussi d'autres choses. Ils couvraient leurs tentes avec ces peaux épaisses et en fabriquaient des selles, des bateaux, des lassos et des chaussures. Repliés, ils les utilisaient comme lits et les portaient autour de leurs épaules pour se protéger du froid hivernal. Des cuillères et d'autres ustensiles pour la maison pouvaient être fabriqués à partir de leurs sabots et de leurs cornes, et leurs os étaient façonnés pour fabriquer toutes sortes d'armes et d'armes. La vie et l'existence des Indiens des prairies dépendaient presque entièrement de celles des buffles. Il ne fait aucun doute que les Indiens ont tué de nombreux buffles, mais même si les dégâts ont pu être considérables, leur nombre n'a pas beaucoup diminué, car la vache buffle est un énorme reproducteur.

Les conditions changent cependant lorsque l'homme blanc arrive avec son fusil, s'installe sur les rives de l'océan Atlantique et commence à chasser les aborigènes du continent américain de plus en plus vers l'ouest. Avec ce refoulement des Indiens commença aussi celui des buffles, et la destruction de ces derniers fut bien plus rapide que celle des premiers.

C'est vers le milieu du XVIIe siècle que les premiers colons anglais gravirent les sommets des montagnes Allegheny. D'énormes troupeaux de buffles paissaient alors dans l'ouest de la Pennsylvanie, dans l'Ohio, l'Indiana, l'Illinois, le Tennessee et dans les célèbres régions de pâturin bleu du Kentucky. La rapidité avec laquelle les buffles ont été exterminés peut être mieux illustrée par le fait qu'au début du siècle actuel, les bisons avaient entièrement disparu des rives orientales du Mississippi. Quelques troupeaux isolés pouvaient être trouvés dans le Kentucky en 1792. En 1814, l'animal avait disparu dans l'Indiana et l'Illinois. Lorsque les colons blancs traversèrent le Mississippi pour chercher à établir des liens avec les territoires de la côte du Pacifique, la domination des buffles, autrefois si vaste, diminua d'année en année, et finalement elle fut divisée en deux et divisée en une bande nord et une bande sud. La cause de cette division était l'émigration terrestre de Californie, dont la route suivait les rivières Kansas et Platte, traversant le centre des régions de bisons. Ces émigrants tuèrent des centaines de milliers d'animaux, et la division devint encore plus grande après l'achèvement de la ligne Union Pacific et la colonisation des districts adjacents.

Les buffles de la bande sud furent les premiers à être exterminés, notamment lorsque la construction du chemin de fer Atchison, Topeka & Santa Fe facilita l'entrée dans la chaîne sud.

Outre le plaisir et l'excitation de la chasse au bison, le rendement était riche et des troupes de chasseurs envahissaient les prairies de l'Ouest ; La chasse au bison est devenue une industrie qui a donné du travail à des milliers de personnes. Mais l'avarice humaine ne connaissait pas de limites et massacrait sans raison le plus beau gibier dont ce continent était peuplé. On peut mieux deviner l'ampleur de l'essor de cette industrie lorsqu'on apprend qu'en 1872, plus de 100 000 buffles furent tués près de Fort Dodge en trois mois. Au cours de l'été 1874, une expédition composée de seize chasseurs tua 2,800 buffles, et durant cette même saison un jeune trappeur se vanta d'avoir tué 3,000 animaux. La vue d'une telle scène de massacre était horrible à voir. Le colonel Dodge en parle : « Durant l'automne 1873, j'ai traversé à cheval la prairie, où, il y a un an, j'avais chassé plusieurs troupeaux. À l'époque, nous appréciions l'aspect d'une myriade de buffles qui paissaient paisiblement dans les prairies. nous avons croisé des myriades de cadavres et de squelettes en décomposition, qui remplissaient l'air d'une puanteur insupportable. La vaste plaine qui, il y a un an, regorgeait d'animaux, n'était rien de plus qu'un désert mort et immonde.

M. Blackmore, un autre voyageur, qui traversa le Kansas à peu près à la même époque, dit avoir dénombré, sur quatre acres de terrain, pas moins de soixante-sept carcasses de buffles. Comme il fallait s'y attendre, ce massacre massif et, en fait, gratuit, a apporté sa propre récompense et sa condamnation. Le prix des peaux de buffle est tombé à 50 cents, bien que jusqu'à 3,00 $ aient été régulièrement payés pour ces peaux. De plus, comme le nombre d'animaux tués était supérieur à ce qui pouvait être enlevé, les carcasses en décomposition attiraient les loups, et des ennemis encore pires, dans la basse-cour, ce qui causait de terribles dégâts au bétail.

Les Indiens furent également perturbés. "Le pauvre Lo" se plaignait du meurtre gratuit et insensé de ses principaux moyens de subsistance, et lorsque l'homme blanc en riant ignora ces plaintes, les Indiens se mirent sur le chemin de la guerre, attaquèrent les colonies, tuèrent le bétail et volèrent les provisions, ainsi donnant lieu à des conflits qui ont non seulement englouti d'énormes sommes d'argent, mais ont également coûté la vie à des milliers de personnes. Lorsque l'invasion acridienne a balayé les champs du Kansas et détruit toute la récolte, les colons eux-mêmes ont eu faim de la viande de buffle dont ils s'étaient dépouillés, et la vengeance est venue de plusieurs manières.

L'extermination des bisons de la chaîne sud fut achevée vers 1875 ; les bisons de l'aire de répartition du nord ont bénéficié d'une grâce de quelques années. Mais les mêmes scènes qui se déroulaient dans le Sud se répétaient dans le Nord, et les barbares blancs ne furent satisfaits qu'après avoir tué le dernier gibier noble en 1885. Lorsque le massacre fut presque terminé, quelques troupeaux isolés furent rassemblés. et transportés au parc de Yellowstone, où ils sont passés à environ 400 au cours des dernières années, protégés par les lois sur la chasse, qui sont strictement appliquées. À l'exception de très rares spécimens, tendrement soignés par quelques éleveurs de bétail du Kansas et du Texas, et dans certaines régions reculées de l'Amérique britannique, ce sont les derniers animaux d'une espèce qui, il y a vingt ans, errait par millions dans les vastes prairies de l'Amérique. l'ouest.

CHAPITRE V.

LES MORMONS ET LEURS FEMMES.

Le pèlerinage à travers les mauvaises terres jusqu'à l'Utah--Incidents de la marche--Succès de la nouvelle colonie--Persécutions religieuses--Meurtre d'une famille entière--La malédiction de la polygamie--Une ville idéale--Humours de baignade en grand Lac salé.

Il y a environ un demi-siècle a eu lieu l'un des pèlerinages les plus remarquables des temps modernes. À travers ce qui était alors, non sans raison, décrit par les écrivains comme un désert aride et repoussant, avançait une procession du caractère le plus unique et le plus impressionnant. L'histoire nous parle de bandes de croisés qui ont parcouru l'Europe pour sauver la Terre Sainte des tyrans et des envahisseurs. A cette occasion, toutes sortes et conditions d'hommes étaient représentées, depuis l'enthousiaste religieux jusqu'au fanatique ignorant, et depuis l'homme riche qui sacrifiait tout pour la cause qu'il croyait juste, jusqu'au clochard et jamais. -do-well, qui s'était allié à cette cause uniquement pour le revenu.

Mais la distance parcourue par les croisés il y a six ou sept cents ans était insignifiante comparée à la distance parcourue par les pèlerins dont nous parlons. En outre, le pays à traverser présentait des difficultés d'un caractère bien plus effrayant et menaçant. Il y avait devant eux une terre promise dans une distance extrême, mais il y avait une étendue de terre qui semblait une barrière aussi infranchissable que l'ancienne muraille de Chine dont on parlait tant, mais rarement inspectée. Il y avait une région de désolation et de mort, s'étendant de la Sierra Nevada aux frontières du Nebraska, et de Yellowstone aux fleuves Colorado. Un écrivain profane a suggéré un jour que le même Créateur aurait difficilement pu créer cette région aride, stérile et inhospitalière, ainsi que les plaines fertiles et les belles montagnes qui l'entouraient de tous côtés.

La civilisation et l'irrigation ont détruit les caractéristiques les plus horribles de cette région, mais à l'époque à laquelle nous faisons référence, du point de vue de l'humanité et des besoins humains, la situation était à peu près aussi mauvaise qu'on pouvait l'imaginer. Ici et là, il y avait de hautes montagnes et de profonds canons , comme c'est le cas aujourd'hui, mais les immenses plaines qui occupent la majeure partie du pays étaient sans eau et sans entretien, dégageant des volumes d'une poussière alcaline pénétrante, presque aussi nocive pour l'homme. chair quant à la tenue humaine. Çà et là, il y avait bien sûr de petites oasis d'une relative verdure, qui étaient considérées par les malheureux voyageurs non seulement comme des havres de refuge, mais comme de petits paradis au milieu d'une mer de désespoir. Le sentier à travers le désert, naturellement, traversait autant que possible de ces efforts réussis de la nature pour résister à la décadence, et le long du sentier se trouvaient des squelettes et des restes horribles d'hommes dont le courage avait dépassé leurs capacités et qui avaient succombé. avoir faim et soif dans ce grand désert solitaire.

Il semble superflu de préciser que personne ne vivait dans cette région. Parfois, une bande d'Indiens le traversait à la recherche de terrains de chasse au-delà, bien que, en règle générale, l'homme rouge laissait le pays sévèrement seul et ne faisait aucun effort pour contester les droits de possession exclusifs des coyotes et des buses.

Le long du sentier mentionné, avançait, à l'époque à laquelle nous avons fait référence, une procession que nous avons comparée, à certains égards, à l'avancée des croisés aux jours médiévaux. Ceux qui l'ont vu passer ont décrit cette cavalcade comme étant presque inconcevable. La première impression de loin était qu'un immense troupeau de buffles avançait et créait un nuage de poussière qui semblait s'élever du sol nu et monter jusqu'aux nuages. À mesure qu'on approchait et que les figures devenaient plus visibles, on vit que la caravane était dirigée par une bande de cavaliers armés. Les animaux étaient blasés et fatigués, et marchaient avec la tête basse et les genoux déformés. Leurs cavaliers semblaient aussi épuisés que les animaux eux-mêmes, et ils portaient leurs fusils couverts de poussière d'une manière tout sauf militaire. Derrière eux arrivaient des centaines, voire des milliers de chariots, de toutes formes et de toutes constructions, certains entièrement ouverts et exposés, et d'autres protégés plus ou moins par des toiles inclinées. Ces chariots semblaient s'étendre indéfiniment dans l'espace, et même lorsqu'aucune ondulation de la surface n'obstruait la vue, l'œil nu ne pouvait en aucun cas déterminer la longueur du cortège. Près de l'avant de la grande cavalcade se trouvait un chariot différent par sa construction et son apparence des autres. Il était décoré avec élégance et même de manière criarde, et il était recouvert de si soigneusement que ses occupants pouvaient dormir et se reposer aussi à l'abri des ennuis causés par la poussière que s'ils étaient dans leur lit à la maison.

Au lieu de deux chevaux en panne, six coursiers bien nourris et bien abreuvés étaient attachés au chariot, et il était évident que, même si les réserves de nourriture et d'eau avaient été limitées, les chevaux et les occupants de ce véhicule particulier avaient avaient tout ce qu'ils désiraient. L'occupant de ce chariot était un homme qui ne paraissait pas avoir plus de trente ans, mais dont le visage et les manières indiquaient qu'il avait l'habitude d'être obéi plutôt que d'obéir. Une grande partie de son temps était occupée à lire un grand livre relié en vélin, mais de temps en temps il le mettait de côté pour régler des différends qui avaient surgi entre certains de ses dix mille disciples, ou pour donner des ordres aux plus grands. caractère emphatique et dogmatique.

Cet homme était Brigham Young, le successeur de Joseph Smith et le prophète choisi par les mormons , qui marchaient à travers le désert à la recherche de la terre promise, dont ils furent informés qu'elle avait été mise de côté à leur intention par le souverain du pays. Univers.

Nous n'avons pas besoin de suivre les fortunes et les malheurs des hommes et des familles zélés, quoique malavisés, qui ont suivi leur chef à travers le grand désert non arrosé et presque inexploré. Personne ne sait combien sont tombés sur le bord du chemin et ont succombé à la faim, à l'épuisement ou à la maladie. Le gros de la colonne, cependant, persévéra dans la marche et, à travers beaucoup de tristesse et de tribulations, arriva finalement dans un pays qui, même s'il n'était alors en aucun cas à la hauteur des attentes ou de la représentation, offrait au moins des facilités et des opportunités de vie. . Lorsque les grandes vallées de l'Utah furent atteintes, des hommes qui, quelques mois auparavant, étaient forts et robustes, mais qui étaient maintenant élancés et maigres, tombèrent à genoux et remercièrent pour leur délivrance, tandis que les femmes et les enfants épuisés cherchaient du repos et le repos, qui leur avait été refusé pendant tant de jours longs et fastidieux.

Mais il n'y avait pas de temps à perdre à se réjouir des réalisations ou à regretter les pertes. Les acres vierges devant eux leur appartenaient, ou plutôt ils pouvaient les prendre, et la colonie mormone se mit aussitôt au travail pour morceler les terres et commencer la construction de maisons. Quoi qu'on puisse dire contre les idées religieuses de ces pèlerins, on ne saurait trop leur accorder de crédit pour l'énergie professionnelle qui caractérisait chacun de leurs mouvements. Un site a été choisi pour ce qui est aujourd'hui connu sous le nom de Salt Lake City. De larges rues furent tracées, des plans et des règles de construction adoptés, et tous les arrangements furent pris pour la construction d'une ville belle et symétrique. Les maisons, les rues et les places apparurent presque par magie et, en quelques semaines, une ville assez saine fut construite. Ceux qui, dans les régions plus orientales, avaient appris différents métiers étaient affectés au métier de leur choix, et pour ceux qui étaient orientés vers l'agriculture, des fermes étaient cartographiées et réservées.

Heureusement pour les nouveaux venus, l'industrie était un mot d'ordre parmi eux, et un pays jusqu'alors étranger à la charrue et à la pelle fut asséché et abandonné, et très rapidement planté de maïs et de blé. Cette terre dite aride s'est révélée si fertile qu'une récolte d'un an a écarté toute crainte d'une pauvreté accrue et que la prospérité a commencé à régner en maître. Si les mormons s'étaient cantonnés au travail et avaient abandonné les idées religieuses et sociales extrêmes, impossibles à une époque et dans un pays éclairés, ils se seraient élevés bien avant cela dans une position imprenable à tous égards.

Mais la polygamie, jusqu'ici restreinte et contrôlée par les lois des États et territoires de l'Est, était désormais pratiquée sans discernement. Plus un membre de l'Église mormone possédait d'épouses, plus sa position dans la communauté était grande . L'homme qui n'avait que deux ou trois femmes était blâmé pour son manque d'enthousiasme, et il était fréquemment condamné à de lourdes amendes par l'Église, qui n'hésitait pas à imposer des amendes et à autoriser ainsi de prétendues irrégularités. Certains des anciens avaient chacun plus d'une centaine d'épouses, et celles-ci entretenaient des relations d'un caractère des plus particuliers.

Au début, les principes polygames de l'Église n'ont pas suscité beaucoup de commentaires de l'extérieur, parce que les Mormons étaient tellement coupés de la civilisation qu'ils semblaient occuper un petit monde à eux, et personne ne revendiquait le droit de les censurer ou d'interférer avec eux. . Peu à peu, cependant, il y eut une pénurie de femmes à marier, ce qui entraîna de mystérieuses incursions dans les colonies voisines. Les vagabonds dans les montagnes parlaient avec horreur de mystérieuses tribus d'hommes qui erraient partout et se livraient à des actes de pillage, et de temps en temps d'étranges femmes apparaissaient dans les villes et les colonies.

Comme tant d'autres bandes d'hommes persécutés qui avaient fui leurs oppresseurs en quête de liberté, les premiers mormons adoptèrent bientôt la tactique dont ils s'étaient si amèrement plaints. L'homme qui refusait d'obéir aux ordres de l'Église, ou qui était rebelle d'une manière ou d'une autre, était susceptible de disparaître de chez lui sans avertissement ni explication. Il n'a été ni arrêté ni jugé ; il a simplement été emporté, et aucune marque ni aucun signe ne proclamait son dernier lieu de repos. La Bande Danite , ou les Anges Vengeurs, a vu le jour, et certains de leurs actes terribles ont laissé des pages sombres dans l'histoire de notre pays natal.

Il ne faut pas supposer que de tels actes aient été approuvés sans discernement par les nouveaux arrivants. Parfois, une légère protestation était émise, mais il semblait que les murs mêmes avaient des oreilles, car même si un homme au sein de sa famille critiquait la conduite de l'Église, sa perte semblait scellée et il disparaissait généralement en moins d'un instant. quelques jours. Parfois, une famille tentait de s'échapper de l'Utah, afin d'éviter de se conformer aux lois et aux ordres qu'elle croyait être de nature criminelle, ainsi que contraires à ses notions préconçues de bonheur et de droit domestique. Tenter ce personnage, c'était inviter la mort. En premier lieu, il était presque impossible de traverser les montagnes et les déserts environnants, et même si ces obstacles naturels étaient surmontés, la main du vengeur se levait constamment contre les fugitifs, qui étaient effacés de la surface de la terre, sur le champ de bataille. théorie selon laquelle les hommes morts ne racontent aucune histoire.

Un jour, un homme a quitté son domicile dans l'Utah de la manière décrite, parce qu'il refusait de ramener chez lui une seconde épouse. Brigham Young, au cours de ses visites pastorales, entra dans la confortable maison occupée par la famille et demanda à l'homme de lui présenter ses épouses. Il était l'un des rares hommes qui, bien que mormon zélé à tous autres égards, avait refusé de rompre ses relations familiales en amenant une jeune épouse chez lui. La mère de ses enfants en informa le Prophète avec beaucoup de véhémence et, dans des paroles plus nobles que discrètes, l'assura qu'aucun de ses efforts ne pourrait perturber les relations domestiques de la maison, ni amener son mari à trahir les vœux qu'il avait pris vingt ans. avant.

Le Prophète était trop étonné pour se mettre en colère, mais se tournant vers l'heureux mari et père, il lui dit d'un ton de stentor que s'il ne se conformait pas aux ordres de l'église dans un délai d'un mois, il aurait été préférable pour lui de ne jamais avoir été informé. né, ou était-il mort au cours de la terrible marche à travers les Mauvaises Terres et le désert alcalin. Le fait que le Prophète était sérieux fut démontré par l'arrivée le lendemain de certains de ses serviteurs, qui apportèrent avec eux des instructions plus explicites, ainsi que les noms de certaines jeunes femmes avec lesquelles l'homme devait être « scellé » ou « marié ». dans le délai mentionné par Young.

Aucune idée de se conformer à cet ordre ne vint jamais à l'esprit du chef de la maison. Il savait que sa femme préférait mourir plutôt que d'être déshonorée, et lui-même était parfaitement disposé à sacrifier sa vie plutôt que son honneur. Mais pour le bien de ses quatre enfants, il décida de tenter de s'enfuir et, quelques jours plus tard, la famille, après avoir rassemblé tous ses biens disponibles et faciles à transporter, attela son chariot et partit au milieu de la nuit. nuit. Leur départ de cette manière n'était pas attendu et ne fut découvert que près de quarante-huit heures, pendant lesquelles les réfugiés avaient fait des progrès considérables à travers les montagnes environnantes. Ils maintinrent leur marche pendant près d'une semaine sans incident, et se félicitaient de leur évasion, lorsque le désastre qu'ils redoutaient les surprit.

Ils campaient au bord d'un petit ruisseau dans une vallée fertile, et tous dormaient paisiblement, à l'exception du garçon aîné, qui faisait office de sentinelle. Son attention fut d'abord attirée sur le danger par l'inquiétude manifestée par les chevaux, qui, par leur air agité et leur anxiété soudaine, montraient que leur instinct les avertissait de l'approche d'un groupe. Sans perdre un instant, le jeune homme réveilla en toute hâte les dormeurs, qui s'apprêtaient à abandonner leur camp et à se réfugier dans le bois voisin. Ils avaient à peine atteint un abri qu'un groupe d'hommes armés à cheval arriva. Trouvant un camp désert, ils se séparèrent et commencèrent à parcourir les environs. L'un d'entre eux tomba bientôt sur la famille en retraite, mais avant de pouvoir les couvrir avec son fusil, il fut abattu par le père furieux, déterminé à résister jusqu'au bout au sort horrible qui les regardait maintenant en face.

le bruit comme un signal que la famille traquée avait été retrouvée, et sachant que ce serait le cas, l'homme et ses fils précipitèrent la femme et les plus jeunes enfants vers un endroit isolé à peu de distance. et recherchant une couverture commode, déterminés à faire un effort désespéré pour protéger ceux dont ils étaient responsables. Malheureusement pour la mise en œuvre réussie de ce plan, la partie impuissante du parti fut découverte la première. Le groupe des vengeurs se divisa alors en deux sections, l'une emmenant la femme et ses jeunes enfants, et les autres partant à la recherche de l'homme et de ses deux fils. Ils les trouvèrent rapidement, et dans le combat qui suivit, deux vies furent perdues des deux côtés.

Le fils aîné du groupe en fuite a été blessé et laissé pour mort. Quelques heures plus tard, il reprit conscience et la première chose qui rencontra son regard fut les cadavres de son père et de son frère. Une chance lui fut offerte de s'échapper, mais aussi faible qu'il fût à cause de la perte de sang, il résolut de poursuivre le groupe d'enlèvements, prenant la résolution désespérée que s'il ne pouvait pas sauver sa mère et ses sœurs, il les sauverait au moins de la l'horrible sort qu'il savait les attendait. Cette détermination impliquait sa mort, car il n'était pas à la hauteur des hommes contre lesquels il combattait. Aucune tombe n'a jamais été creusée pour sa dépouille, et aucune pierre tombale ne raconte l'histoire de sa noble résolution et de ses efforts intrépides pour la mener à bien.

Il y eut des centaines, et probablement des milliers, d'incidents similaires, et le mormonisme se révéla un triste inconvénient pour le bonheur d'un peuple qui, autrement, avait devant lui des perspectives d'un caractère des plus délicieux. Brigham Young connut un merveilleux succès en tant que dirigeant. Il avait dix-huit femmes et un nombre indéfini d'enfants, dont les estimations sur le nombre varient tellement qu'il vaut mieux n'en donner aucun. Il est généralement admis et compris que la soi-disant révélation appelant le peuple élu à pratiquer la polygamie était une invention de la part de Young, destinée à dissimuler sa propre immoralité et à obtenir une sanction religieuse pour les relations inappropriées qu'il avait déjà nouées. en haut. Quoi qu'il en soit, il est certain que la polygamie reçut un coup sérieux par la mort de son ardent défenseur. Depuis lors, une législation fédérale sévère a abouti à la suppression pratique de ce crime et, ces dernières années, le chef actuel de l'Église a officiellement déclaré que cette pratique était inappropriée et que cette habitude était morte.

La tombe de Brigham Young, dont nous donnons une illustration, a été visitée de temps en temps par d'innombrables amateurs de plaisir et de tourisme. Comme l'homme, il est unique à tous égards. Il est situé dans le cimetière privé du Prophète, qui a été étudié et aménagé par lui avec un soin particulier. Il alla même jusqu'à choisir le dernier lieu de repos de chacune de ses dix-huit épouses, et il fut si attentif à ces détails que l'honneur de reposer près de lui fut donné à chaque épouse par ordre de date de "scellement". à lui, conformément aux rites et aux lois de l'Église. La plupart des Mme Young ont été enterrées conformément aux dispositions prises, mais l'ensemble du remarquable groupe d'épouses n'a pas encore été disposé de la manière souhaitée. L'épouse préférée du Prophète, dont la relation avec Mme Grover Cleveland a fait l'objet de tant de controverses, s'appelait Amelia Folsom. Pour son confort particulier, le Prophète a construit le palais Amelia, l'un des éléments les plus uniques de Salt Lake City. Ici, la dame a vécu plusieurs années.

Tombe de Brigham Young, Salt Lake City

Laissons de côté le côté désagréable de l'histoire mormone et voyons ce que les gens zélés, quoique malavisés, ont réussi à accomplir. Salt Lake City, qui fut initialement colonisée par Brigham Young et ses partisans en juillet 1847, est peut-être la ville la plus uniforme au monde en ce qui concerne ses plans. Les premiers colons ont aménagé la ville en carrés de dix acres de large. Au lieu de rues larges de soixante à quatre-vingts pieds, comme c'est trop courant dans toutes nos villes surpeuplées, une largeur uniforme de 130 pieds a été adoptée, avec des résultats plus satisfaisants. Dans la partie originale de la ville, ces larges rues constituent un mémorial permanent de la prévoyance des premiers mormons. Les arbres d'ombrage qu'ils ont plantés sont maintenant magnifiques dans leurs proportions, et de chaque côté de la rue coule un ruisseau d'une clarté exquise. Il y a très peu de monde dans la construction de logements. Chaque maison de la ville est entourée d'une pelouse verte, d'un jardin et d'un verger, de sorte que la pauvreté et la misère de type bidonville sont pratiquement inconnues. L'idée communiste des foyers communs, qui a reçu tant d'attention ces dernières années, n'a pas été adoptée par les fondateurs de cette ville, qui ont cependant pris d'excellentes précautions pour éradiquer la flânerie, la mendicité et autres accompagnements de ce que l'on peut qualifier de paupérisme professionnel.

Trente ans après la construction de la première maison à Salt Lake City, qui d'ailleurs est toujours debout, le nombre d'habitants atteignait 20 000 personnes. Il y en a probablement plus de 50 000 aujourd'hui, et la ville occupe la trente et unième place dans l'ordre de celles dont les résultats du centre d'échange sont rapportés et comparés chaque semaine. Les hôtels abondent de tous côtés, et les institutions bienveillantes et les parcs sont communs. Les églises, bien sûr, y sont innombrables, et maintenant que le gouvernement s'est immiscé dans la protection des soi-disant gentils, presque toutes les sectes religieuses sont représentées.

Aucune description du temple mormon ne peut donner une idée raisonnable de sa grandeur. Six ans après l'arrivée des pèlerins à Salt Lake City, soit en 1853, les travaux furent commencés sur cette immense structure, pour laquelle au moins 7 000 000 $ ont été dépensés. Sa longueur est de 200 pieds, sa largeur de 100 pieds et sa hauteur la même. A chaque coin se trouve une tour de 220 pieds de haut. L'épaisseur des murs est de 10 pieds et ceux-ci sont construits en granit blanc comme neige. Ce bâtiment est si remarquable et si massif qu'il peut être vu depuis les montagnes à cinquante et même cent milles de distance.

Le Tabernacle, qui se trouve sur la même place que le Temple, et juste à l'ouest de celui-ci, est décrit à juste titre par M. P. Donan comme l'une des curiosités architecturales du monde. Il ressemble à un vaste dos de tortue, ou à la moitié d'une prodigieuse coquille d'œuf coupée en deux dans le sens de la longueur, et est entièrement construit en fer, en verre et en pierre. Il mesure 250 pieds de long, 150 pieds de large et 100 pieds de haut au centre du toit, qui est une seule arche puissante, sans pilier ni poteau, et dont on dit qu'il n'a qu'une seule contrepartie sur le globe. Les murs ont 12 pieds d'épaisseur et il y a 20 immenses portes doubles pour l'entrée et la sortie. Le Tabernacle peut accueillir 13 462 personnes et ses propriétés acoustiques sont si merveilleusement parfaites qu'un murmure ou le chute d'une épingle peut être entendu partout. L'orgue est l'un des plus grands et des plus grandioses qui existent et a été construit à partir de bois indigènes par des ouvriers et des artistes mormons, pour un coût de 100 000 $. Il mesure 58 pieds de haut, comporte 57 arrêts et contient 2 648 tuyaux, certains d'entre eux presque aussi grands que les cheminées d'un bateau à vapeur sur le fleuve Mississippi.

Le chœur se compose de 200 à 500 voix entraînées et la musique est glorieuse au-delà de toute description. Une grande partie est en tonalités mineures, et une tension plaintive se mêle à toute sa majesté et sa puissance. Tous les sièges sont gratuits et des touristes du monde entier se retrouvent parmi les grandes multitudes qui se rassemblent à chaque service. Pensez à voir le pain rompu de la Sainte Communion et l'eau du Jourdain, au lieu du vin, administrés à 6 000 à 8 000 communiants à la fois ! On peut imaginer les anciens mormons d'antan arrivant, chacun suivi de ses cinq ou vingt-cinq femmes et de ses cinquante ou cent enfants.

A proximité se trouve la salle de l'Assemblée, également en granit blanc et d'architecture gothique. Il peut accueillir 2 500 personnes et est particulièrement remarquable par la coûteuse fresque au plafond, qui illustre des scènes de l'histoire mormone, notamment la prétendue découverte des plaques d'or et leur remise au prophète Smith par l'ange Moroni .

Tout autour de cette ville remarquable se trouvent des sites d'une beauté incomparable. Le Grand Lac Salé lui-même devrait être considéré comme l'une des merveilles du monde. Bien qu'il s'agisse d'une mer intérieure, avec une immense zone entre elle et l'océan le plus proche, ses eaux sont beaucoup plus saumâtres et salées que celles de l'Atlantique ou du Pacifique, et sa densité est bien plus grande. Les experts nous disent que le pourcentage de sel et de soude est six fois plus élevé que dans les eaux de l'Atlantique, et l'un des grands avantages de vivre à proximité est l'abondance de bon sel pur, produit par évaporation naturelle sur ses rives. . Il serait intéressant, si c'était possible, d'expliquer pourquoi l'eau est si salée. Diverses raisons ont été avancées de temps à autre pour expliquer ce phénomène, mais aucune d'entre elles n'est suffisamment pratique ou tangible pour intéresser beaucoup le lecteur non scientifique.

Il est tout à fait possible que ce merveilleux lac disparaisse complètement avec le temps. Il y a quelques années, sa largeur dépassait en moyenne 40 milles et sa longueur était bien plus grande. Aujourd'hui, il mesure à peine 100 milles d'un bout à l'autre et sa largeur varie de 10 à 60 milles. En profondeur, la réduction progressive a été plus apparente. À une certaine époque, la profondeur moyenne était de plusieurs centaines de pieds, et plusieurs sondages de 1 000 pieds ont été effectués, avec pour résultat, selon le langage des marins, « Pas de fond ». À l'heure actuelle, la profondeur varie de 40 à 100 pieds et semble diminuer régulièrement, probablement à cause du dépôt extraordinaire de matière solide provenant des eaux très denses dont elle est remplie.

Le lac est le paradis des baigneurs, et les modalités de baignade depuis Garfield Beach sont, comme tout le reste au pays des mormons, extraordinaires jusqu'à un certain point. En une année, près d'un demi-million de baigneurs furent accueillis dans les quatre principales stations balnéaires, et ces stations et établissements balnéaires se multiplièrent si rapidement que le jour n'est pas loin où tous les emplacements disponibles sur la rive orientale du lac seront appropriés pour la baignade. but. Comme le dit un gentleman qui s'est baigné à maintes reprises dans ce lac, il semble absurde de parler des plus beaux bains de mer sur terre à des milliers de kilomètres de l'océan, bien que la baignade dans le Grand Lac Salé dépasse infiniment tout ce qui se passe de ce genre sur les deux continents. Côtes Atlantique ou Pacifique.

L'eau contient beaucoup plus de sel et beaucoup plus de soude, de soufre , de magnésie, de chlore, de brome et de potassium que n'importe quelle eau océanique sur la planète. Il est puissant en vertus médicinales, guérissant ou bénéfiques de nombreuses formes de rhumatismes, de goutte rhumatismale, de dyspepsie, de troubles nerveux et de maladies cutanées, et il agit comme par magie sur les cheveux de ces malheureux dont les tendances sont à la calvitie. C'est un tonique et un tonique rapide et puissant pour le corps et l'esprit, et il n'y a pas de fin à s'amuser en se familiarisant avec ses particularités. Un premier bain y fait toujours office de cirque, le baigneur étant sa propre mule. La gravité spécifique n'est qu'un peu inférieure à celle de la Terre Sainte, Mer Morte.

Le corps humain ne veut pas et ne peut pas s'y enfoncer. Vous pouvez y marcher là où il y a cinquante pieds de profondeur, et votre corps en sortira comme un bouchon de pêche depuis les épaules vers le haut. On peut s'y asseoir en toute sécurité là où il fait des brasses de profondeur. Des hommes sont allongés dessus, les bras sous la tête et fument des cigares. Sa flottabilité est indescriptible et inimaginable. N'importe qui peut flotter dessus dès le premier essai ; il n'y a rien d'autre à faire que de s'allonger doucement dessus et de flotter.

Mais la natation est une tout autre affaire. Dès que vous commencez à « pagayer sur votre propre canot », des exercices animés et, pour les spectateurs, provoquant la gaieté s'ensuivent. Lorsque vous mettez votre main en dessous pour effectuer un coup, vos pieds refusent de rester ailleurs que sur le dessus ; et quand, après une lutte passionnante avec vos extrémités réfractaires de pédales, vous les enfoncez à nouveau sous la surface, vos mains s'envolent avec le clapotis et le crépitement d'une demi-douzaine de roues flottantes. Si, parce que votre cerveau est plus lourd que vos talons, vous faites un saut périlleux et que votre tête tombe, vos talons surgiront comme une paire de canards fringants et pimpants.

Vous ne pouvez pas garder plus d'une extrémité de vous-même sous l'eau à la fois, mais vous apprenez vite à lutter avec ses nouveautés, et cela devient alors une chose de beauté et une joie pour n'importe quelle journée d'été. L'eau est délicieuse pour la peau, chaque sensation est exaltante et on ne peut s'empêcher de se sentir comme un bouchon doré à la dérive dans un bol de punch au champagne orné de bijoux. Dans le sens de la facilité luxueuse avec laquelle il enveloppe le baigneur, il est sans égal sur terre. La seule approximation se trouve dans les eaux phosphorescentes de la côte indienne des Mosquitos.

L'eau ne gèle que lorsque le mercure thermométrique descend à dix-huit degrés au-dessus de zéro, ou quatorze au-dessous du point de congélation ordinaire. Il est clair comme du cristal, avec un fond de sable blanc comme neige, et de petits objets peuvent être distinctement vus à une profondeur de vingt pieds. Il n'y a pas un seul poisson ni aucun autre être vivant dans les 2 500 à 3 000 milles carrés d'eaux magnifiques et mystérieuses, à l'exception des essaims annuels croissants de baigneurs d'été. Pas un requin, ni un stingaree , pour effrayer le nageur ou le flotteur timide ; pas un vairon, ni une grenouille, ni un têtard, ni une têtière, rien qui vive, bouge, nage, rampe ou se tortille. C'est le lieu de baignade en mer idéal au monde.

CHAPITRE VI.

L'INVASION DE L'OKLAHOMA.

- 55 -

Une histoire de la nation indienne--Les premières luttes des baby-boomers de l'Oklahoma--Combat entre les chercheurs de logements et les soldats--Scènes de l'ouverture de l'Oklahoma proprement dit--Une nuit misérable dans la prairie--Une course aux maisons--L'anarchie dans le Ancien territoire indien.

L'Oklahoma, le plus jeune de nos territoires, est aussi à bien des égards le plus intéressant. Beaucoup de gens confondent le territoire de l'Oklahoma avec le territoire indien, mais les deux sont séparés et distincts, le premier bénéficiant d'un gouvernement territorial, tandis que le second, malheureusement, se trouve dans une condition très anormale, en ce qui concerne l'élaboration et l'application des lois.

Jusqu'à quelques années plus tard, l'Oklahoma faisait partie de ce qui était alors le « territoire indien ». Maintenant, il a été séparé de ce qui peut être décrit comme son parent originel et est entièrement distinct. Il couvre près de 40,000 milles carrés et compte une population d'environ un quart de million d'habitants, sans compter environ 18,000 Indiens. Il contient plus de deux fois plus d'habitants au mile carré que la plupart des États et territoires occidentaux, et se trouve dans une condition de prospérité florissante, ce qui est extraordinaire, si l'on considère son extrême jeunesse en tant que territoire.

En 1888, l'Oklahoma était la plus grande étendue de terres non améliorées pouvant être cultivées dans le sud-ouest. Il était nominalement cultivé par des tribus indiennes, mais la productivité naturelle du sol et l'immense quantité de terres à leur disposition cultivaient des habitudes d'indolence, et il y avait un gaspillage de fertilité grave, voire coupable. Au sud se trouvait le Texas et au nord le Kansas, deux États riches, puissants et riches. Les possessions indiennes situées entre les deux ont perturbé la croissance naturelle et la tendance de l'empire.

Vu uniquement des vitres des voitures, le pays semblait invitant à l'œil. On savait, d'après les rapports des commerçants, qu'elle possédait tous les éléments d'une richesse agricole.

Et cela a rendu encore plus affamé l'homme avide de terre.

L'ère des « baby-boomers » a commencé ; et le « baby-boomer » ne s'est pas arrêté jusqu'à ce qu'il ait inséré un coin d'ouverture, sous la forme de l'achat et de l'ouverture à la colonisation d'une vaste zone en plein cœur de la nature sauvage des prairies. Lors de la première ouverture, il semblait que l'offre allait dépasser la demande. Ce n'est pas le cas. Chaque acre – bon, mauvais ou indifférent – a été englouti et, comme s'il s'agissait d'une armée d'Oliver Twists, l'appel s'est élevé pour en demander davantage. Ensuite, les réserves de l'Iowa et de Pottawatomie ont été mises sur le marché. Elles ne durent qu'une journée, et la foule, encore insatisfaite, recommence une nouvelle agitation. En conséquence, une troisième vente au comptoir a eu lieu. Le grand pays Cheyenne et Arapahoe a été ouvert à la colonisation. Les immigrants ont afflué, et maintenant chaque quart de section qui y est cultivable a son occupant et son propriétaire individuel.

Mais toujours à la frontière sud du Kansas campait une multitude de sans terre et sans abri. Ils regardèrent avec envie les prairies fertiles du pays de la bande Cherokee, attisent les braises du feu de camp avec insistance et envoyèrent une autre dépêche à Washington pour demander une chance d'entrer. Le Congrès fut enfin entendu et, à l'automne 1893, la congestion fut soulagée. .

Les scènes qui accompagnent la bousculade sauvage de tous les côtés de la bande de Gaza appartiennent à l'histoire et ne nécessitent pas de répétition. Cinq millions d'acres ont été rapidement accaparés par 30 000 agriculteurs.

Le vieux proverbe ou adage, selon lequel l'homme qui fait pousser deux brins d'herbe là où un autre poussait auparavant est un bienfaiteur public, semblerait proclamer que l'Oklahoma est peuplé de philanthropes, pour les pionniers robustes qui ont bravé les difficultés et le ridicule pour prendre pied sur cette terre promise, ont, en cinq ou six ans, complètement changé l'aspect du pays. Une plus grande proportion de terres dans ce jeune territoire montre qu'il s'agit d'un enfant robuste, et il est douteux que dans aucune partie des États-Unis il y ait eu plus d'économie de terre, ou une utilisation plus rapide des opportunités si généreusement fournies par la nature. .

La vérité est souvent bien plus étrange que la fiction, et l'histoire de l'invasion de l'Oklahoma se lit comme une longue romance. De nombreux hommes ont perdu la vie dans cette tentative, quelques-uns sont morts sous la violence et beaucoup d'autres ont succombé à la maladie provoquée par les épreuves. Beaucoup d'hommes qui ont lancé l'agitation pour que l'Oklahoma soit ouvert à la colonisation par les citoyens blancs sont toujours en vie, et certains d'entre eux ont vu le désir de leur cœur exaucé et occupent maintenant de petites maisons qu'ils ont construites dans un coin et un coin favoris de leur bien-aimé. , et à une époque très convoité, pays.

L'Oklahoma est entré en possession des Indiens Séminoles par le processus ordinaire et est resté leur prétendue patrie jusqu'à il y a environ trente ans. En 1866, le pays fut cédé au gouvernement des États-Unis contre rémunération, et en 1873, il fut arpenté par des officiers fédéraux et des lignes de section furent établies conformément à la loi.

Il était naturel de présumer que ces dépenses avaient pour but l'ouverture immédiate du territoire à la colonisation. Pour diverses raisons, plus ou moins valables, et plus ou moins le résultat d'influences et d'éventuelles corruptions, l'ouverture effective du pays a été retardée de plus de vingt ans après sa cession au gouvernement des États-Unis et, entre-temps, il a occupé une place importante. état particulier . D'immenses troupeaux de bétail y paissaient, et des hommes méchants et des hors-la-loi de diverses régions du pays réveillaient des réminiscences d'histoires bibliques sur les villes de refuge en s'y accroupissant, gagnant leur vie de la chasse et d'une agriculture indifférente, et se reposant à l'abri des agressions des officiers. de la loi.

Pour remédier à cette anomalie et garantir un logement pour eux et leurs familles dans ce qui était considéré comme l'une des régions les plus fertiles du monde, le capitaine Payne et un certain nombre d'hommes déterminés se sont organisés en colonies. Il y a toujours eu une soif de nouvelles terres, et beaucoup de gens ne sont jamais heureux s'ils ne suivent pas le rythme de l'invasion de la civilisation dans des pays jusqu'alors inconnus et non ouverts. Beaucoup de ceux qui rejoignirent le mouvement Payne étaient sans aucun doute des esprits itinérants de ce genre, mais la majorité d'entre eux étaient de véritables demandeurs de logement, qui croyaient qu'en tant que citoyens de ce pays ils avaient droit à des quarts de section dans la terre promise, et qui étaient déterminés à pour faire respecter ces droits.

Mais quelles que soient les motivations des « baby-boomers », comme on les appelait dès le début, il est certain qu'ils travaillaient de manière commerciale, planifiaient une invasion régulière et formaient un certain nombre de colonies ou de colonies. petites armées à cet effet.

Nous suivrons la fortune d'une de ces colonies afin de montrer quelles difficultés extraordinaires elles ont traversées, et combien il y a dans le ciel et sur la terre bien plus que ne le rêve notre philosophie banale. La ville de Caldwell, sur la frontière sud du Kansas, fut le camp d'où partirent les premiers colons. Il était composé d'une quarantaine d'hommes et d'une centaine de femmes et d'enfants. Chaque famille se dotait de l'équipement et du confort que permettaient les maigres moyens dont elle disposait. Une goélette des prairies, ou un chariot doté d'un revêtement pour protéger les détenus des intempéries et assurer une certaine intimité aux femmes et aux enfants, était un article indispensable. Lorsque l'avance fut faite, il y avait quarante de ces chariots couverts, chacun tiré par une paire de chevaux ou de mulets, et chacun contenant les meubles que possédait la famille. Les plus chanceux avaient aussi dans les wagons certains matériaux qui serviraient à la construction de la petite cabane, qui devait leur servir de maison jusqu'à ce qu'ils puissent gagner de quoi construire une résidence plus prétentieuse.

Des témoins oculaires décrivent le début de la colonie comme l'un des sites les plus remarquables jamais vus. Les chariots avançaient en file indienne, et quelques hommes montaient à cheval afin de servir de guides avancés pour rechercher des terrains de camping appropriés et pour protéger les occupants des chariots des attaques. Dans certains cas, une ou deux vaches étaient attachées par des licous à l' arrière des chariots, et il y avait plusieurs chiens qui entraient évidemment de bon cœur dans l'esprit de l'affaire. La plus grande confiance régnait et des acclamations chaleureuses furent données lorsque la cavalcade franchit la frontière de l'État du Kansas et commença sa longue et morne marche à travers les riches herbes bleues de la bande Cherokee.

Le voyage que devaient parcourir les demandeurs de logement était d'environ 100 milles, et compte tenu de la lenteur des progrès qu'ils étaient obligés de faire, c'était nécessairement une tâche longue et ardue. Quelques-unes des femmes étaient un peu nerveuses, mais la majorité s'était parfaitement conformée au sentiment général et était extrêmement enthousiaste. La nourriture qu'ils avaient avec eux était suffisante pour leurs besoins immédiats, et lorsqu'ils campaient pour la nuit, les plus jeunes membres du groupe parvenaient généralement à enrichir leur garde-manger en chassant et en pêchant.

Nous avons tous entendu dire que des armées d'invasion étaient autorisées à poursuivre leur marche sans être inquiétées, pour ensuite être traitées avec une sévérité supplémentaire à leur arrivée dans le camp ennemi. Il en était de même pour les colons. Ils s'en sortirent sans grande difficulté et personne ne prit la peine de gêner leur progression. Les hommes qui s'étaient rendus dans la terre promise à cet effet avaient trouvé un endroit approprié pour la formation de la colonie proposée, et c'est là que les gens étaient dirigés. L'un des participants avait une certaine connaissance des lois foncières et, après une longue recherche, il a réussi à localiser l'un des coins de section établis par la récente enquête gouvernementale. Ceci fait, des quarts de section furent choisis par chacun des nouveaux arrivants, et les travaux commencèrent par un testament. Tentes et cabanes furent montées le plus rapidement possible et, au bout d'une semaine, les nouveaux arrivants étaient assez bien installés. Ils choisirent même un site urbain et construisirent des châteaux au caractère des plus remarquables.

Qu'ils soient les monarques de tous ceux qu'ils enquêtaient semblait être une évidence, et pendant quelques semaines, personne ne contesta leur droit. Puis, peu à peu, les cow-boys qui gardaient le bétail dans le quartier ont commencé à laisser entendre qu'il s'agissait d'une ingérence possible, et pendant que ces suggestions étaient discutées, une compagnie de troupes américaines est soudainement apparue. Avec très peu d'explications, ils arrêtèrent tous les hommes de la colonie pour trahison et complot, et entreprirent de chasser les colons du pays. Les hommes furent obligés d'atteler leurs chevaux et, succombant à la force du nombre, les colons s'avancèrent tristement et avec lassitude vers Fort Reno, où ils furent remis aux autorités. Après avoir été détenus pendant cinq jours, ils ont été libérés et on leur a demandé de retourner au Kansas le plus rapidement possible. Les représentants du gouvernement ont veillé à ce que l'ordre soit exécuté, puis ont laissé les colons livrés à eux-mêmes.

Les hommes ne tardèrent pas à se décider à organiser une seconde tentative d'établissement de foyers pour leurs familles et reprirent la marche. Une amère déception les attendait, car ils constatèrent que leurs cabanes avaient toutes été détruites et qu'ils durent recommencer les travaux. C'est ce qu'ils firent, et à peine s'étaient-ils mis à l'aise qu'un autre petit détachement de troupes arriva pour les chasser. Les hommes étaient attachés au moyen de cordes à l'extrémité des chariots et conduits comme du bétail à travers la prairie jusqu'au fort militaire. Pour la troisième fois, ils ont procédé à une invasion et pour la troisième fois ils ont été attaqués par les troupes gouvernementales.

Un esprit de détermination s'était cependant emparé des hommes dans l'intervalle, et on tenta de résister à l'assaut des soldats. Le lieutenant en charge fut étonné de l'attitude adoptée et ne se soucia pas d'assumer la responsabilité d'ordonner à ses hommes de tirer, car beaucoup de colons étaient bien armés et étaient sans aucun doute des tireurs d'élite. Il adopta donc des mesures plus diplomatiques et, en établissant des relations quelque peu amicales, se rapprocha des colons. Peu de temps après, une violente bagarre à coups de poing s'ensuivit, et les poings durs et les bras musclés des colons se révélèrent trop durs pour les réguliers, qui furent pour le moment chassés.

Le résultat de la victoire des baby-boomers fut l'envoi de 600 soldats pour les déloger, et étant impossible de résister à une telle force, les colons cédèrent de la meilleure grâce possible et désertèrent tristement les maisons qu'ils avaient tant essayé de construire. en haut. Certains hommes furent en fait emprisonnés pour les actes qu'ils avaient commis, et la colonie fut pendant un certain temps complètement démantelée. L'exemple donné fut suivi par plusieurs autres et, pendant quelques années, un conflit peu valorisant pour le gouvernement se poursuivit. Aucune loi n'a été trouvée pour punir les baby-boomers et mettre ainsi un terme définitif aux invasions. Tout ce qu'on pouvait faire, c'était chasser les familles aussi vite qu'elles entraient, procédé bien plus propre à exciter le désordre qu'à l'apaiser. Parfois, les soldats faisaient preuve d'une grande indulgence et faisaient même tout leur possible pour aider les femmes et les enfants et réduire leurs souffrances au minimum. Encore une fois, elles ont été parfois excessivement dures, et plus d'un nourrisson a perdu la vie à cause des expulsions. Les soldats n'appréciaient pas du tout le travail qui leur était confié, et beaucoup d'entre eux se plaignaient amèrement que combattre les femmes et les bébés ne faisait pas partie de leur devoir. Pourtant, ils étaient obligés d'obéir aux ordres et de ne poser aucune question.

Alors que les premiers colons, ou baby-boomers, n'ont tiré que peu ou rien du tout des difficultés qu'ils s'obstinaient à affronter, ils ont réellement ouvert la voie à la colonisation de l'Oklahoma. Vers 1885, on commença à comprendre que la proclamation nécessaire serait publiée, et de toutes les régions du pays, les chasseurs de maisons commencèrent à entreprendre un voyage dont la longueur variait de quelques centaines à plusieurs milliers de milles. Les villes frontalières du Kansas, au sud, devinrent le quartier général des demandeurs d'asile et, à mesure qu'ils arrivaient à différents endroits, ils furent étonnés de constater que d'autres étaient arrivés avant eux. Dans les environs d'Arkansas City, en particulier, il y avait de grandes colonies de baby-boomers, qui de temps en temps faisaient des efforts pour entrer dans la terre promise avant la proclamation, pour ensuite être refoulés par les soldats qui gardaient chaque sentier. La majorité des nouveaux arrivants pensèrent qu'il valait mieux obéir à la loi, et ceux-ci s'installèrent, avec leurs chariots comme maison, et cherchèrent du travail pour subvenir aux besoins de leur famille jusqu'à ce que la proclamation soit publiée et que le pays s'ouvre à eux.

Ce fut une attente longue et morne. Les enfants étaient envoyés à l'école, les hommes obtenaient tous les emplois possibles et la vie se poursuivait paisiblement dans certaines des colonies les plus particulières jamais vues dans ce pays. Finalement, le projet de loi Springer fut adopté et l'ouverture rapide d'au moins une partie de l'Oklahoma fut assurée. La nouvelle fut télégraphiée aux quatre vents du ciel, et là où il y avait eu un baby-boomer, il y en eut bientôt cinquante ou cent. Au cours de l'hiver 1888, diverses estimations furent faites quant au nombre de personnes attendant la proclamation du président, et le total ne pouvait être inférieur à 50 000 ou 60 000. Finalement, le document tant attendu parut et le lundi de Pâques 1889 fut désigné comme date à laquelle la section de l'Oklahoma incluse dans le projet de loi devait être déclarée ouverte. Il y avait une disposition spéciale selon laquelle quiconque entrerait dans la terre promise et mystérieuse avant midi le jour fixé serait à jamais disqualifié du droit d'y détenir des terres, et en conséquence l'ouverture se transforma en une course, qui commencerait promptement à midi le jour fixé. jour nommé.

Rarement une course aussi remarquable a-t-elle été vue dans une partie du monde. Les principaux sites urbains se trouvaient sur la ligne du chemin de fer de Sante Fe, et ceux qui cherchaient des lots urbains se pressaient dans les trains, qui n'étaient pas autorisés à entrer dans l'Oklahoma avant midi. Tout le matériel roulant disponible a été réquisitionné pour l'occasion, et des dispositions ont été prises pour transporter des milliers de demandeurs d'asile vers les villes de Guthrie et d'Oklahoma City, ainsi que vers les points intermédiaires. Avant l'aube du matin de l'ouverture, les abords de la gare d'Arkansas City étaient bloqués par des masses humaines, et chaque train était rempli de baby-boomers ou de gens à la recherche de terrains libres ou de lots urbains.

L'auteur a eu la chance d'obtenir une place dans le premier train qui a traversé la frontière de l'Oklahoma et qui est arrivé à Guthrie avant 13 heures le jour de l'ouverture. On supposait que la loi avait été appliquée et que nous ne trouverions sur le terrain de la ville qu'un bureau foncier et quelques fonctionnaires.

Mais tel était loin d'être le cas. Des centaines de personnes étaient déjà sur le terrain. La ville avait été tracée, les rues repérées et les meilleurs coins saisis avant la loi et les règlements de la proclamation.

Nous n'avions pas le temps de discuter de questions d'ordre public. Ceux qui devançaient la loi étaient d'un caractère déterminé, et leur nombre était si grand qu'ils comptaient sur la confusion pour échapper à la détection. L'un d'eux raconta à l'écrivain une histoire intéressante concernant l'expérience qu'il avait vécue. Il s'était glissé dans l'Oklahoma avant l'ouverture, emportant avec lui suffisamment de nourriture pour quelques jours. Il trouva une cachette au bord du ruisseau et y resta jusqu'à quelques minutes avant midi le jour de l'ouverture. Lorsque sa montre et le soleil lui dirent qu'il ne lui manquait que quelques minutes, il sortit de sa cachette, dans l'intention de localiser tranquillement l'un des meilleurs coins de rue de la ville. À son grand regret, il voyait des hommes avancer de toutes parts et il se rendit compte qu'il n'avait aucun brevet sur son idée, adoptée simultanément par plusieurs centaines d'autres. Il s'est procuré un bon lot et l'a vendu avant que sa disqualification pour avoir été trop "précédent" dans son entrée ne soit découverte.

Alors que chaque train débarquait ses immenses foules de passagers, la scène devait toujours déjouer toute description. La ville se trouvait sur un terrain en pente et des hommes, et même des femmes, sautaient des trains en marche, tombaient tête baissée les uns sur les autres, puis se précipitaient vers le haut de la colline aussi vite que leurs jambes le permettaient, dans une lutte folle pour les terrains de la ville libres de tout trafic. charge. Le site de la ville fut entièrement occupé en une demi-heure, et la campagne environnante dans toutes les directions fut appropriée pour des ajouts à la « ville » principale. Avant la nuit, il y avait au moins 10 000 personnes sur le terrain, de nombreuses estimations évaluant ce chiffre à 20 000.

Quelques-uns avaient apporté avec eux des couvertures et des provisions, et ceux-ci passèrent une nuit relativement confortable. Cependant, des milliers de personnes n'avaient d'autre choix que de dormir en pleine prairie, affamées et assoiffées. L'eau du ruisseau était à peine potable et la compagnie ferroviaire dut protéger de force son réservoir d'eau des aventuriers et des spéculateurs assoiffés.

La nuit apporta des terreurs supplémentaires. Il n'y avait aucun danger d'animaux sauvages ou de serpents, car la bousculade de la veille avait probablement repoussé tous les êtres vivants à des kilomètres, à la seule exception des fourmis, qui, fortes de dix mille armées, attaquaient les intrus. Au matin, plusieurs maisons avaient été érigées et l'arrivée de trains de marchandises chargés de provisions permettait non seulement à des restaurateurs réfléchis de faire de petites fortunes, mais soulageait également les nouveaux arrivants d'une grande partie de la détresse dont ils souffraient. En une semaine, les rues étaient bien définies et des maisons étaient construites dans toutes les directions, et en six mois plusieurs bâtiments en brique étaient érigés et occupés à des fins commerciales et bancaires.

Le processus de construction a été l'un des plus rapides jamais enregistrés et Guthrie, comme sa voisine du sud, Oklahoma City, est aujourd'hui un centre commercial et financier important et important. Ceux de nos lecteurs qui ont traversé l'Oklahoma en train, même au cours de l'hiver 1888, se souviendront qu'ils n'ont vu que des prairies ouvertes, avec parfois des ceintures de bois. Il n'y avait même pas de poteau pour marquer l'emplacement de l'une ou l'autre de ces deux grandes villes, ni de ligne de charrue pour définir leurs limites.

Dans aucun autre pays au monde, de tels résultats n'auraient pu être obtenus. La quantité de courage nécessaire pour investir du temps et de l'argent dans une ville potentielle dans un pays jusqu'ici fermé aux citoyens blancs est énorme, et il faut un Américain, né et élevé, pour se lancer dans cette aventure. Les villes de l'Oklahoma ne sont pas des villes en plein essor, présentées sur papier et présentées comme de futurs centres ferroviaires et d'affaires ; dès le premier moment de leur existence, ils ont été des centres commerciaux pratiques et utiles, et chaque parcelle de croissance qu'ils ont réalisée a eu un caractère permanent et durable.

Mais si la course vers les sites urbains de l'Oklahoma était intéressante, la course vers les fermes était sensationnelle et déroutante. Tout autour de cette terre convoitée, des hommes anxieux et déterminés attendaient le mot « Go » pour se précipiter et choisir leur future demeure. Dans certains cas, la course se déroulait dans les chariots, mais dans de nombreux cas, un cavalier solitaire faisait office de pionnier et galopait en avant, afin de s'assurer un droit prioritaire à un quart de section convoité et bien arrosé. Peu avant midi, un certain nombre de baby-boomers à la frontière nord ont tenté d'avancer malgré les protestations des soldats de garde. Ces derniers étaient dix contre un et ne purent tenter de retenir par la force les demandeurs de logement. Voyant ce fait, le jeune lieutenant en charge a adressé quelques phrases pointues aux contrevenants potentiels à la loi. Il connaissait personnellement la plupart des hommes et savait que plusieurs d'entre eux étaient d'anciens soldats. S'adressant particulièrement à eux, il fit appel à leur patriotisme et demanda s'il était logique que des hommes qui avaient porté les armes pour leur pays s'unissent pour enfreindre les lois qu'ils avaient eux-mêmes risqué leur vie pour faire respecter. Cet appel à la loyauté des anciens combattants eut l'effet escompté, et ce qui menaçait d'être un conflit dangereux donna lieu à une série de chaleureuses poignées de main.

Un grand cri s'est élevé à midi, et les cerfs, les lapins et les oiseaux, qui depuis des années détenaient la possession incontestée de la terre promise, ont eu la surprise de la première eau. Des chevaux à qui on n'avait jamais demandé de courir auparavant étaient désormais obligés d'adopter une allure qui leur était jusqu'alors inconnue. Des wagons furent renversés, des chevaux renversés et toutes sortes d'accidents se produisirent. Un homme, qui avait décidé de s'établir sur la rivière Canadian, près de la vieille colonie de Payne, monta à cheval dans cette direction et poussa la bête à poursuivre ses efforts, jusqu'à ce qu'elle puisse à peine tenir debout. Finalement, il atteignit l'un des ruisseaux qui se jettent dans la rivière. L'animal blasé a juste réussi à traîner son cavalier sur la rive escarpée du ruisseau, puis il est tombé mort. Son cavalier n'a pas eu le temps de regretter. Il lui restait encore quatre ou cinq milles à parcourir, et il se mit à courir aussi vite que ses jambes le lui permettaient. Sa surestimation des capacités d'endurance de son cheval et sa sous-estimation de la distance à parcourir lui ont fait perdre sa demeure tant convoitée ; car à son arrivée, une grande colonie l'avait devancé depuis la frontière occidentale, et il y avait deux ou trois prétendants sur chaque propriété.

Dans d'autres cas, il y avait des courses au coude à coude pour des emplacements privilégiés, et il aurait parfois été intriguant pour un arbitre expérimenté de déterminer qui était réellement le vainqueur de la course. Des compromis étaient parfois conclus et, bien qu'il y ait eu beaucoup de mauvaise humeur et de récriminations, il y avait très peu de violence, et les hommes dont la patience avait été mis à rude épreuve se comportaient admirablement, gagnant le respect des soldats qui montaient la garde pour préserver l'ordre. L'excitation et le tumulte se sont poursuivis longtemps après la tombée de la nuit. Dans leur anxiété fiévreuse de conserver la possession des maisons pour lesquelles ils avaient attendu et couru, des centaines d'hommes sont restés éveillés toute la nuit pour continuer les travaux de construction des cabanes, sachant que rien ne les aiderait autant à faire valoir leurs revendications pour un titre de preuve. de travail sur des améliorations véritables. Ils continuèrent à travailler jour après jour et, même si c'était tard dans la saison, beaucoup de nouveaux arrivants eurent une bonne récolte cette année-là.

L'ouverture d'autres sections de l'ancien territoire indien, aujourd'hui compris dans l'Oklahoma, eut lieu deux ou trois ans plus tard, lorsque les scènes que nous avons brièvement décrites se répétèrent. Aujourd'hui, l'Oklahoma s'étend jusqu'à la frontière sud du Kansas, et la bande de Cherokee, sur la riche herbe bleue de laquelle des centaines de milliers de bovins ont été engraissés, est maintenant un pays sédentaire, avec au moins quatre familles par kilomètre carré, et avec un certain nombre de villes prospères et même de grandes villes. À l'heure actuelle, la question de la création d'un État pour le plus jeune de nos territoires est activement débattue. Personne ne conteste le fait que la population et la richesse sont suffisamment importantes pour justifier cette mesure, et la seule question en jeu est de savoir si la totalité du territoire indien doit être incluse dans le nouvel État, ou si les terres des pays dits civilisés les tribus devraient être exclues.

L'anarchie qui a prévalu dans certaines parties du territoire indien est considérée comme un argument de poids en faveur de l'ouverture de toutes les terres à la colonisation. A l'heure actuelle, les Indiens possèdent d'immenses étendues de terre dans des conditions très particulières. Un grand nombre d'hommes blancs, dont beaucoup sont des citoyens respectables, et beaucoup d'entre eux sont des hors-la-loi et des réfugiés de la justice, ont épousé de belles filles Cherokee, Choctaw et Creek, et ces hommes, bien que non reconnus par les chefs des tribus, sont capables de retirer du gouvernement, au nom de leurs femmes, les grosses sommes d'argent distribuées de temps en temps. Les partisans de la création d'un État sont favorables à l'attribution à chaque Indien de sa part de terre et à l'achat par le gouvernement de l'immense résidu, qui pourrait ensuite être ouvert à la colonisation.

Jusqu'à ce que cette question soit résolue, l'anomalie de la civilisation et l'inverse persisteront côte à côte. Certains Indiens ont adopté les manières, les vêtements, les vertus et les vices de leurs voisins blancs, auquel cas ils ont généralement abandonné leurs anciens noms et ont pris à leur place quelque chose de raisonnable. Mais beaucoup d'hommes rouges qui adhèrent à la tradition et qui s'opposent à l'innovation s'en tiennent toujours aux noms qui leur ont été donnés dans leur enfance. Ainsi, en voyageant à travers le territoire indien, des Indiens portant des noms tels que « entend quelque chose partout », « sait où il marche », « ours dans le nuage », « oie par-dessus la colline » », « Coquille sur le cou », « Cheval d'oseille », « Renard blanc », « Frappes sur le dessus de la tête » et d'autres termes et noms de famille tout aussi farfelus et ridicules.

Tout le monde a entendu parler du chef « Rain-in-the-Face », un Indien caractéristique, dont les vertus et les vices ont été grandement exagérés de temps en temps. Une image est donnée de ce représentant d'une race en déclin rapide, et du poney préféré sur lequel il a parcouru des milliers de kilomètres et qui, dans ses premières années, possédait des capacités d'endurance bien au-delà de celles de quiconque ayant résidé dans des pays éloignés de l'Inde. les colonies peuvent avoir n'importe quelle idée ou conception.

Le chef Rain-in-the-Face et son poney préféré

CHAPITRE VII.

COWBOYS - RÉELS ET IDÉAUX.

Une classe très décriée--Le cowboy tel qu'il est et tel qu'il est censé être--La fièvre des Prairies et comment on la guérit--La vie au ranch il y a trente ans et aujourd'hui--Modes singulières et changements de costumes--Troubles Rencontré par de potentiels méchants hommes.

Parmi les types d'humanité typiquement américains, aucun n'est plus frappant ni plus unique que le cow-boy. Ce maître de l'équitation et maître du bétail sauvage et même dangereux a été décrit de tant de manières qu'il existe une grande divergence d'opinions quant à ce qu'il était et ce qu'il est. Nous dressons le portrait d'un cow-boy d'aujourd'hui et nous nous efforcerons de montrer sur quels points importants il diffère du cow-boy de la fiction et même de l'histoire.

Des écrivains sensationnels ont décrit le cow-boy comme un homme absolument mauvais et, qui plus est, comme quelqu'un qui se délecte du mot « mauvais » et le considère comme une sorte de diplôme ou de qualification. Les voyageurs qui parcourent la région où le cow-boy était autrefois prédominant lui donnent un caractère très différent et parlent de lui comme d'un citoyen travailleur et honnête, généreux à l'extrême, courtois envers les femmes et les hommes âgés ou infirmes, mais enclin à être humoristique aux dépens de ceux qui sont assez forts et assez grands pour répondre à une blague, ou en vouloir, s'ils le préfèrent.

Nous avons parlé du cow-boy à deux temps : le présent et le passé. À proprement parler, nous aurions peut-être dû n'en utiliser qu'un seul, car bon nombre des meilleurs juges disent qu'il n'existe pas de cow-boy de nos jours et de notre génération. Il a prospéré dans toute sa splendeur à l'époque des immenses pâturages, quand il y avait une abondance de marge de manœuvre pour l'homme et la bête, et quand des interférences aussi modernes dans le commerce du bétail que les barbelés n'existaient pas. Le travail d'élevage et d'alimentation du bétail diffère aujourd'hui certainement d'une manière très remarquable de celui d'il y a trente et même vingt ans, et l'homme a naturellement changé avec son travail. Or, le cow-boy est, à toutes fins utiles, un ouvrier agricole. Il nourrit le bétail, le conduit à l'eau quand cela est nécessaire et se rend au bourg le plus proche pour écouler les produits excédentaires, avec tout le système et la méthode d'un homme parfaitement domestiqué. Autrefois, il avait la charge de centaines, voire de milliers de bovins marqués, qui parcouraient à volonté des prairies sans limites, et la journée de travail était fréquemment variée par des affrontements avec des Indiens hostiles ou des voleurs de bétail exceptionnellement audacieux.

La nature même de son travail rendait le cow-boy quelque peu désespéré dans ses habitudes et susceptible de se méfier des nouveaux arrivants. Il n'a jamais été un individu aussi terrible qu'on l'a souvent affirmé dans les écrits. Son travail le limitait à quelques États et territoires frontaliers, et c'était donc une personne très commode à ridiculiser et à décrier. L'homme qui rencontrait face à face le cow-boy moyen apprenait généralement à le respecter et appréciait rapidement le fait qu'il valait la peine d'être au moins courtois. Les écrivains qui ne se sont jamais rendus à moins de 500 milles du ranch de bétail ou de la maison de cow-boy le plus proche, l'ont traité avec moins de courtoisie et l'ont décrit en toutes sortes de termes.

La littérature à dix cents, avec ses couvertures jaunes et ses images sensationnelles de vols de scène et autres, a toujours diffamé le cow-boy américain de la manière la plus scandaleuse. En raison des malentendus ainsi créés, ce qu'on appelle la fièvre du cow-boy ou de la prairie est une maladie assez courante chez les jeunes qui tentent de se faire une moustache pour la première fois. Les exploits d'imprudence, le mépris absolu des conventions et le défi général attribué à l'homme qui garde le bétail dans la prairie, semblent créer un désir chez les jeunes enclins au sensationnel, et beaucoup d'entre eux ont fait leurs dents et ont appris leur leçon. d'une manière très différente de ce qui était attendu.

Imaginons un instant l'expérience du jeune homme venu de l'Est, qui s'est convaincu, à force de raisonnements et de lectures, que la nature le destinait à briller en Occident. Il est probable qu'il soit arrivé à cette conclusion très importante bien des années auparavant, et il n'est pas improbable que son premier enthousiasme de cow-boy ait été nourri par des attaques contre le chat, avec le rapprochement le plus proche qu'il pouvait obtenir d'un fouet en cuir brut. De cette expérience primitive, la littérature à sensation et les descriptions illustrées à cinq cents des aventures de « Bill, le plongeur » et de « Jack, le tueur d'Indiens », complétaient l'éducation, jusqu'à ce que le garçon ou le jeune homme, comme le Dans tous les cas, il détermine que l'heure est venue pour lui de se débarrasser des choses enfantines et de devenir un véritable mauvais homme de l'Occident.

La façon dont il traverse la moitié du continent est une question de détail. Parfois, le jeune égaré est trop fier pour mendier et trop honnête pour voler, auquel cas il économise probablement son argent de poche et achète un billet bon marché. La solution la plus romantique et la plus strictement correcte consiste à démarrer sans un dollar et à se frayer un chemin à travers le continent, afin d'avoir pleinement droit à la reconnaissance dans les Prairies. Beaucoup de jeunes hommes qui ont commencé le pèlerinage vers la méchanceté glorifiée ont été vaincus par la fièvre avant d'avoir parcouru 100 milles, mais d'autres ont réussi à passer et sont arrivés au Texas, au Wyoming ou au Montana, selon le cas. , profondément convaincus de leur propre capacité à s'imposer en toute entreprise.

La déception qui attend l'aventurier est presque trop grande pour être exprimée par des mots. Si les cowboys étaient deux fois moins mauvais qu'ils sont peints, ils démontreraient leur droit à une mauvaise réputation en assassinant le nouveau venu et en lui volant ses vêtements et tout l'argent qu'il pourrait avoir sur lui. Au lieu de faire cela, le cow-boy regarde généralement avec amusement l'individu qui a parcouru tant de kilomètres pour le rejoindre. La salutation n'a pas le caractère exubérant attendu, et souvent le cœur du nouveau venu est brisé lorsqu'on lui dit de retourner auprès de sa maman et de passer encore quelques années à la crèche. Un pied tendre en fuite tout juste sorti de l'école n'est pas recherché dans un ranch de bétail, et bien que les agriculteurs occidentaux soient trop gentils pour être très sévèrement mécontents de la liberté prise, ils ne flattent jamais le nouveau venu en lui offrant des incitations ou en faisant des prophéties quant à son avenir. .

L'écrivain a rencontré il y a quelques années un passionné en fuite de ce personnage. Sa destination était l'extrême Ouest. Comme il ne connaît pas lui-même l'État auquel il est lié, il présume que personne d'autre ne le sait. Une fois retrouvé, il était arrivé jusqu'à Kansas City, et la faim et l'absence d'un endroit où il pourrait dormir confortablement avaient refroidi son ardeur et inauguré une vigoureuse crise de mal du pays. Comme la vie idéale de cow-boy ne prévoit pas de lits de plumes ni de repas servis dans les cours, on a suggéré au garçon qu'il vivait peut-être une bonne expérience à l'avance et qu'il s'habituait aux privations de la vie qu'il avait décidé d'adopter.

Cette logique ne convenait pas du tout au fugitif, dont la seule ambition était désormais d'emprunter suffisamment d'argent pour télégraphier un message de pénitence à son père. Une petite somme nécessaire à cet effet lui fut remise et la dépêche envoyée. En moins d'une heure, une réponse fut reçue et de l'argent fut transmis par télégramme pour fournir au garçon un billet pour son domicile, où il est extrêmement probable que le peu de fièvre de cow-boy qu'il avait laissé en lui fut rapidement éliminé de manière démodée et réglementaire.

Il ne faut pas confondre le cow-boy et le baron du bétail. Il y a dix ou douze ans, alors que l'on gagnait beaucoup d'argent grâce à l'élevage du bétail, il y eut une invasion des États des Prairies par des hommes qui ne connaissaient rien à l'élevage du bétail, mais qui étaient décidés à s'assurer une fortune en élevant du bétail. dirige. Ils emportaient avec eux des idées aussi incohérentes que la jeunesse en quête d'aventure. Souvent, ils emportaient de grosses sommes d'argent, qu'ils investissaient abondamment dans les affaires, et ils emportaient aussi avec eux des vêtements ridiculement beaux, des bottes en cuir verni, des vestes de velours et d'autres preuves de luxe, ce qui les rendait très impopulaires et très ridicules dans leur nouveau pays. maisons. Les neuf dixièmes d'entre eux se disaient « barons du bétail », et à peu près la même proportion ont acquis beaucoup d'expérience mais très peu d'argent, en essayant de révolutionner le commerce du bétail.

Il n'est pas du tout nécessaire de posséder du bétail pour être cow-boy, bien que de nombreux membres de cette profession intéressante possèdent leurs propres bêtes et sont autorisés à les faire paître avec les autres animaux du ranch. D'une manière générale , le terme s'appliquait autrefois à tous ceux qui s'occupaient de la manutention du bétail et de son rassemblement à l'occasion des rafles annuelles. Le cow-boy d'antan n'avait pas une très grande réputation et n'était pas toujours considéré avec autant d'indulgence que son environnement l'exigeait. Il y a une vingtaine d'années, un éleveur bien connu a écrit la description suivante du cow-boy et de la vie qu'il menait :

" Si quelqu'un imagine que la vie d'un cow-boy ou d'un ranchman est une vie d'aisance et de luxe, ou que son régime alimentaire est un festin de choses grasses, un bref essai dissipera l'illusion, tout comme le brouillard du soleil. Il est vrai que sa vie est une de plus ou moins d'excitations ou d'aventures, et une grande partie se passe en selle, mais c'est une vie dure, et son repas quotidien ne donnera jamais la goutte. Le pain de maïs, le bacon nourri au mât et le café constituent les neuf dixièmes. de leur alimentation ; ils mangent occasionnellement du bœuf frais et, plus rarement, des légumes de quelque nature que ce soit. Ils cuisinent eux-mêmes dans les récipients les plus grossiers et les moins nombreux possibles, n'ayant souvent qu'un seul couteau et une seule fourchette, en dehors de leur couteau de poche. mais rassemblez-vous autour de la bouilloire dans le plus pur style indien, et avec un morceau de pain dans une main, commencez à pêcher un morceau de « ventre de truie » et dînez somptueusement, sans oublier de ranger un ou plusieurs litres du plus fort. café imaginable, sans sucre ni crème. En effet, à en juger par l'apparence, on hésiterait à l'appeler café ou encre. De tous les légumes, les oignons et les pommes de terre sont les plus recherchés et les plus souvent utilisés, lorsqu'il y a autre chose que « l'ancienne réglementation ». Au lieu d'un four, d'une cheminée ou d'une cuisinière, un trou grossier est creusé dans le sol et un feu y est allumé, et la cafetière, la bouilloire de camp et la poêle sont ses seuls articles culinaires utilisés.

"La vie du cow-boy est une vie quotidienne de dangers et d'excitations considérables. Elle est dure et pleine de risques, mais elle est sauvage et libre, et le jeune homme qui a longtemps été cowboy n'a que peu de goût pour toute autre occupation. Il vit dur, travaille dur, n'a que peu de confort et moins de nécessités. Il n'a que peu, voire aucun goût, pour la lecture. Il aime les plaisanteries grossières, ou les histoires grossières, aime le danger, mais n'a jamais horreur du travail ordinaire ; fatigué de rouler, ne veut jamais marcher, aussi courte soit-elle la distance qu'il désire parcourir. Il préfère se battre avec des pistolets plutôt que de prier ; il aime le tabac, l'alcool et les femmes plus que toute autre trinité. Sa vie frise presque celle d'un Indien. S'il lit quelque chose, c'est dans la plupart des cas une histoire sanglante du style sensationnel. Il aime sa pipe et savoure une plaisanterie sur ses camarades, ou un conte où abonde la propension animale.

"Ses vêtements sont peu nombreux et substantiels, rares en nombre et souvent aux motifs criards. Le "sombrero" et les grands éperons sont des accompagnements inévitables. Chaque maison a l'apparence d'un manque de commodité et de confort, mais les modes de vie les plus grossiers et les plus primitifs Cela semble être satisfaisant pour le cow-boy. Son salaire varie de 15,00 $ à 20,00 $ par mois en espèces. Les Mexicains peuvent être employés pour environ 12,00 $ par mois. Le cow-boy a peu de besoins et moins de nécessités, le principal étant un approvisionnement complet en tabac.

« Nous dirons ici, pour le bénéfice de nos lecteurs du Nord, que le terme « ranch » est utilisé dans le Sud-Ouest au lieu de « ferme », que l'ouvrier ordinaire est appelé « cowboy », que le cheval est appelé « cheval de vache » et que le terme « ranch » est utilisé dans le Sud-Ouest au lieu de « ferme ». le troupeau de chevaux est une « cour de cavvie ».

"La renommée du Texas en tant que pays d'élevage s'est répandue à l'étranger dans le pays, et peu après son admission dans l'Union, les yeux de nombreux jeunes hommes nés et élevés dans les anciens États du Sud, qui étaient pauvres dans ce pays, se sont tournés vers lui. biens du monde, mais avaient l'ambition de se créer un foyer et une fortune. Beaucoup de cette classe se sont rendues au Texas, alors un pays nouveau et relativement maigre et instable, et ont commencé de la manière la plus humble, peut-être pour des salaires nominaux, à jeter les bases de leur développement. richesse et succès futurs.

Il s'agit d'une description très sévère et concerne une classe d'hommes qui ont été retrouvés dans les régions les plus sauvages du Texas peu après la guerre. Cela ne décrit certainement pas de manière adéquate le cow-boy des vingt dernières années. Un autre écrivain, qui s'est lui-même occupé pendant plus d'un quart de siècle du travail de berger du bétail, donne une description beaucoup plus juste du cow-boy. Il divise ceux qui ont droit à ce nom en trois classes et soutient qu'il y a quelque chose de noble dans ce nom. Il affirme également qu'au vu des associations particulières, des privations, de l'environnement et des tentations du cow-boy, il a droit à un grand mérite pour la manière dont il a conservé les meilleures caractéristiques de la nature humaine, malgré son absence des influences raffinées. de civilisation.

Selon cette autorité, la première classe de cowboys comprend le travailleur authentique et honnête de la prairie, l'homme qui respecte les droits de tous. Il est scrupuleusement honnête, mais suffisamment charitable pour considérer avec indulgence la disgrâce de ses frères moins scrupuleux, et il est remarquablement loyal envers tous ceux qui ont le droit de revendiquer son amitié. Dans la deuxième classe est placé le cow-boy le moins prudent, qui n'est pas aussi strict dans ses vues morales, même si personne ne voudrait le classer parmi les voleurs. On raconte l'histoire de l'Irlandais qui a trouvé une couverture portant la marque gouvernementale « US ». Paddy a examiné la couverture attentivement et, après avoir trouvé la marque, a crié : « U. pour Patrick et S. pour McCarty. Och , mais je suis Je suis content de m'avoir trouvé une couverture. Mon père m'a dit que l'édication était une bonne chose, et maintenant je le sais, sans une édification, je n'aurais jamais trouvé la couverture.

Les raisonnements de ce genre sont assez courants parmi cette seconde classe ou division du cow-boy. Il n'est pas suggéré qu'il soit exactement un voleur, car il mépriserait les actes du monsieur de la ville aux doigts légers, qui vous demande l'heure de la journée, puis, par un petit tour de passe-passe, réussit à vous présenter . surveillez un prêteur sur gages trop obligeant et négligent au coin suivant. Mais il est un peu imprudent dans ses idées sur ce que les juristes appellent les droits des individus, et il est parfois un peu trop enclin à penser que des bagatelles qui ne lui appartiennent pas devraient l'être.

L'écrivain auquel nous faisons référence inclut dans la troisième classe le cow-boy typique et l'homme utilisé par l'écrivain de fiction comme base pour ses exagérations et ses romances. C'est dans cette classe que dérive le cow-boy absolument indifférent à l'avenir et qui est parfaitement heureux s'il a assez d'argent pour lui permettre de s'acheter une bride raffinée ou une selle magnifique. Il s'agit du début et de la fin de ses idées sur le luxe ; bien qu'il apprécie de passer un bon moment, il le considère plutôt comme accessoire et essentiel au plaisir. Un poste stable avec un petit salaire, une charge de travail raisonnable et des logements assez bons, voilà tout ce qu'il recherche ou attend. Il est parfaitement honnête avec toute son indifférence. Il est souvent intègre et au grand cœur, se laisse constamment imposer, mais a la fâcheuse habitude de parfois défendre ses droits et de ressentir trop d'oppression. Il est extrêmement bon enfant et conduit souvent du bétail égaré sur plusieurs kilomètres pour la commodité d'un parfait étranger et d'un homme envers qui il n'a aucune obligation.

On dit qu'une détresse parmi les parents ou les descendants des cow-boys était impossible, en raison de la tendresse délicieuse des hommes à l'extérieur rude et que la vie quotidienne fait paraître endurcis. Le cow-boy qui travaille est rarement riche, même dans l'acception la plus généreuse du terme. Le petit salaire qu'il gagne est presque entièrement consacré aux décorations de son cheval ou de lui-même. Même lorsqu'il réussit à économiser quelques dollars, l'argent semble faire un trou dans sa poche, et il le prête généralement à quelqu'un qui en a plus besoin que lui. Mais tout homme travaillant dans un ranch a quelque chose à revendre pour la veuve ou les enfants d'un frère décédé, surtout s'il a été tué dans l'exercice de ses fonctions. On pourrait bien donner un exemple de cette disposition généreuse, mais il suffit de dire que la règle est invariable et qu'une promesse faite à cet égard à un mourant n'est jamais oubliée.

Laissant un instant les caractéristiques personnelles du cow-boy tant décrié, qui a été décrit comme allant du voleur de scène au coupe-gorge, nous pouvons avec profit consacrer un peu d'espace à l'examen de sa tenue vestimentaire telle qu'elle était, et telle qu'elle était. est. Dans l'image d'un cow-boy dans cette œuvre, la tenue moderne est représentée avec beaucoup de précision. On verra que l'homme est habillé convenablement pour son travail, et qu'il n'a aucun des handicaps extraordinaires pour progresser, en termes de décorations grotesques, qu'on pensait qu'il croyait être, au moins, une partie intégrante de l'œuvre. garde-robe de cowboy et lève-toi. Il est certain qu'à l'heure actuelle, les hommes occupés à nourrir et à élever du bétail sont presque indifférents quant à leur tenue vestimentaire, portant tout ce qui convient à leur objectif et faisant leurs choix plutôt en vue de la durabilité que de la beauté des vêtements.

Le cowboy tel qu'il est

Mais dans le passé, la mode changeait presque autant chez les hommes de la prairie que chez les femmes du salon. A la fin de la guerre, les premiers diktats arbitraires de la mode disparurent. Une forme spéciale d'étrier a été introduite. C'était très étroit et extrêmement gênant, mais c'était considéré comme la bonne chose et tout le monde l'utilisait. Le cuir brut était utilisé à la place des lignes et les vêtements filés à la maison étaient uniformes. Des leggings en cuir de veau, fabriqués dans la prairie, avec les cheveux à l'extérieur, ont été portés pour la première fois, et de grands chapeaux de paille en forme de parapluie ont été utilisés. Un peu plus tard, il fut décidé que le chapeau de paille n'était pas assez résistant à cet effet. Lorsqu'il est excité, un cow-boy fait souvent démarrer son cheval avec son chapeau, et lorsqu'il porte une paille, quatre ou cinq coups secs font tomber du chapeau toute apparence de respectabilité et de symétrie qu'il a pu avoir. Le chapeau de laine à large bord fut déclaré comme étant la bonne chose, et tout le monde fut content du changement. L'étrier étroit a cédé la place à un étrier plus large, et l'étrivière a été raccourcie de manière à obliger le cavalier à garder les genoux fléchis tout le temps. Le changement le plus important dans la mode il y a vingt ans fut l'introduction des jambières en cuir tanné et des belles brides. Beaucoup d'hommes paient maintenant deux ou trois mois de salaire pour leur bride, et depuis que la mode est arrivée, il est probable que plusieurs milliers de dollars ont été investis dans des couvre-chefs ornementaux pour chevaux et poneys des prairies. Une nouvelle selle, ainsi que des décorations d'arcs et de pompons, arrivèrent également à cette époque, et il faut admettre que pendant un certain temps l'exagération dans l'habillement devint générale. C'est une vieille blague dans la Prairie que le chapeau d'un homme moyen lui coûte plus cher que ses vêtements.

De nombreux cowboys gagnant 30 $ par mois ont dépensé trois fois cette somme rien que pour leur selle. Plus d'un homme gagnant 25,00 $ par mois a investi chaque centime de son salaire dans des boucles d'argent pour son étrange chapeau. L'homme moyen est tout aussi extravagant en ce qui concerne sa selle, sa bride, et même ses éperons et son mors. Ceux qui parlent tant des mauvaises habitudes de ces gens ne croiront guère au fait que de nombreux cow-boys s'abstiennent de boire de l'alcool et du tabac pendant une année entière d'affilée, simplement parce qu'ils veulent acheter un article vestimentaire qui, selon eux, leur servira. faites de lui l'envie de tout le ranch.

Le poney vache mérite autant d'attention et de réflexion que le cow-boy. On dit souvent que ce dernier est dur et cruel, et qu'il utilise brutalement son poney. C'est loin d'être exact. Entre le cow-boy et son poney de compagnie, il existe généralement un lien de sympathie et une entente approfondie, sans lesquels les merveilleuses prouesses équestres pratiquées quotidiennement seraient impossibles. Peut-être que lors du débourrage préliminaire du poney il y a plus de rudesse qu'il n'est nécessaire. En même temps, il ne faut pas oublier que maîtriser un animal né dans la prairie et qui s'est déchaîné à sa guise n'est pas une tâche très simple. L'habitude de bousculer, qu'un poney du Texas semble hériter de ses ancêtres, est très gênante, et un cavalier expert de l'Est est parfaitement impuissant sur le dos d'un poney qui bouscule. La manière dont il monte assure immédiatement à l'animal qu'il est étranger dans ces parages. Un désir naturel de renverser l'audacieux étranger devient primordial, et le poney se met à concrétiser son idée.

Au début il bouge tranquillement et le cavalier se félicite d'avoir convaincu l'animal que la résistance sera vaine. Mais au moment où il commence à le faire, l'animal baisse la tête, se cambre, un peu à la manière d'un chat en colère, saute en l'air et redescend sur le sol, les quatre pattes repliées sous lui, parfaitement raides. et droit. Le cavalier sait rarement comment cela s'est produit. Il sait seulement qu'il a eu l'impression qu'un boulet de canon l'avait frappé et qu'il est tombé de la manière la plus disgracieuse.

Un poney ne se déchaîne jamais vicieusement lorsqu'un cowboy le monte. Elle a appris par une longue expérience que ce procédé n'est manifestement pas rentable. Dresser un poney et le convaincre que la voie du transgresseur est difficile est l'une des difficultés de la vie dans les Prairies. Cependant, une fois cette opération accomplie, un assistant presque inestimable a été obtenu. L'endurance du poney vache est presque illimitée. Il transportera son maître 100 milles par jour, apparemment avec très peu de fatigue. En termes de vitesse, il n'est peut-être pas en mesure de rivaliser avec son cousin oriental de meilleure race, mais en termes de distance parcourue, il le surclasse entièrement. En supposant une démarche facile dans la limite de ses capacités d'endurance, un poney de la prairie la maintiendra presque indéfiniment. A la fin d'une très longue chevauchée, l'homme est généralement plus fatigué que son cheval. Celui-ci, après avoir été débarrassé de sa selle et de sa bride, roule vigoureusement pour se débarrasser de la raideur, et, au bout d'une heure ou deux, est apparemment en aussi bon état que jamais.

Le charme lié à la vie de cow-boy réside dans le mépris des règles strictes d'étiquette et de cérémonie, et dans la quantité de plaisir qui est considéré comme de mise autour du feu de prairie. Nous avons déjà vu que les salaires versés aux cowboys sont et ont toujours été très faibles. Les heures qu'il faut travailler et les difficultés qu'il faut rencontrer semblent se combiner pour dissuader les hommes de mener la vie. Nous savons que ce n'est ni l'un ni l'autre, et qu'il est rare que l'on manque vraiment d'aide dans les prairies ou parmi les troupeaux de bovins. Le plus grand plaisir vient des plaisanteries faites aux dépens des petits pieds intelligents, qui abordent le camp avec trop de confiance en eux-mêmes. La manière la plus courante de convaincre le nouveau venu qu'il a commis une erreur est de le persuader de monter un poney particulièrement agité. La tâche est généralement abordée avec beaucoup de confiance et se termine presque invariablement par un chagrin. Si l'étranger parvient à conserver sa place et à bouleverser ainsi le programme répété , la joie des spectateurs est encore plus grande que leur déception, et le nouveau venu est immédiatement admis dans la bonne compagnie de la foule.

Rien n'aggrave autant un cow-boy, ni ne le rend plus désespéré dans son choix de tours, que l'affectation de méchanceté de la part d'un nouveau venu. Il y a un an ou deux, un jeune homme, qui avait économisé son argent depuis des années pour imiter les exploits de certains des héros décrits dans les livres bon marché qu'il lisait, est arrivé dans le Sud-Ouest et s'est présenté à un certain nombre d' employés d'un élevage de bétail qui, il y a quelques années, auraient été connus comme des cow-boys réglementaires. L'impudence sans limite et le mensonge stupéfiant du jeune amusèrent beaucoup les cow-boys, et ils lui permirent de raconter toute une liste d'actes terribles qu'il avait commis à l'Est. Avant d'être dans sa nouvelle compagnie depuis une heure, il avait parlé de vols et même de meurtres avec la nonchalance d'un homme qui avait purgé une douzaine d'années de prison. Ses auditeurs appréciaient l'absurdité de la situation et lui permettaient de parler au hasard, sans interruption.

L'histoire s'est terminée de manière vraiment sensationnelle. L'un des auditeurs savait qu'un shérif adjoint se trouvait dans le quartier à la recherche d'un personnage dangereux. Sortant de la fête, il chercha le député et lui dit qu'un des complices de l'homme traqué était dans le camp. Le député, nouveau dans le métier et soucieux de se faire une réputation, se précipita au camp et arrêta le conteur malgré ses protestations. Le jeune homme, qui avait été si courageux quelques instants auparavant, pleura amèrement et pria qu'on télégraphie à sa mère pour que son caractère soit établi et sa liberté assurée. La plaisanterie a duré si longtemps que le jeune homme a été placé en sécurité toute la nuit. Le lendemain matin, il fut relâché, car il n'y avait rien contre lui, sauf un mensonge artistique. La vitesse qu'il a réussi à atteindre en se précipitant vers la gare la plus proche a montré qu'avec un entraînement approprié, il aurait pu devenir un bon athlète.

Il attendit autour de la gare jusqu'à ce que le prochain train parte vers l'Est, et aucun passager n'était plus ravi lorsque le conducteur disait « Tous à bord », que le jeune qui rentrait chez lui très découragé, mais très considérablement éclairé.

À une autre occasion, un cow-boy typique voyageait en voiture et, comme c'est assez courant chez les membres de sa profession, il fut approché par un jeune à l'air maladif, qui lui posa des dizaines de questions et manifesta une grande anxiété à l'idée de se lancer dans la vie des Prairies. Il y avait très peu d'intérêt pour l'éleveur, et après un certain temps, il décida de se débarrasser de son ami pas trop accablé et qu'il s'était présenté lui-même. Il désigna donc un homme à l'air rude à l'extrémité du wagon et dit à l'interrogateur qu'il était le chef d'une dangereuse bande de voleurs de train. Il s'agissait probablement d'un homme travailleur, aux habitudes tout à fait honnêtes, mais le jeune homme courageux qui, quelques instants auparavant, s'était présenté comme candidat à une vie pleine de dangers et de difficultés, fut si horrifié à cette simple idée qu'il décida aussitôt d'imiter l'Irlandais qui disait avoir laissé son avenir derrière lui et sauta du train en marche, préférant une succession de coups et de contusions au contact réel avec un homme du caractère qu'il avait lui-même appris à admirer.

Tout homme qui crée du désordre, défie la loi et tire au hasard avec des armes à feu est qualifié de cow-boy, même si dans la majorité des cas, il n'a jamais accompli une journée de travail pour justifier ce nom. L'homme dur de l'Est qui va à l'Ouest pour jouer le mauvais cow-boy risque de se rendre compte qu'il a emprunté des ennuis. Il découvre qu'une altercation risque de le mettre face à la bouche d'un pistolet dans les mains d'un homme bien plus disposé à appuyer sur la gâchette spontanément qu'à perdre du temps en discussions préliminaires. Il apprend vite la leçon de la circonspection et, s'il survit au processus, son comportement est généralement modifié pour s'adapter à son nouvel environnement. Une illustration tragique des résultats qui peuvent résulter de la tentative d'un pied tendre de se faire passer pour un homme méchant à l'ouest du fleuve Mississippi s'est produite au cours de l'hiver 1881-1882 au Nouveau-Mexique, à bord d'un train Atchison en direction du sud. L'un des étrangers terrorisait les autres. C'était un type à l'air dur, originaire d'une ville de l'Est ; il avait bu et il faisait défiler les voitures en parlant fort et grossièrement, essayant de susciter des querelles avec les passagers et brandissant fréquemment un revolver. Les agents du train ne semblaient pas enclins à s'en mêler, et parmi les gens à bord qu'il insultait directement, il ne rencontrait personne qui avait le sable ou la disposition de l'appeler.

A l'égard des membres d'une compagnie théâtrale, voyageant dans l'un des carrosses, il a particulièrement dirigé ses violences et ses injures. Sa conduite avec eux devint enfin insupportable, et lorsque, après avoir menacé deux acteurs avec son revolver et effrayé les femmes jusqu'à l'hystérie, il passa dans une autre voiture, un conseil de guerre précipité se tint dans la voiture qu'il venait de quitter. , et tout homme qui possédait un pistolet le tenait prêt, étant entendu que s'il revenait, il serait abattu au premier mouvement agressif. Mais cette phase de problèmes a été évitée, car, en l'occurrence, il est resté dans la voiture qui le précédait jusqu'à ce que, au crépuscule, le train entre dans Albuquerque.

Ici, le propriétaire de la Casa Armijo était à la gare avec son hackman attendant l'arrivée du train. Il a appelé le nom de sa maison à la porte d'une voiture, puis s'est tourné vers le hackman et a dit : « Prenez soin des passagers de cette voiture et j'irai dans la suivante.

Ces paroles inoffensives ont attiré l'oreille de l'homme dur de l'Est, qui se frayait un chemin vers le quai des voitures. Il sortit son pistolet et se dirigea vers l'homme le plus proche sur le quai de la gare en criant :

« Vous prendrez soin de nous, n'est-ce pas ? Je vais vous montrer, amis intelligents, que vous n'êtes pas capables de prendre soin de moi.

Il brandit son revolver tout en parlant et, au moment où ses pieds touchaient la deuxième marche de la voiture, il fit feu, la balle passant au-dessus de la tête de l'homme sur le quai de la gare. Le bruit de son pistolet fut rapidement suivi de deux détonations bruyantes, et l'homme coriace tomba mort sur la plate-forme. L'homme sur lequel il avait apparemment tiré avait dégainé son revolver et lui avait tiré deux balles dans le cœur.

Une foule s'est rassemblée alors que le train roulait, laissant l'homme dur là où il était tombé. Bien sûr, l'homme qui l'a tué, un joueur de la ville, a été totalement disculpé lors de l'enquête et n'a même jamais été inculpé pour le meurtre.

CHAPITRE VIII.

Quartiers de notre terre natale.

Les admirateurs et les critiques des Indiens--À l'école et après--La cour et le mariage des Indiens--Danses extraordinaires--Le jeu par instinct--Comment "Cross-Eye" a perdu son poney--Mettre un bébé en gage--Scènes amusantes et dégradantes sur Jour de rente.

Les opinions diffèrent sensiblement quant au bien et au mal, aux privilèges et aux griefs, ainsi qu'à la valeur et à l'inutilité des Indiens d'Amérique du Nord. Certains pensent que l'homme rouge a été honteusement traité et trahi par l'homme blanc, et que la liste de ses griefs est aussi longue que l'histoire de malheur que le premier est capable de raconter, chaque fois qu'il peut se faire comprendre par un auditeur sympathique. .

Les tenants de cette opinion vivent pour la plupart dans des districts où il n'y a pas d'Indiens.

D'autres pensent que les Indiens ont été choyés de façon absurde par le gouvernement et qu'il serait aussi raisonnable d'essayer de changer la répartition des saisons que de tenter d'empêcher la survie des plus aptes, ou, en d'autres termes, d'intervenir avec l'extermination progressive, mais à leur avis inévitable, des Indiens.

Ceux qui soutiennent ce point de vue extrême sont pour la plupart ceux qui vivent à proximité des réserves indiennes et qui ont eu l'occasion d'étudier le caractère de l'homme rouge.

Les deux points de vue sont bien entendu excessivement sévères. En tant que citoyen utile, l'Indien varie considérablement, et c'est plutôt comme une étude intéressante que nous abordons le sujet.

La civilisation a un effet très particulier sur les Indiens d'Amérique. Les écoles destinées aux enfants indiens sont bien gérées et l'éducation dispensée devrait être suffisante pour empêcher la possibilité d'une rechute dans les habitudes peu satisfaisantes et dans la malpropreté traditionnelle des différentes tribus. Parfois, l'effet de l'éducation est excellent. De nombreux Indiens ont adopté des modes de vie civilisés et ont construit des maisons et amassé de petites fortunes en cultivant, en élevant du bétail et en faisant du commerce. Certains Indiens, notamment ceux des cinq tribus ou nations civilisées du territoire indien, ressemblent beaucoup aux hommes blancs en apparence. Ils travaillent parfois côte à côte avec des Caucasiens basanés, dont la peau a été bronzée par l'exposition au soleil, et à l'exception de la pommette exceptionnellement haute et des cheveux particulièrement raides, il y a peu de choses qui distinguent l'Indien de l'homme blanc.

Indiens civilisés

Mais ces cas constituent des exceptions à la règle générale selon laquelle l'éducation est considérée par les Indiens comme une dégradation plutôt que comme une autre. Il est souvent très difficile de persuader les parents d'autoriser que leurs enfants soient envoyés dans les écoles de formation, et il faut souvent recourir à une telle contrainte qu'on donne l'impression d'un enlèvement. La première chose que l'on fait avec un garçon ou une fille indienne admis dans une de ces écoles, est de laver le nouveau venu avec une vigueur considérable de la tête aux pieds, et de lui couper les cheveux superflus et, en général, les cheveux épais et emmêlés.

Le confort des cheveux courts, soigneusement peignés et brossés, impressionne rarement les jeunes courageux. Pour des raisons évidentes, on insiste cependant sur ce point et, tant que l'enfant est à l'école, il est tenu propre et soigné. Mais dès son retour dans sa tribu, il risque de retomber dans les habitudes de ses ancêtres. Trop souvent, on se moque de lui à cause de sa propreté. Ses cheveux courts sont considérés comme une offense, et il est généralement prêt à se plier aux modes tribales, à abandonner ses vêtements soignés, à laisser ses cheveux pousser et son visage accumuler la quantité réglementaire de poussière et de saleté.

Le commerçant indien et le pionnier vous diront généralement que le seul bon Indien est un Indien mort. Il répétera cet adage jusqu'à ce qu'il devienne lassant dans sa monotonie. Alors peut-être variera-t-il en vous disant que de tous les Indiens méchants, celui qui est instruit est le plus méchant. Cela n'est vrai que dans certains cas, mais il est un fait que l'éducation ne profite pas toujours à l'Indien.

Presque tous les Indiens sont passionnés par la danse. Plusieurs livres ont été écrits pour décrire les différentes danses des différentes tribus. Certains d'entre eux ont une signification cachée et une signification dangereuse, tandis que d'autres sont simplement destinés à l'amusement et à la récréation. Pour ces danses, les Indiens revêtent généralement les costumes les plus fantaisistes dont ils disposent, et leurs mouvements sont tantôt gracieux, tantôt grotesques. La danse des signes, que l'on voit dans certaines tribus du sud-ouest, est curieuse. L'une des belles de la tribu conduit un homme dans l'appartement de danse, qui consiste en l'un des deux tipis réunis. Dans l'un se trouvent les batteurs de tamtom , dans l'autre les danseurs. Dans cette pièce, les couples commencent à danser en se faisant des signes dont la signification peut être : "Eh bien, que penses-tu de moi ? M'aimes-tu ? Me trouves-tu jolie ? Comment est-ce que je t'affecte ?" et ainsi de suite, les panneaux étant tous surveillés de près par les spectateurs, qui applaudissent, ricanent, ricanent ou rient tour à tour aux éclats, selon les cas. Une telle danse est une abeille interrogatrice, une collision d'esprits de la part de deux Indiens vraiment facétieux.

L'esprit est un trait universel du sauvage. Certains hommes blancs dessinent. Tous les Indiens tirent au sort. Certains hommes blancs sont rusés. Tous les Indiens sont rusés. Certains hommes blancs ont de l'humour. Tous les Indiens sont pleins d'esprit. L'esprit sec, avec une philosophie proverbiale qui aurait ravi l'âme de Tupper, est indigène chez les Indiens. L'Indien est le meilleur épigrammiste du monde. Ses phrases sont concises et sentencieuses, parce que courtes – jamais longues et compliquées. Un livre d'esprit et de sagesse indiens aurait une vente énorme et révélerait le cœur même de sa pensée à une échelle typique.

Le flirt indien est doux, impertinent, subtil, séduisant. Elle a l'art de garder constamment en stock une vingtaine de dollars, dont chacun se flatte que lui, et lui seul, est l'objet particulier de son admiration. Chaque tribu a eu sa belle. Poquite pour les Modocs , Ur- ska - te-na pour les Navajos, Mini- haha pour les Dakotas, Romona pour les bandes voisines. Ces belles ont leurs ennemis parmi les femmes indiennes, mais, même si elles sont cordialement détestées, elles ne se bagarrent jamais et n'en viennent jamais aux mains.

Faire l'amour est l'une des scènes nocturnes intéressantes d'un camp indien. Lorsqu'un jeune homme veut courtiser une jolie couquette rouge , il se tient à la porte de sa loge par une belle journée et projette au loin un rayon de lumière de ses lunettes de soleil sur le visage de sa chérie. Elle voit le rayon lorsqu'il tombe sur elle et le suit dans la direction d'où il est lancé, à droite ou à gauche. Elle comprend le secret de ces lampes de poche. Bientôt les amoureux se retrouvent, chacun sous une couverture ; pas un mot, pas une salutation n'est échangé ; ils restent un moment côte à côte, puis se retirent pour répéter l'affaire jour après jour.

Enfin, par une nuit favorable, la jeune Indienne se présente à la porte de sa loge ; elle sort et s'assoit par terre à côté de lui ; toujours aucun mot n'est prononcé. Enfin, elle surgit de terre ; il se lève aussi et, debout devant elle, jette sa couverture sur eux deux. A peine l'a-t-il fait qu'elle enlève sa couverture, la laissant tomber par terre, ce qui est l'aveu de sa part qu'elle l'aime et lui rend hommage en tant que son futur seigneur et maître.

La nuit, chaque camp indien est rempli de tels amants, avec des courtisations aussi douces, des lèvres aussi consentantes, des étreintes aussi affectueuses, une vie aussi romantique, un cœur aussi vrai et des fugues aussi audacieuses et désespérées que jamais une cour espagnole. Les personnes âgées se réunissent avec leurs amis et tiennent un conseil. "Combien de poneys peut-il payer pour elle ?" a beaucoup à voir avec l'éligibilité du prétendant. Cette nuit-là, il apporte ses articles de dot à la porte de sa fiancée . S'ils sont encore là le lendemain matin, il est rejeté ; sinon, accepté.

En règle générale, aucune cérémonie de mariage formelle n'a lieu. Le cœur est le certificat et le Grand Esprit le prêtre. Sous le gouvernement tribal des Indiens, les droits des femmes étaient respectés et clairement définis. Elle était la chef de la maison et tous les biens, à l'exception d'une somme insignifiante, lui revenaient à sa mort. Elle était dans de nombreuses tribus personnifiée comme l'objet principal de culte, de prière et d'adoration, dans la déesse tutélaire de la tribu. Maintenant, tout est changé. L'Indien d' aujourd'hui n'est pas l'Indien d'il y a cinquante ans et ne peut être étudié sous le même jour. Ses mœurs, ses coutumes et ses habitudes sont toutes changées, et la polygamie s'installe de plus en plus avec toutes ses effroyables dégradations.

Lors d'occasions spéciales, une tribu entière se rassemble sous un espace ouvert dans les peupliers pour célébrer ses principales danses. Les mains sont agitées sauvagement au-dessus de la tête des danseurs autour d'un feu central de bûches, empilées en tas conique. Autour de ce tas flamboyant court le cercle sombre qui a été construit au coucher du soleil, renfermant un terrain sacré sur lequel il ne faut pas pénétrer. Le vieux chanteur se tient à la porte du corral et chante. Les hommes ont construit le cercle noir en moins d'une heure. Une fois terminé, le corral mesure quarante pas de diamètre. Autour d'elle se dresse une clôture de huit pieds de haut, avec une porte à l'est de dix pieds de large.

À la tombée de la nuit, de nombreux Navajos déplacent temporairement tous leurs biens et propriétés dans le corral et abandonnent leurs huttes ou hogans . Ceux qui n'emménagent pas veillent sur leurs biens, car il y a des voleurs parmi les Navajos. A 8 heures, une bande de musiciens entre et, s'asseyant, commence une série de sons cacophoniques sur un tambour. Dès que la musique commence, le grand tas de bois s'allume. L'incendie se propage rapidement et illumine tout le paysage et le ciel. Une tempête d'étincelles rouges et tourbillonnantes s'envole vers le haut, comme des abeilles dorées et brillantes, sortant d'une ruche, jusqu'à une hauteur de cent pieds. Les cendres qui descendent tombent dans le corral comme une légère averse de neige. La chaleur devient bientôt si intense que, dans les parties les plus reculées de l'enceinte, il est nécessaire de se couvrir le visage lorsqu'on regarde vers le feu.

Soudain, un sifflet d'avertissement se fait entendre dans l'obscurité extérieure, et une douzaine de formes, souples et minces, vêtues uniquement de l'étroite culotte de cheval blanche et des mocassins , et barbouillées de terre blanche jusqu'à ce qu'elles ressemblent à un groupe de billes vivantes, bondissent à travers l'obscurité. l'entrée, jappant comme des loups et tournant lentement autour du feu. À mesure qu'ils avancent, en file indienne, ils jettent leur corps dans des attitudes diverses, certaines gracieuses, certaines tendues, certaines difficiles, certaines menaçantes et toutes grotesques. Tantôt ils font face à l'est, tantôt à l'ouest, tantôt au sud, tantôt au nord, levant en l'air leurs fines baguettes, pointes avec l'aigle vers le bas, les tenant et les agitant avec des effets surprenants. Leur parcours autour du feu est à gauche, à l'est, à l'ouest, au sud, au nord, parcours invariablement suivi par tous les danseurs de la nuit.

Lorsqu'ils ont fait deux fois le tour du feu, ils commencent à pointer leurs baguettes vers lui. Leur but est d'essayer de brûler la pointe du duvet d'aigle. Ils se précipitent vers le feu, rampent jusqu'à lui sur la face, courent en tenant la tête de côté, s'élancent en arrière et s'en approchent dans toutes sortes d'attitudes. Soudain, celui qui s'approche du tas enflammé se jette sur le dos, la tête vers le feu, et enfonce rapidement sa baguette dans les flammes. Nombreuses sont les tentatives infructueuses, mais enfin, une à une, ils réussissent tous à brûler les boules duveteuses du bout de leurs baguettes. Au fur et à mesure que chacun accomplit son exploit, il devient nécessaire, comme devoir suivant, de restaurer la boule de duvet, ce qui se fait en remettant en place l'anneau tenu dans la main avec du duvet dessus, et en le plaçant sur la tête de la baguette aromatique de sumac.

Les coutumes et les idées de la danse diffèrent selon les tribus et les localités. Parfois, la danse n'est guère plus qu'une démonstration de pouvoirs d'endurance. Hommes ou femmes, ou les deux, accomplissent des mouvements fatigants pendant des heures et même des jours de suite, stupéfiant les spectateurs par leur mépris des traditions de leur race, en ce qui concerne l'oisiveté. D'autres danses sont grotesques et brutales. Lors d'occasions spéciales, des cérémonies étranges sont organisées et les débats sont extrêmement sensationnels.

Les lecteurs des quotidiens connaissent bien la danse des fantômes et son importance majeure . On a également beaucoup écrit sur les danses de guerre des différentes tribus, et dans l'ensemble, la tradition des danses des Indiens d'Amérique est pleine d'incongruités singulières et d'anomalies pittoresques. Danser avec les Indiens est souvent un exercice religieux. Cela implique parfois des difficultés, et parfois les participants se mutilent même dans leur enthousiasme. Certaines tribus du Sud-Ouest dansent, comme nous le verrons plus tard, avec des serpents venimeux à la main, se laissant mordre et comptant sur le pouvoir des prêtres pour les sauver des mauvaises conséquences.

Les Indiens jouent comme par instinct. Un jour, l'écrivain visitait une ville frontière juste après son installation. Les Indiens étaient présents en très grand nombre et, de diverses manières, ils se sont procuré beaucoup d'argent. Les nouveaux arrivants des États de l'Est n'étaient absolument pas préparés aux privations nécessaires de la vie frontalière. C'est pourquoi ils étaient prêts à acheter les articles nécessaires à presque n'importe quel prix, alors qu'ils se laissaient facilement tromper en achetant toutes sortes d'articles dont ils n'avaient aucun besoin. Les Indiens, que l'on suppose civilisés, profitèrent pleinement de la situation et apportèrent en ville tout ce qui était vendable, obtenant souvent trois ou quatre fois la valeur monétaire locale.

Avec l'argent ainsi obtenu, ils jouaient désespérément. Un Indien, qui se vantait du terrible nom de « Cross-Eye », a amené deux poneys à vendre. L'un d'eux était un animal d'apparence exceptionnellement ancienne, qui avait depuis longtemps perdu son utilité et qui, dans des conditions locales ordinaires, aurait certainement pu être acheté pour 4,00 ou 5,00 dollars. Un Indien sympathique rencontra M. "Cross-Eye", et une conversation s'ensuivit quant à la valeur du poney et au prix probable qu'il réaliserait. Les deux hommes se sont vite mis en colère à ce sujet, et finalement le propriétaire du poney a parié contre 20,00 $ le critique de son animal, le poney, qu'il obtiendrait au moins la dernière somme mentionnée.

Fort de ce stimulant supplémentaire pour faire de bonnes affaires, l'homme offrit son poney à un certain nombre d'hommes blancs et en trouva finalement un qui avait besoin d'un animal immédiatement et qui était prêt à payer 20,00 $ pour le quadrupède désuet. "Cross-Eye" a émis un certain nombre de bruits gutturaux indiquant sa joie et a rapidement collecté les deuxièmes 20,00 $.

Il avait ainsi pratiquement vendu un poney sans valeur pour 40,00 $ et, sans sa passion innée pour le jeu, il aurait fait une très bonne journée. Quelques heures plus tard, cependant, il a été retrouvé très inconsolable et essayant de toutes ses forces de vendre quelques prétendues curiosités pour quelques dollars afin d'acheter une couverture dont il avait cruellement besoin. Son impécuniosité s'expliquait facilement. Au lieu de vendre immédiatement son deuxième poney, il se tourna d'abord vers le jeu, et en moins d'une heure, son dernier dollar avait disparu. Puis, au désespoir du joueur, il avait mis son deuxième poney comme dernière mise, avec pour résultat qu'il avait perdu son argent ainsi que ses actions commerciales . Il a pris la situation avec philosophie et stoïque, mais lorsqu'il s'est rendu compte qu'il lui était impossible, dans la ville pionnière très fréquentée, d'obtenir ne serait-ce que le prix d'un verre de whisky pour ses curiosités, il a commencé à devenir imprudent et a finalement été escorté hors de la ville par deux ou deux personnes. trois de ses amis pour éviter qu'il ne se mêle à une bagarre.

Quand les Indiens ont assez d'énergie, ils jouent presque jour et nuit. Les femmes elles-mêmes sont généralement suffisamment soumises par leurs maris pour rendre impossible le jeu de leur part, en ce qui concerne la pratique réelle des jeux de hasard. Mais ils restent là et surveillent les hommes. Ils misent leurs colliers, leurs jambières, leurs ornements, et en fait tout leur argent, dans le jeu, qui se fait tantôt avec des pruniers sauvages bleus, hiéroglyphiques , tantôt avec des dés, mais plus souvent avec des cartes communes. Au-dessus du sol, le tam-tam résonnait, mais sous terre, le tam-tam était enterré.

Un Indien fume sans cesse pendant qu'il joue. En portant la cigarette ou le cigare à sa bouche, il aspire la fumée par de longues et profondes inspirations, jusqu'à ce qu'il ait complètement rempli ses poumons, puis il commence lentement à émettre la fumée par le nez, petit à petit, jusqu'à ce qu'elle disparaisse entièrement. Le but de cette démarche chez l'Indien est d' imprégner plus profondément ses sens du somnifère narcotique. Le tabac qu'ils fument provient généralement de leur propre production.

"Ce qui m'a le plus ému", écrit un voyageur décrivant une visite dans un tripot indien, "c'est le spectacle, dans le coin le plus éloigné de la "cabane", d'une mère indienne, avec un pappoose dans son étui pour bébé, regardant par-dessus Là, elle se tenait derrière un joueur indien, avec qui elle avait rejoint sa vie, peint et perlé et à moitié ivre. Le mari indien avait déjà mis sa selle en gage au joueur professionnel blanc pour ses 5 dollars, et il n'était pas cinq dollars. Quelques minutes avant que le joueur blanc n'ait la selle et 5 $ les deux. Puis, alors qu'ils n'avaient plus rien d'autre à parier, tant leur amour pour le jeu était intense, ils commencèrent à se mettre en gage, petit à petit, en disant : « Je vous parie mon tout le corps.' Cela signifie "Je me mettrai en gage pour vous en tant qu'esclave pour vous servir comme vous le souhaitez pendant une durée déterminée".

"C'est ainsi que cette mère indienne se tenait appuyée contre le mur, à moitié ivre et étourdie par la fumée et la chaleur, quand tout à coup l'Indien qui vivait avec elle lui dit en indien : "Mets le bébé pour une semaine". Alors le jour de paie viendra. C'est fait. Le bébé a été livré. C'est ce que la civilisation a fait pour l'Indien. Ses vertus lui échappent ;

L'un de ces vices est le jeu. L'Indien reste pauvre toute l'année et dépouillé de toutes ses plumes. C'est la principale raison pour laquelle il vole, non seulement pour se rembourser de ses pertes, mais aussi pour se venger de l'homme blanc, qu'il sait bien avoir constamment volé.

Le jeu, comme on le voit la nuit dans le camp indien, est une affaire très différente de la cache. Le tam-tam annonce à tous que les combats de fortune sont sur le point de commencer. Pendant le jeu, la musique continue régulièrement. Dans les intervalles entre les jeux, les joueurs chantent tous. La foule entoure le camp. Lorsqu'un homme perd lourdement, tout le camp le sait en quelques minutes, et il n'est pas rare que la femme se précipite et arrête l'enjeu en chassant son chef. Le jeu est le grand jeu de l'hiver. On y joue souvent du matin au soir, et toute la nuit. Des tricheries et des supercheries de toutes sortes sont pratiquées.

" Lizwin " ou " mescal " sont les deux boissons fabriquées par les Indiens eux-mêmes, l'une à base de maïs et l'autre à base de la plante " maguay ". Les Indiens des plaines boivent du whisky. Jouer, c'est boire, et boire, c'est perdre. Le jeu est le travail le plus difficile qu'on puisse persuader un Indien d'accomplir, à moins qu'il ne soit menacé de famine. Différentes tribus jouent différemment.

Les Comanches proposent sans aucun doute les jeux de hasard les plus excitants et les plus fascinants. Les énigmes, astuces et problèmes des Comanche sont également nettement supérieurs à ceux de toute autre nation. L'os de jeu est utilisé par les Comanches . Le meneur du jeu le présente aux yeux de tous, afin que tous puissent le voir ; il ferme ensuite ses deux mains dessus et le manipule si adroitement entre ses doigts qu'il est tout simplement impossible de dire dans quelle main se trouve l'os. En un instant, il jette soudainement chaque main fermée de chaque côté de lui dans la main tendue. du joueur à côté de lui.

Le jeu commence à ce stade. Toute la file des joueurs passe, ou fait semblant de passer, cet os de l'un à l'autre, jusqu'à ce qu'enfin chaque main s'agite. Pendant tout ce temps, les yeux des joueurs de la ligne opposée observent avec impatience chaque changement et chaque mouvement des mains, dans l'espoir de découvrir l'éclat blanc de l'os. Enfin quelqu'un aperçoit la main qui tient l'os, ou le croit. Il souligne et appelle de son côté. La main doit être levée instantanément. Si c'est vrai, le côté qui surveille marque un point et prend l'os. Les équipes changent ainsi jusqu'à ce que la partie soit gagnée. Le score total est de vingt et un points. L'excitation produite par ce jeu est parfois tout simplement indescriptible.

Les Utes jouent avec deux os dans chaque main, dont l'un est entouré d'une ficelle. Le jeu consiste à deviner la main qui tient l'os enveloppé. Le jeu de la pierre à prune est pratiqué par les Indiens des plaines. Ce n'est qu'un autre nom pour lancer des dés. Les noyaux de prunier sont gravés de hiéroglyphes et les décomptes sont curieusement effectués d'une manière qui défie souvent les calculs des hommes blancs. Les femmes jouent autant que les hommes, quand elles l'osent, et deviennent encore plus excitées par le jeu que leurs seigneurs. Leur jeu, comme en témoignent les Cheyennes , se joue avec des perles, de petites boucles et de longs bâtons de corne faits de pattes de cerf.

Les enfants observent et apprennent à jouer dès leur plus tendre enfance, et apprennent bientôt à tricher et à imposer leurs cadets. Leurs petites opérations de jeux de hasard pour mineurs se font principalement avec des flèches. L'hiver engendre la paresse, et la paresse engendre le jeu, et le jeu, la boisson. Il n'y a pas de convivialité dans les beuveries indiennes. L'Indien s'enivre, et s'enivre à mort, dès qu'il le peut, et trouve son plus grand plaisir à dormir. Cependant, sa nature réagit vicieusement sous l'alcool dans de nombreux cas, et il devient alors un client dangereux.

Les femmes de nombreuses tribus constituent un groupe très pitoyable d'humanité travailleuse, en haillons et sale. Sur eux retombe toute la corvée du camp ; ils sont « bûcherons et porteurs d'eau », et se plient sous d'immenses fardeaux entassés sur leur dos, tandis que des milliers de poneys broutent, sans être dérangés, dans toutes les directions. A mesure que les troupes se retirent, les squaws fondent sur les camps désertés et y glanent rapidement tout ce qui est portable pour les utiliser dans leur économie domestique. Un incendie indien serait considéré comme une affaire très triste par les habitants de maisons chauffées par des appareils modernes ; mais tel qu'il est - quelques bâtons brûlant avec une faible flamme et pénétrant à peine dans l'épaisse fumée qui remplit le tipi depuis le sol jusqu'à la petite ouverture au sommet - il consomme du combustible, et la demande est toujours supérieure à l'offre, car la raison pour laquelle un Indien n'a aucune idée de la préparation aux nécessités futures. Si le feu brûle, très bien ; lorsque le dernier bâton est posé, une squaw part pour un nouveau ravitaillement, quel que soit le temps froid et orageux.

La poétique jeune fille indienne existe peut-être encore dans l'imagination vive de l'extrême jeunesse, mais elle n'est plus courante aujourd'hui. Les jeunes filles portent des vêtements gais et sont exemptées des rigueurs du travail qui sont imposées à leurs sœurs aînées, mères et grand-mères , mais leur sort est infiniment pire. On y discerne peu de beauté, et à cet égard le temps semble avoir effacé les types qui prévalaient il y a quelques années.

Le jour des rentes est un grand événement dans la vie de chaque Indien d'agence, et si le lecteur voulait voir la vie indienne représentée dans certains de ses aspects les plus intéressants, il n'y a pas de moment plus approprié pour choisir une visite dans une agence. C'est une « grande ouverture », à laquelle assiste toute la tribu ; mais les squaws ne jouissent pas de la liberté de choix en matière d'articles vestimentaires, et ne reçoivent pas une attention aussi prompte de la part des commis que celle à laquelle nos dames de la ville sont habituées. Même à 9 heures du matin, bien que la distribution proprement dite n'ait lieu qu'à midi, les paroisses de la nation sont là, attendant patiemment que les affaires de la journée commencent. Des piquets ont été enfoncés dans le sol pour marquer l'espace que doit occuper chaque bande, et derrière eux, disposés en demi-cercle, se trouvent les différentes familles, sous la garde d' un chef. Les groupes varient en nombre, tant de familles que d'individus, mais ils ont tous l'air tout aussi solennels lorsqu'ils sont assis par terre, les genoux relevés sous le menton, ou les jambes croisées comme les Turcs et les tailleurs.

La scène devient maintenant celle d'une agitation et d'une activité de la part des gens de l'Agence, qui commencent à remplir rapidement wagon après wagon de marchandises provenant des entrepôts. Des couvertures en étoffe bleu foncé, des étoffes de coton, des calicots de toutes les couleurs et de tous les motifs, de la flanelle rouge, des châles de laine gais, des bottes et des chaussures qui font mal aux pieds à les regarder, des cafetières, des seaux d'eau, des haches et bien d'autres articles, sont entassés dans chaque wagon dans la proportion préalablement déterminée par conférence avec les chefs. Un ticket est alors remis au conducteur, portant le numéro du piquet et le nom du chef de file. Le chariot s'en va; les marchandises sont jetées par terre en tas au jalon approprié, et cela achève le transfert formel au chef, qui en prend alors la charge, et, avec l'aide de quelques dollars désignés par lui-même, divise les divers articles, selon les besoins des familles et la quantité de biens fournis.

Dans la précipitation et la fureur de la distribution et du partage des marchandises, les silhouettes sombres à l'arrière-plan ont à peine bougé. Personne n'a osé s'approcher du centre où les chevreuils travaillent, mesurant le tissu, etc. ; ils attendent le coup de cloche, lorsqu'ils recevront exactement ce que le chef aura choisi de leur donner. Il n'y a pas de système d'échange là-bas ; c'est prendre ce que l'on obtient ou n'obtenir rien. Dans de nombreux cas, ils n'utilisent pas du tout les marchandises, mais les proposent ouvertement à la vente aux Blancs, qui trouvent sans aucun doute rentable de les acheter aux prix indiens.

Aussitôt l'émission terminée, une foule d'Indiens se rassemblent devant le magasin du commerçant pour assouvir leur passion du jeu, et en peu de temps nombre de couvertures et autres articles changent de main au gré des résultats des courses de poneys, des courses à pied. courses ou toute autre espèce d'excitation qu'on peut inventer. Il y a un homme blanc sur le terrain qui est sans aucun doute un coureur professionnel, et les Indiens soutiennent leur favori contre lui avec une bourse de plus de 30 $, que l'homme blanc couvre et remporte la course de quelques centimètres. Les Indiens n'abandonneront pas et feront des bourses similaires les deux jours suivants, pour ensuite perdre d'un pouce ou deux. Il y a un maître de cérémonie qui fait preuve d'un merveilleux contrôle sur les Indiens. Il fait tous les paris pour les hommes rouges, collectant différents montants pour un score ou plus, mais sans jamais oublier un seul objet ou une seule personne.

Le jour de la ration fait sortir les squaws et les chiens en pleine force ; l'un pour emballer les rations pour le camp, et le second pour ramasser les morceaux égarés. Quelques-unes à la fois, les squaws entrent dans le magasin et reçoivent leur réserve hebdomadaire de farine, de café, de sucre, de sel, etc., pour elles et leurs familles. La viande de bœuf sort directement de l'abattoir et le déroulement est tout sauf appétissant à regarder. Les bœufs à tuer sont d'abord conduits dans un enclos, où ils sont abattus par les bouchers indiens ; lorsque les pauvres bêtes ont été abattues, elles sont traînées jusqu'à la porte de l'abattoir et passées entre les mains de boucs à moitié nus, qui semblent se glorifier de la profusion de sang et recherchent avidement la place à cause de cela. des avantages qui y sont attachés sous forme de bouchées alléchantes (?) qui vont généralement aux chiens ou sur le tas d'ordures. Le bœuf est distribué aussi vite qu'il peut être découpé, à raison d'une demi-livre par jour pour chaque personne, quel que soit son âge ; le bacon fait également partie de la ration de viande.

CHAPITRE IX.

CIVILISATION--RÉELLE ET ALLÉGUÉE.

Essayés dans les balances et trouvés manquant--Archers indiens--Connaissance de l'arc et des flèches--Coutumes barbares qui meurent lentement--"Grand Loup", le Vanderbilt indien--Comment les Seri reçurent une précieuse leçon--Jouer avec des serpents à sonnettes avec Impunité.

La prohibition interdit-elle ? C'est une question que les hommes politiques et les réformateurs sociaux se posent sans cesse. La civilisation civilise-t-elle ? C'est une question qui est posée presque exclusivement par les personnes qui s'intéressent au bien-être des Indiens d'Amérique et qui entrent en contact quotidien avec eux.

Dans le chapitre précédent, nous avons vu un peu les habitudes particulières des Indiens d'Amérique, civilisés ou non, et il sera maintenant intéressant de voir dans quelle mesure l'enseignement de l'homme blanc a chassé les habitudes primitives de vie, de chasse et de combat. Au cours des dernières semaines, des preuves des plus précieuses sur cette question ont été fournies par le rapport soumis au secrétaire de l'Intérieur par la commission chargée d'enquêter sur les questions concernant les cinq tribus indiennes civilisées du territoire indien. Il affirme qu'ils ont démontré leur incapacité à se gouverner eux-mêmes et recommande que la confiance que leur accorde le gouvernement soit révoquée.

Les tribunaux sont devenus impuissants et paralysés. Les meurtres, les violences et les vols sont monnaie courante. La Commission a appris que cinquante-trois meurtres avaient eu lieu au cours des mois de septembre et d'octobre dans une seule tribu, et qu'aucun des coupables n'avait été traduit en justice. La Commission Dawes recommande qu'une grande partie de la réserve indienne soit annexée à l'Oklahoma ; cette action devait être suivie de la formation de ce pays en territoire. Mais pour y parvenir, il faudrait obtenir le consentement des Indiens, ce qui est douteux.

L'affirmation selon laquelle les Indiens ont abandonné leurs armes anciennes et en ont adopté des plus modernes et que, grâce à leur utilisation, ils étendent progressivement leurs territoires de chasse au-delà des limites de leurs réserves, est fausse. Le rapport de la Commission le fait clairement savoir. Dans tout l'Occident, les Indiens font encore confiance à leurs arcs et à leurs flèches. Sur la côte nord-ouest, la plupart des Indiens vivent de chasse et de pêche. Ils utilisent principalement l'arc et les flèches, le couteau, la massue de guerre et la lance. Dans l'océan Pacifique Nord se trouvent plusieurs îles habitées uniquement par des Indiens. Dans l'archipel de la Reine-Charlotte et du Prince-de-Galles se trouve l'une des races aborigènes les plus remarquables du continent américain . Ce sont les tribus Haïda et se composent d'Indiens étonnamment intelligents. Ils acquièrent facilement des connaissances ; apprendre les métiers et faire preuve de beaucoup d'ingéniosité en suivant les enseignements des missionnaires et des commerçants. Mais ils s'accrochent pour autant avec quelque chose qui confine à l'affection aux armes primitives de leur race.

Pendant les longues nuits d'hiver, les vieux Indiens s'asseyent devant le feu et sculptent des arcs, des poignées de massues ornementales, des plumes et des flèches pointues. Peut-être que dans certains tipis sont suspendus des fusils polis fournis par le gouvernement, mais ils sont plus destinés à l'ornement qu'à l'usage. Ce travail du soir est accompagné du coassement sourd d'un vieil Indien qui raconte les légendes, les contes populaires et les contes de jeunesse de leurs grands-pères et grand-mères.

La tribu Haïda progresse plus rapidement dans la civilisation que n'importe lequel de ses voisins, mais elle continue de sculpter et de peindre des arcs, des flèches, des manches de massue et des pagaies. Les Indiens s'accrochent encore à d'autres instruments grossiers et n'apprécient pas ceux en métal. Des couteaux grossiers sont encore utilisés pour écorcher les cerfs, notamment par les vieux Indiens. La hache, bien sûr, est utilisée pour couper des arbres et creuser des canoës et des mortiers. Il a réellement remplacé le ciseau à pierre, mais de nombreux vieillards préfèrent brûler les racines de l'arbre jusqu'à ce qu'il puisse être fait tomber en lui donnant quelques coups avec la grossière hache de pierre.

En tir à l'arc, l'Indien n'a guère été surpassé. Avec un œil vif et un muscle puissant, il envoie la flèche avec autant d'infaillibilité que les archers d'autrefois.

L'arc indien mesure généralement de trois pieds et demi à quatre pieds de longueur, avec un ressort si difficile qu'une personne sans expérience peut à peine le plier suffisamment pour tendre la corde. Bien entendu, différentes tribus portent des arcs de différentes longueurs, les Sénèques ayant le plus long. Les meilleurs bois pour fabriquer des arcs sont l'oranger Osage, le caryer, le frêne, l'orme, le cèdre, le prunier et le cerisier ; certains d'entre eux sont renforcés avec des tendons et de la colle. Presque toutes les tribus ont trois tailles, la plus grande étant utilisée à des fins de guerre, et tant qu'un Indien ne peut pas manier cet arc de guerre, il n'est pas considéré comme ayant le droit d'être appelé guerrier.

Certains prétendent que les Sioux et les Corbeaux fabriquent les meilleurs arcs, bien que les Apaches se rapprochent du classement. Lorsque l'arc des Sioux n'est pas tendu, c'est un morceau de bois droit, tandis que les Apaches et les Indiens du Sud font un parfait arc de Cupidon. Les corbeaux utilisent souvent des cornes d'élan comme matériau et les sculptent magnifiquement. Les Sioux, pour rendre le morceau de bois droit plus élastique, enfilent les dos avec des tendons. Souvent, ceux-ci sont magnifiquement perlés et recouverts de cuir, ce qui égale, en tant qu'œuvre d'art, les arcs élaborés en corne d'élan fabriqués par les corbeaux. Les arcs des Comanches sont recouverts de tendons, tout comme ceux des Apaches. Le but de la pratique est de permettre à l'archer de tendre l'arc avec un effet soudain et instantané. Il est rare que l'Indien ait besoin de lancer une flèche à une grande distance.

Un sauvage non civilisé

L'arc de l'Indien occidental est petit et apparemment insignifiant, même si son propriétaire le rend très puissant. Depuis son enfance, il s'y est habitué, jusqu'à ce qu'il soit devenu, pour ainsi dire, une partie intégrante de sa nature.

L'Indien étudie pour tirer la plus grande puissance du plus petit compas possible, et il trouve un arc court à cheval beaucoup plus facile à utiliser et beaucoup plus fiable dans son exécution. Dans le Far West, les arcs sont en grande partie constitués de frêne et sont doublés de couches de tendons de buffle ou de cerf sur le dos. Les Pieds-Noirs utilisent des arcs en os très précieux. D'autres tribus utilisent les cornes des moutons de montagne. Parfois, les arcs en os rapportent de très grosses sommes d'argent, et on a remarqué des transactions dans lesquelles la contrepartie pour l'un d'entre eux était une paire de poneys, avec cinq livres de beurre en guise de contrepoids.

Un Indien athlétique monté sur un cheval léger peut réaliser des exécutions terribles avec un de ces arcs qui, même à notre époque de fusils à répétition, ne doivent en aucun cas être méprisés comme une arme. Personne ne peut estimer la force d'un lancer de l'un d'eux lorsqu'un archer artistique est aux commandes. Les effets d'une blessure causée par une flèche sont si pénibles qu'il est assez courant d'accuser un Indien d'utiliser des flèches empoisonnées, alors qu'il est possible qu'une idée aussi diabolique ne lui soit jamais venue à l'esprit. Seuls ceux qui ont chevauché aux côtés d'un chasseur indien savent vraiment à quel point un tir de flèche est bien plus puissant que ce que l'homme moyen ne suppose.

En temps de guerre, les Indiens s'armaient encore en partie d'un arc, d'un carquois, d'une lance, d'une massue de guerre et d'un bouclier. Les tribus du Nord-Ouest aiment se battre à l'arc et à la lance, protégées par un bouclier. Ce bouclier se porte à l'extérieur du bras gauche, à la manière du bouclier romain et grec.

Les Indiens de l'Ouest aiment plus l'équitation que les tribus de l'Est et ont appris à manier leurs armes à cheval. On leur apprend à tuer le gibier en courant à toute vitesse et ils préfèrent se battre à cheval. Certains d'entre eux sont de grands lâches lorsqu'ils sont démontés, mais assis sur un poney indien, ils ne se laissent pas intimider.

C'est une erreur de supposer que les pointes de flèches ne sont plus fabriquées ; l'art de les façonner n'est pas perdu. Presque chaque tribu fabrique le sien. Les boules de silex sont brisées à l'aide d'une masse faite d'un galet arrondi de pierre cornée serti dans une extrémité torsadée. On pense que cet os est la dent du cachalot. Dans l'Oregon, la flèche indienne est encore pointue avec du silex. Les Iroquois utilisaient également le silex jusqu'à ce qu'ils abandonnent la flèche faute de quoi chasser. La jeunesse iroquoise, bien que le fusil ait été largement introduit dans sa tribu, n'en veut pas, mais se met naturellement à l'arc et aux flèches. L'acier pour les pointes de flèches est fourni par les commerçants de fourrures des montagnes Rocheuses, et les têtes de fer sont souvent fabriquées à partir de vieux cerceaux de tonneau, façonnés avec un morceau de grès. Lors du tir à l'arc et aux flèches à cheval, le cheval indien apprend à s'approcher de l'animal attaqué du côté droit, permettant ainsi à son cavalier de lancer la flèche vers la gauche. Buffalo Bill était un adepte de l'abattage du gibier à cheval, et il gagna son grand pari de tuer le plus grand nombre de buffles, en suivant la coutume des Indiens et en tirant à gauche. Le cheval s'approche de l'animal, son licol pendant librement autour de son cou, amenant le cavalier à trois ou quatre pas du gibier, lorsque la flèche ou la balle de fusil est envoyée avec facilité et certitude à travers le cœur.

Les Indiens qui ont aujourd'hui l'occasion de monter à cheval s'exercent encore avec une lance de douze ou quinze pieds de longueur. Dans leurs jeux de guerre et leurs danses, ils apparaissent toujours avec cette lance et ce bouclier. Les lances sont modernes et ont une lame en acier poli , et les boucliers sont en peau. Ceux d'ancienne marque sont en col de buffle. La peau est imbibée et durcie avec une colle extraite des sabots. Les boucliers sont à l'épreuve des flèches et peuvent renvoyer un coup de fusil s'ils sont tenus obliquement, ce que l'Indien peut faire avec une grande habileté. Comme il n'y a pas de guerre ni d'occasion d'utiliser ces armes, sauf dans les jeux d'entraînement, beaucoup d'Indiens, pour quelques bouteilles d'« eau de feu », ont vendu leurs meilleurs boucliers, et maintenant on les voit dispersés à travers le pays. pays, conservés comme curiosités.

Il est insensé de supposer que les Indiens ont totalement ou partiellement supprimé leurs coutumes barbares. Lors de leurs célébrations, c'est leur grande joie de se débarrasser de leurs vêtements et de peindre leur corps de toutes les couleurs de l'arc-en-ciel, de porter des cornes sur la tête et de se rendre aussi hideux que possible. Le jeu des flèches est introduit - il n'y a jamais de démonstrations avec les armes modernes - et l'homme est estimé entre tous ceux qui peuvent lancer le plus grand nombre de flèches dans le ciel avant que la première ne tombe. A la chasse, les Sioux tuent les rats musqués avec des lances, comme ils le faisaient autrefois avec les buffles, réussissant à s'en approcher en s'habillant de peau de loup et en se mettant à quatre pattes. Il y a des Indiens qui, à cheval, attaqueraient et tueraient un ours avec une lance, mais qui auraient peur de molester l'animal à moins d'avoir le poney indien comme moyen de s'échapper.

Les pointes de flèches en chert utilisées pour la chasse sont particulièrement attachées, afin de faire tourner la flèche. Les Indiens plument la flèche dans le même but et sculptent également la tige de la flèche avec une rainure en spirale. Il ne s'agit pas, comme on l'a supposé, de faire sortir le sang de la blessure, mais de faire porter la flèche.

Chaque tribu a sa propre flèche. On prétend que les Pawnees sont les meilleurs fabricants. Les Comanches garnissent leurs flèches de deux plumes

; les Navajos, les Utes et tous les Apaches, à l'exception des Tontos , ont trois plumes, les Tontos utilisant quatre plumes pour chaque tige. La flèche d'oiseau est la plus petite réalisée.

"Je me suis entraîné", dit un voyageur, "pendant des heures avec les Utes, essayant en vain de blâmer la torsion de la flèche à plumes pour mes mauvais tirs. Les Indiens disent que la sculpture et les plumes sont disposées de manière à donner à la flèche le mouvement correct, et un vieux chef, voyant la torsion du canon du fusil par laquelle la balle tourne de la même manière, prétendit que l'homme blanc avait volé son idée à l'Indien.

Les pierres, avec des rainures sur leur plus grande circonférence, sont fixées à un manche par une corde ou une lanière et deviennent des massues de guerre. Ce sont des armes dangereuses entre les mains d'un Indien. Les Tomahawks, fabriqués par des hommes blancs, ont en quelque sorte succédé au club de guerre, car on prétend que le fusil possède l'arc et les flèches. Les tomahawks récents pris aux Indiens portent une marque anglaise . Ils coûtaient à l'origine environ 15 cents et étaient vendus aux Indiens pour rien de moins qu'un cheval, et peut-être deux.

Le chef « Wolf », un Crésus indien et le Vanderbilt des hommes rouges, bien qu'il vaille plus de 500 000 $ et conduise parfois dans un élégant carrosse, s'accroche étroitement à son tipi, démontrant toujours la partie sauvage de sa vie.

Il vit à Fishhook Bay, sur la rivière Snake, dans l'État de Washington. Il appartient aux Indiens Palouse Snake, et bien qu'il ait une maison confortable, il n'y dort jamais, mais va au tipi, quel que soit le mauvais temps. À l'époque où les buffles étaient nombreux, "Wolf" était un grand chasseur. Il raconte l'histoire de la conduite de 3 000 bisons sur une falaise près du Serpent, où ils ont tous été tués par la chute. Cela est censé être vrai, car jusqu'à des années plus tard, l'endroit était une masse d'ossements. Bien qu'il possède ses fusils et toutes les armes à feu modernes, lui et ses enfants s'accrochent aux armes de guerre primitives.

La correspondance entre les gouvernements des États-Unis et du Mexique au sujet du meurtre brutal de deux hommes par les Indiens Seri semble montrer que certains au moins des Indiens d'Amérique du Nord n'ont rien gagné du tout des influences civilisatrices qui sont censées s'être étendues. pendant tant d'années. Cet acte n'avait d'autre mobile que la pure méchanceté. Aussi petite que soit la tribu de Seris - elle ne compte qu'environ 200 âmes - ces sauvages sont les plus assoiffés de sang d'Amérique du Nord. Depuis longtemps, ils terrorisent Sonora, mais le gouvernement mexicain semble impuissant à les contrôler.

La tribu a reçu récemment la visite d'une expédition du Bureau d'Ethnologie, qui vient de rentrer à Washington avec des informations très intéressantes. Le professeur WJ McGee, qui dirigeait le parti, déclare : « Il est entendu que les Seris sont des cannibales – en tout cas, ils mangent tous les hommes blancs qu'ils peuvent tuer. Ils sont cruels et traîtres au-delà de toute description. C'est exactement la même chose que celle d'un homme blanc envers un serpent à sonnettes : ils le tuent naturellement, à moins qu'ils ne soient retenus par la peur. Ils ne combattent jamais dans une guerre ouverte, mais sont toujours en embuscade . C'est leur coutume d'assassiner quiconque, blanc, rouge ou mexicain, qui s'aventure à pénétrer sur le territoire qu'ils appellent le leur. »

À bien des égards, les Seris constituent la tribu sauvage la plus intéressante de l'Amérique du Nord. Ils sont décidément plus primitifs à leur manière que tous les autres Indiens, n'ayant pratiquement aucun art digne d'être mentionné. En fait, ils n'ont pas encore atteint l'âge de pierre. Le seul instrument en pierre d'usage courant parmi eux est un marteau grossier de ce matériau, qu'ils emploient pour battre l'argile afin de fabriquer une sorte de poterie fragile et particulière. Lorsqu'une des squaws souhaite préparer un repas de haricots mesquites et qu'elle n'a pas d'ustensile à cet effet, elle regarde autour d'elle jusqu'à ce qu'elle trouve un rocher avec une surface supérieure commodément creuse, et dessus elle place les haricots en les martelant avec un marteau. pierre ordinaire.

Les Seris vivent sur l'île de Tiburon, dans le golfe de Californie. Ils revendiquent également 5 000 milles carrés du continent de Sonora. Leurs habitations sont les plus grossières qu'on puisse imaginer. Un rocher fortuit sert ordinairement d'un mur de l'habitation ; les pierres sont empilées de manière à former un petit enclos, et la carapace d'une seule grande tortue fait office de toit. La maison est toujours ouverte d'un côté et n'est pas destinée à servir d'abri contre les tempêtes, mais surtout à se protéger du soleil. Les hommes et les femmes portent un seul vêtement semblable à un jupon, fait de peau de pélican ; les enfants sont nus. Non loin de Tiburon, qui mesure environ trente milles de long sur quinze milles de large, se trouve une île plus petite où se perchent en grand nombre de pélicans. Les Seris y vont la nuit et, avec des bâtons, renversent autant d'oiseaux qu'ils le souhaitent.

Ces Indiens sont friands de charognes. Peu importe qu'un cheval soit mort de mort naturelle il y a une semaine ou un mois, ils en dévorent la chair avec avidité. Les pattes de l'animal sont bouillies jusqu'à ce que ces parties soient suffisamment tendres pour mordre. Les Seris comptent parmi les sauvages les plus sales. Leurs habitudes sont sales à tous égards. Ils semblent n'avoir presque aucun divertissement, bien que les enfants jouent avec les poupées les plus grossières. Avant l'arrivée des Blancs, ils utilisaient des morceaux de coquillages comme instruments de coupe. Ils ont l'habitude de tuer les cerfs en courant et en entourant les animaux. Aucune tradition suffisamment intéressante pour justifier l'enregistrement sous forme imprimée ne semble exister parmi ces personnes. L'ornement le plus intéressant que l'on puisse voir sur n'importe quel membre de la tribu était un collier de cheveux humains, orné de crécelles de serpents à sonnettes, qui abondent dans le territoire infesté de ces restes de tout ce qu'il y a de plus répréhensible parmi les hommes rouges aborigènes de ce continent.

Physiquement parlant, les Seris sont des plus remarquables. Ils sont de grande stature, les hommes mesurent en moyenne près de six pieds et ont une poitrine splendide. Mais le point le plus remarquable chez eux sont leurs pattes, qui sont très fines et musclées, ressemblant à celles du cerf. Depuis l'arrivée des Espagnols, les autres tribus les appelaient les coureurs. On dit qu'ils peuvent courir de 150 à 200 miles par jour, sans s'arrêter pour se reposer. Le lapin jack est considéré comme un animal très léger, mais ces Indiens ont l'habitude d'attraper les lapins jack en les dépassant.

A cet effet, trois hommes ou garçons se réunissent. Si le lapin s'enfuyait tout droit du poursuivant, il ne pourrait pas être capturé, mais son instinct est de faire son vol en zigzags. Les chasseurs se disposent à une courte distance les uns des autres. Aussi vite que l'un d'eux fait démarrer un lapin, un deuxième Indien court aussi vite qu'il peut le long d'une ligne parallèle à la course suivie par l'animal. Bientôt, le lapin aperçoit le deuxième Indien et s'élance sur une tangente. A ce moment-là, le troisième chasseur est arrivé et donne un autre tour à la proie. Après le troisième ou quatrième zigzag, le lapin est encerclé et les chasseurs se rapprochent rapidement de lui et l'attrapent.

Il est étrange que cette méthode pour attraper les lapins soit exactement la même que celle adoptée par les coyotes, qui fonctionnent de la même manière par trois. Par cette stratégie, ces chiens sauvages capturent les lapins, bien que ces derniers soient de loin plus agiles. On pense qu'aucun autre être humain ne s'approche du Seris avec une rapidité de mouvement. Un sport préféré des garçons est le lasso des chiens. Les métis bâtards sont les seuls animaux domestiqués par ces peuples sauvages. Pour s'amuser, les garçons emmènent leurs chiens dans un endroit dégagé et les conduisent dans toutes les directions, puis ils capturent les animaux effrayés en courant et en lançant les lassos faits de cheveux humains. Ils n'ont aucune difficulté à dépasser les chiens.

Un jour, une troupe de garçons revenant avec leurs chiens après s'être adonnés à ce jeu, passa près d'un buisson où se trouvaient trois ou quatre merles ; en apercevant les oiseaux, ils se précipitèrent vers le buisson et essayèrent de les attraper avec leurs mains ; ils n'y réussirent pas, même si l'un des oiseaux ne s'en sortit qu'avec la perte de plusieurs plumes. Certaines femmes de la tribu regardaient et se moquaient des garçons pour leur échec.

Les garçons étaient si mortifiés qu'ils ne sont pas allés au camp, mais sont allés s'asseoir seuls à l'ombre d'un buisson de bois gras. Quel homme ou garçon blanc penserait à attraper des merles de cette manière ? Pourtant, l'échec d'une tentative de ce genre est l'exception et non la règle. Les Seris capturent souvent les oiseaux de cette façon.

Monsieur Encinas fut le pionnier dans cette région. Il trouva de bons pâturages sur le territoire revendiqué par les Seris et y installa ainsi son élevage. Il amena avec lui des prêtres pour convertir les sauvages et en attrapa quelques-uns pour les former comme interprètes. Le projet de civilisation des Indiens s'est avéré un échec. Ils ne se souciaient pas de devenir chrétiens et ils tuèrent les bêtes du Señor . Finalement, le Señor a décidé d'adopter une nouvelle procédure. Il convoqua les Indiens à un conseil, tous ceux qui viendraient, et les informa qu'à partir de ce moment, lui et ses vaqueros tueraient un Indien pour chaque tête de bétail tuée. En même temps, il renvoya les prêtres et engagea un nombre supplémentaire de vaqueros.

Les Indiens ne prêtèrent aucune attention à l'avertissement et, quelques jours plus tard, ils tuèrent plusieurs têtes de bétail. Sans tarder, le Señor et ses hommes ont rassemblé et tué un nombre correspondant de Seris . Puis il y a eu la guerre. Les sauvages tendirent des embuscades, mais ils n'avaient que des arcs et des flèches, et les vaqueros combattirent vaillamment avec leurs fusils. Chaque embuscade s'est avérée désastreuse pour les Indiens. Finalement, les Seris tendirent une grande embuscade, et il y eut une bataille qui aboutit à la mort de soixante-cinq sauvages. La leçon s'est avérée suffisante et les Indiens étaient heureux de conclure une paix permanente, convenant qu'aucune autre déprédation contre le Señor ou ses biens ne devait être tentée. Du début à la fin, les combats durent dix ans.

Après l'assassinat des deux Américains, les Seris eurent très peur des représailles. Pendant un bon moment, ils n'osèrent pas venir au ranch de Señor Encinas , mais enfin une vieille femme vint dans le but philosophique de voir si elle allait être tuée. Elle a été bien traitée et est partie. Finalement, la confiance fut rétablie et une soixantaine de sauvages vinrent visiter les lieux.

Aucun autre peuple en Amérique du Nord n'a aussi peu de conceptions de la civilisation que les Seris . Ils n'ont absolument aucune agriculture. Comme on peut le constater, ils ne mettent jamais une graine en terre ni ne cultivent une plante. Ils vivent presque entièrement de poissons, d'oiseaux aquatiques et du gibier qu'ils tuent sur la terre ferme. Le gibier comprend de grands cerfs, comme les queues noires, et des espèces exquises de cerfs nains, de la taille d'environ un faon de trois mois, des pécaris , des dindons sauvages, des chiens de prairie, des lapins et des cailles. Ils capturent de très grosses tortues vertes dans le golfe de Californie. Haricots mesquite, ils mangent à la fois cuits et crus. Le mesquite est un petit arbre qui porte des graines en gousses.

La danse du serpent est une autre preuve de l'échec relatif de la civilisation à civiliser. Cela se voit principalement au voisinage du Grand Cañon du Colorado. Des serpents à sonnettes venimeux sont utilisés dans la danse, qui a lieu chaque année. Des centaines de serpents sont capturés pour l'occasion, et quand le grand jour arrive, les dévots se précipitent dans le corral et chacun s'empare d'un hochet pour son usage. Des autorités fiables qui ont été témoins de cette danse garantissent que les serpents ne sont en aucun cas privés de leur pouvoir d'implanter leurs crocs venimeux dans la chair des danseurs. Il semble même que plus les morsures sont nombreuses, plus les participants sont ravis, qui tiennent les reptiles avec la plus grande insouciance et leur permettent de frapper où bon leur semble, et de planter impunément leurs horribles crocs dans les parties les plus vulnérables. . Une fois la danse terminée, les serpents sont ramenés dans les bois et rendus à leur liberté, la superstition prévalant selon laquelle pendant un an, les reptiles protégeront la tribu de tout mal ou souffrance.

Le principal intérêt attaché à cette danse est le secret qui fait que les danseurs ne meurent pas rapidement. Personne ne doute du pouvoir mortel du serpent à sonnette. Certains pensent que des boissons libérales à base de whisky servent d'antidote, tandis que les Mexicains et certaines tribus indiennes prétendent connaître une herbe qui prolongerait également la vie d'un homme piqué par un serpent et apparemment voué à une mort prématurée. La tradition nous dit qu'aux fins de cette danse, un antidote spécial a été transmis d'année en année et de génération en génération par les prêtres des Moquis . On raconte qu'un des anciens patriarches s'est fait confier le secret sous la promesse et la menace d'un secret inviolable. Par lui, elle a été perpétuée avec beaucoup de soin, étant toujours connue de trois personnes, le grand prêtre de la tribu, son vice-régent et successeur proclamé, et la femme la plus âgée d'entre eux. À la mort de l'un des trois dépositaires du secret, le nombre est constitué de la manière ordonnée par les rites de la religion tribale, et révéler le secret de toute autre manière équivaut à provoquer une mort soudaine et horrible.

Pendant les trois jours passés par les danseurs à chasser les serpents, on affirme que la décoction secrète leur est administrée librement, et qu'en conséquence ils manient les reptiles en toute confiance. Lorsqu'ils sont mordus, il y a une légère irritation mais rien de pire. D'un autre côté, les morsures de serpents causent souvent de lourdes pertes en vies humaines au cours de l'année, car l'antidote sacré n'est utilisé qu'à l'occasion indiquée pour laquelle il a été, selon la légende, spécialement préparé ou sa nature révélée.

Les personnes vivant presque en vue du Grand Cañon varient autant dans leurs habitudes et leur physique que le paysage et le contour général du Cañon varient en apparence. Les Cliff Dwellers et les Pueblos n'impressionnent généralement pas l'étranger par leur développement physique et ne sont pas non plus, en moyenne, exceptionnellement grands ou lourds. Il existe cependant de petites tribus chez lesquelles le développement physique a été et est encore une caractéristique importante. Contrairement aux Pueblos, ces hommes plus grands portent peu de vêtements, de sorte que leur développement musculaire et la taille de leurs membres sont plus visibles. Chasseurs naturellement doués, ces puissants membres de la race humaine gravissent et descendent les précipices les plus dangereux et mènent une vie presque idéale dans les endroits les plus inaccessibles.

Les Indiens Maricopa doivent être comptés parmi ceux dont l'aspect général semble susciter l'admiration, même si l'on peut regretter l'absence de civilisation et d'éducation générales. Ces hommes sont pour la plupart honnêtes, voire travailleurs, et ils ne sont en aucun cas des voisins désagréables. Tout près d'eux se trouvent les maisons de petits Indiens, qui ont réduit la spéculation à un art raffiné et qui volent selon des principes généraux. Nous avons tous entendu parler du petit garçon qui préfère voler les pauvres pommes de l'arbre de son voisin plutôt que d'en ramasser de bonnes dans le verger de son père. La même idée semble prévaloir chez ces Indiens. Ils passent fréquemment plusieurs heures, voire la plus grande partie de la journée, à manœuvrer pour obtenir un petit article ne valant que quelques centimes à n'importe qui .

Ils ont une façon de s'attirer les bonnes grâces des touristes blancs et de proposer de servir de guides non seulement vers des endroits d'une beauté particulière, mais aussi vers des mines de grande valeur. Lorsqu'ils réussissent à convaincre des étrangers de leur fiabilité, ils sont heureux et commencent immédiatement à montrer les caractéristiques particulières de leur race. Les mouchoirs de poche, les bas et les chapeaux sont censés être les articles qu'ils recherchent avec le plus de vigueur. Ils ne sont cependant pas exigeants quant à ce qu'ils sécurisent, et tout ce qui reste sans surveillance pendant seulement quelques heures, voire quelques minutes, sera certainement manqué. Les avantages ainsi obtenus ou conservés sont considérés comme un trésor. Lorsqu'ils sont accusés d'avoir volé quoi que ce soit, ils nient avoir eu connaissance du délit et protestent de manière amusante de leur innocence. Cependant, lorsqu'une preuve convaincante est obtenue et que l'article manquant est découvert, le voleur reconnu coupable considère qu'il s'agit d'une bonne plaisanterie et se moque de bon cœur de la crédulité et de l'insouciance de l'homme blanc.

CHAPITRE X.

COMMUNISTES D'ANCIEN TEMPS.

Maisons sur les rochers et les collines de sable--Combien de familles ont habité ensemble dans l'unité--Particulaires des costumes--Architecture des Pueblo et traditions populaires--Une lutte historique et comment elle s'est terminée--Légendes concernant Montezuma--Curieuses cérémonies religieuses.

Le peuple le plus singulier de notre pays natal est peut-être les Pueblos, qui vivent au Nouveau-Mexique entre les rivières Grande et Colorado. Lorsque Coronado, le grand explorateur, parcourut le territoire il y a 450 ans, il trouva ces gens dans un état de civilisation au moins relative. Ils vivaient dans de grandes maisons, chacune pouvant accueillir plusieurs familles, et solidement bâties. Même s'ils avaient pour voisins les plus proches des bandes de voleurs errants, ils étaient capables de se défendre contre tout venant et étaient contents et prospères. Leurs armes, bien que primitives, étaient assez scientifiques et étaient maniées avec beaucoup d'habileté et de bravoure.

Pendant deux ans, ils purent résister aux envahisseurs espagnols dans leurs « casas- grandes ». On avait rapporté aux commandants espagnols qu'à plusieurs centaines de kilomètres au nord se trouvait un grand empire nommé Cibola, qui comptait sept grandes villes. Il y avait de longues rues dans lesquelles résidaient seulement des orfèvres et des orfèvres ; des palais imposants se dressaient dans les faubourgs, avec des portes et des colonnes d'un turquoise pur ; les fenêtres étaient faites de pierres précieuses brillamment polies. Lors des somptueuses fêtes du prince du pays, des esclaves enchanteurs servaient les friandises les plus délicates sur des plats dorés. Il y avait des montagnes d'opale s'élevant au-dessus de vallées se délectant de joyaux, avec des ruisseaux de cristal dont le fond était constitué de sable d'argent pur.

La déception des Espagnols était grande. On y trouva un certain nombre de grands villages indiens dont les habitants subsistaient des fruits d'une agriculture primitive. La frugalité et l'économie des Pueblos excitèrent l'intérêt des voluptueux Espagnols. L'architecture particulière des villages et des maisons suscitait également leur admiration. Pris dans leur ensemble, les cercles de maisons ressemblaient aux cellules d'un nid de guêpes, dont on atteignait les étages supérieurs par une échelle grossière. L'entrée ne pouvait être obtenue que par une petite ouverture dans le toit, pas même sur les côtés donnant sur les rues contenant des portes. Quelques fenêtres fortement grillagées servaient de hublots pour leurs flèches. Ces constructions particulières en terre cuite sont encore à la mode dans des villes anciennes comme Suni , Taos et autres.

Situés comme l'étaient les villages Moqui et Acoma, au sommet d'un rocher inaccessible, les Espagnols désespéraient de les conquérir. Le prétendu Cibola ne s'étant pas déroulé comme prévu, ils n'ont pas cherché de renfort et ont laissé les Pueblos en paix. Ce n'est que vers la fin du XVIe siècle que les Pueblos durent se soumettre à la domination espagnole, sous laquelle ils restèrent jusqu'en 1848, date à laquelle le territoire englobant le Nouveau-Mexique et l'Arizona fut cédé aux États-Unis.

À certains égards, la suprématie espagnole s'est avérée bénéfique pour les Indiens. Ils ont pratiquement conservé leur indépendance. De nombreuses innovations dans leur vie et leurs coutumes peuvent être retracées à partir de cette période. Les seules créatures domestiques de leurs villages étaient de grandes dindes, dont les plumes servaient d'ornements de tête aux guerriers ; mais des chevaux, des vaches, des moutons, des chèvres, des chiens et enfin, mais non des moindres, les indispensables burros ont été ajoutés à leur cheptel domestique.

Le changement le plus important dans leur mode de vie communiste date de l'annexion du Nouveau-Mexique aux États-Unis et de l'introduction des chemins de fer. Leurs voisins hostiles, les Apaches, Comanches , Kiowas et Navajos, étaient confinés dans leurs propres réserves.

Se sentant en sécurité sous la puissante protection du gouvernement, ces gens pacifiques ont commencé à abandonner leur ancien mode d'existence communiste dans leurs étranges demeures. Jusqu'à récemment, des familles nombreuses vivaient dans la promiscuité dans les nombreux appartements d'une même maison, auxquels on ne pouvait accéder que par une petite ouverture pratiquée dans le toit. Des chalets plus modernes sont désormais construits pour les familles unifamiliales ; l'agriculture est également pratiquée à grande échelle et, dans certaines régions, la culture du raisin et des fruits est tentée avec de bons résultats.

Tous les villages sont caractérisés par un certain monopole industriel. Dans l'un d'eux, par exemple, on fabrique la poterie pour tous les Pueblos ; dans d'autres, comme les villages Moqui , tout le monde est employé à la confection de couvertures en poils de chèvre finement tissées, métier dans lequel beaucoup sont de grands experts. Bien qu'un grand nombre d'entre eux se livrent à la vente de couvertures et de produits indiens dans la partie sud-ouest de l'Union, dans les mines d'or de Californie, dans les colonies mormones, dans les petites gares ferroviaires d'Arizona, l'Indien Pueblo moyen préfère une vie sédentaire. Il est domestique dans ses habitudes et aime sa famille, son bétail, sa ferme et ses voisins aussi tendrement que ses frères au visage pâle. Et n'a-t-il pas de bonnes raisons de se réjouir et de se contenter de son sort ? N'a-t-il pas une épouse fidèle et charmante ? Il existe de jolies filles aux contours parfaits parmi les Indiens Pueblo, notamment dans les villages Tigua . Ses joyeux enfants, qui s'amusent sur les immenses collines de sable, ne sont-ils pas obéissants et respectueux en sa présence ? L'esprit impudent de la jeune Amérique n'a pas encore exercé ici sa funeste influence.

Comme les ménages sont scrupuleusement propres ! Les bonnes ménagères des Pays-Bas ne surpassent pas les squaws Pueblo en matière de propreté. Les sols sont toujours soigneusement balayés ; tout le long des murs des pièces spacieuses, les sièges et les canapés sont recouverts de tapis finement bigarrés ; les murs sont décorés avec goût de tableaux et de miroirs, et les grands placards sont remplis de fruits, viandes, pâtisseries et gelées luxueux. Des milliers de soutiens de famille blancs dans les grandes villes envieraient ces Indiens s'ils pouvaient constater leur richesse relative et leur état manifestement satisfait. Et ils n'obtiennent pas tout cela sans un labeur fatigant. La terre est aride et sèche, ce qui les oblige à irriguer à travers de longs canaux à partir de ruisseaux éloignés, et les hommes n'ont jamais peur du travail.

La poterie Pueblo d'aujourd'hui ne diffère que peu de celle du XVIe siècle. Dans les villages de potiers, le travail est effectué principalement par des hommes assis sur la large plate-forme ombragée et façonnant leurs immenses récipients à l'imitation des êtres humains et de toutes les formes animales imaginables. La bouche de forme grotesque est généralement destinée à l'ouverture par laquelle l'eau, la soupe ou le lait est versé.

Les squaws assument de plus en plus les occupations de la ménagère moderne, bien qu'elles continuent à moudre leur maïs dans les auges en pierre utilisées il y a des centaines d'années et à cuire leur pain en fines couches sur des pierres chaudes et incandescentes. Les couturiers et les tailleurs mendient encore parmi les Pueblos, et aucune attention n'est accordée aux dictateurs parisiens de la mode. La bonne squaw Pueblo coupe, ajuste et coud tous les vêtements de la famille, qui étaient autrefois composés principalement de cuir. La garde-robe de son mari se compose désormais de quelques chemises multicolores, d'une ou deux paires de pantalons en cuir avec des boutons argentés, des mocassins et une couverture sur les épaules.

Le couvre-chef, s'il en est porté, comme c'est souvent le cas, est simplement un grand mouchoir coloré. Les filles sont généralement habillées comme les filles des agriculteurs du Sud, mais elles refusent de se débarrasser des bloomers, sur lesquels les jupons sont portés un peu en dessous des genoux. Ces pantalons en cuir sont une nécessité dans un pays où les serpents et insectes venimeux abondent dans les jardins et les champs. Pour voir une fille Pueblo à son meilleur, elle doit être surprise par des potins animés parmi une bande d' amies , ou lorsqu'elle est engagée dans des rires joyeux au travail. Ensuite, les yeux noirs expressifs et profonds scintillent et les dents blanches offrent un contraste scintillant avec ses fines tresses, yeux et sourcils noirs. Les Indiens Pueblo doivent être félicités en particulier pour un fait : ils ont permis leur perfectionnement moral grâce à l'action des missionnaires en robes noires et des professeurs d'école venus de l'Est, mais aussi parce qu'ils sont l'une des rares tribus qui ont résisté aux politiques sans conscience. des coquins qui détruisaient leurs maisons à coups d'« eau de feu » et d'appareils de jeu.

La Belle du Pueblo

Un grand nombre d'anciennes maisons communales à plusieurs étages et à nombreuses chambres sont dispersées dans tout le Nouveau-Mexique, dont trois des plus importantes sont Isletta , Laguna et Acoma. Isletta et Laguna sont à un jet de pierre du chemin de fer, respectivement à dix milles et soixante-six milles au-delà d'Albuquerque, et Acoma est accessible depuis Laguna ou Bubero par un trajet d'une douzaine de milles. Les habitants autochtones des pueblos, une race intelligente, complexe, travailleuse et indépendante, sont une anomalie parmi les autochtones d'Amérique du Nord. Ils sont hébergés aujourd'hui dans les mêmes structures dans lesquelles leurs ancêtres ont été découverts, et en trois siècles et demi de contact avec les Européens, leur mode de vie n'a pas sensiblement changé.

Les tribus indiennes qui parcouraient les montagnes et les plaines sont devenues des pupilles du gouvernement, dégradées et privées de la dignité qu'elles possédaient autrefois, attribuez quelle que soit la cause de leur condition actuelle. Mais l'Indien Pueblo a absolument conservé l'intégrité de son individualité, se respecte et se suffit à lui-même. Il accepta la forme de religion professée par ses conquérants espagnols, mais sans abandonner la sienne, et c'est pratiquement la seule concession que son conservatisme persistant ait jamais faite à l'influence extérieure.

Des efforts laborieux ont été déployés pour pénétrer la réserve avec laquelle est gardée la vie intérieure complexe de cet étrange enfant du désert, mais elle se trouve comme un vaste et sombre continent derrière un rivage à peine visible, et il habite dans le bord sombre d'une nuit. cela ne donne aucun rayon pour dire son origine. C'est un véritable païen, enveloppé dans des nuages apparemment denses de superstition, riche en légendes fantaisistes et profondément cérémonieux dans sa religion. Ses dieux sont innombrables. Même les anciens Grecs ne possédaient pas d'Olympe plus peuplé. Sur cette hauteur austère mais familière, les dieux de la paix et de la guerre, de la chasse, de la récolte abondante et de la famine, du soleil, de la pluie et de la neige, coudent mille autres pour se tenir debout. La trace du serpent a également traversé son histoire, et il colore ses poteries avec une imitation de ses écailles et donne au serpent à sonnette une place importante parmi ses divinités. Incontestablement païen, mais la pureté et le bien-être de ses communautés supporteront une comparaison favorable avec ceux du monde éclairé.

Il est courageux, honnête et entreprenant dans les limites fixées de sa petite sphère ; sa femme est vertueuse, ses enfants sont dociles. Et si la terre entière était débarrassée de tout être vivant, à l'exception de quelques lieues entourant sa maison tribale, sa vie ne montrerait aucune sorte de perturbation. Il n'entendrait probablement jamais parler d'un événement aussi insignifiant. Il continuerait alternativement à travailler et à se détendre dans des jeux festifs, à vénérer ses dieux et à élever ses enfants dans une vie d'industrie et de contentement, tant il est anormal, si fermement établi dans une indépendance absolue.

L'architecture Pueblo ne possède aucune des ornementations élaborées trouvées dans les ruines aztèques du Mexique. L'extérieur de la maison est absolument simple. Il s'élève parfois sur sept étages et contient plus d'un millier de pièces. Dans certains cas, il est construit en adobe - blocs de boue mélangés à de la paille et séchés au soleil, et dans d'autres, en pierre recouverte de ciment de boue. L'entrée se fait au moyen d'une échelle, et lorsque celle-ci est tirée vers le haut, le cordon du loquet est considéré comme retiré.

Le pueblo des pueblos est Acoma, une ville sans égal. Il est construit sur le sommet d'une table rocheuse, avec des côtés érodés en surplomb, à 350 pieds au-dessus de la plaine, qui est à 7,000 pieds au-dessus de la mer. Autrefois, selon les traditions des Queres , il se dressait sur la crête de la superbe Mesa Hantée, à trois milles de distance et à environ 300 pieds plus haut, mais sa seule approche fut un jour détruite par la chute d' une falaise et trois malheureuses femmes , qui se trouvaient être les seuls occupants - le reste de la population travaillant dans les champs en contrebas - sont morts de faim, face aux centaines de sans-abri qui, pendant plusieurs jours, ont entouré la mesa inescalade avec des visages tournés vers le haut et angoissés. .

L'Acoma actuelle est celle découverte par les Espagnols ; le pueblo original de la Mesa Encantada étant déjà une tradition ancienne. Elle a 1,000 pieds de longueur et 40 pieds de hauteur, et il y a en outre une église de proportions énormes. Jusqu'à ces derniers temps, on n'y accédait que par un escalier escarpé creusé dans le roc, où les habitants portaient sur leur dos toutes les parcelles des matériaux dont le village est construit. La construction du cimetière dura quarante ans, à cause de la nécessité d'apporter de la terre de la plaine en contrebas ; et l'église a dû coûter le travail de plusieurs générations, car ses murs ont 60 pieds de haut et 10 pieds d'épaisseur, et elle a des poutres de 40 pieds de long et 14 pouces carrés.

Les Acomas accueillirent les soldats de Coronado avec déférence, leur attribuant une origine céleste. Par la suite, après avoir appris le caractère distinctement humain des Espagnols, ils professèrent allégeance, mais tuèrent ensuite sans raison une douzaine d' hommes de Zaldibar . En représailles, Zaldibar, à la tête de trois-vingts soldats, entreprit de prendre d'assaut la citadelle céleste. L'incident n'a pas d'équivalent dans l'histoire américaine, mis à part l'exploit mémorable et similaire de Cortez sur la grande pyramide aztèque.

Après trois jours de lutte au corps à corps, les Espagnols furent vainqueurs de cette forteresse apparemment imprenable et reçurent la soumission des Queres , qui restèrent dociles pendant trois quarts de siècle. Dans cet intervalle, les prêtres sont venus à Acoma et sont restés debout pendant cinquante ans, jusqu'à ce que se produise le soulèvement sanglant de 1680, au cours duquel prêtres, soldats et colons furent massacrés ou chassés de la terre, et tout vestige de leur occupation fut extirpé. Après la resoumission des indigènes par De Vargas, l'église actuelle fut construite, et les Pueblos ne se sont plus rebellés depuis contre la contiguïté de l'homme blanc.

Toutes les nombreuses communautés mexicaines du territoire contiennent des représentants de l' ordre des Pénitentes , qui se distingue par les autoflagellations infligées par ses membres avec excès de zèle piétiste. Contrairement à leurs semblables indiens, ils ne pratiquent pas l'auto-torture pendant de longues périodes, mais seulement un certain jour par an. Alors, nus jusqu'à la taille, ces pauvres fanatiques vont chanter un air douloureux et se frapper sans ménagement dans le dos avec le cactus aux épines acérées ou l'herbe à savon, jusqu'à ce qu'ils deviennent un spectacle révoltant à voir. Souvent, ils sombrent à cause de l'épuisement de souffrances prolongées et de la perte de sang. L'une des cérémonies parmi ces gens particuliers est le port d'une énorme croix de bois lourd sur de longues distances. Les martyrs de conscience et les fidèles religieux portent fréquemment des croix d'un poids immense sur des kilomètres et sont observés avec impatience par des foules de spectateurs excités. L'homme qui pousse ce fanatacisme le plus loin est le héros du jour et reçoit la nomination de chef des cérémonies pour l'année suivante.

De telles cérémonies témoignent de l'extrême ancienneté du peuple et semblent indiquer qu'il devait descendre de tribus qui occupaient une place importante dans le récit biblique. Selon de nombreux historiens compétents, les gens résident dans cette partie du monde depuis au moins mille deux cents ans. En d'autres termes, lorsque Colomb et Americus Vespucius ont découvert et exploré le nouveau monde ou des parties de celui-ci, ces personnes particulières vivaient sur ce continent alors mystérieux depuis la plus grande partie de mille ans.

Selon certaines autorités, ces personnes sont autochtones. Selon d'autres, ils auraient migré depuis un climat lointain. L'antiquité de la Chine est bien connue, et il y a de bonnes raisons de croire que les Moquis et les Zunis sont issus de voyageurs chinois, ou peut-être de pirates, qui, il y a des centaines d'années, ont fait naufrage sur les côtes occidentales de l'Amérique. Une autre théorie veut qu'à l'occasion d'une des nombreuses expulsions ou émigrations de Chine, une bande de Mongols se soit tournée vers le nord et soit entrée en Amérique en traversant le détroit de Behring.

D'autres antiquaires pensent que le Maroc, plutôt que la Chine, était le berceau originel de ces races. Le voyageur est très frappé de la ressemblance entre les us et coutumes des Maures et de certaines des anciennes tribus établies du Nouveau-Mexique. Dans l'habillement et l'architecture, l'idée mauresque prévaut certainement de manière très importante. La toge blanche et le pittoresque turban rouge ressortent bien dans ces ressemblances. Les cruches utilisées pour transporter l'eau sont de type nettement mauresque, et les femmes les portent sur leur tête de cette manière particulière qui est si caractéristique des us et coutumes maures.

L'une des toutes premières traces de ce peuple nous a été laissée par des explorateurs espagnols. Un écrivain qui accompagna l'une des premières expéditions d'Espagne dit : « Nous trouvâmes une grande ville appelée Acoma, renfermant environ 5 000 habitants et située sur un rocher à environ cinquante pas de haut, sans autre entrée que par une paire d'escaliers taillés dans le bois. le rocher, ce dont notre peuple ne s'étonna pas peu. Les principaux hommes de cette ville vinrent paisiblement nous rendre visite, apportant de nombreux manteaux et peaux de chamois, excellemment habillés, et de grandes victuailles. Leurs champs de blé étaient éloignés de deux lieues, et ils. J'allai chercher de l'eau dans une petite rivière pour l'arroser, au bord de laquelle il y avait de grands bancs de roses comme ceux de Castille. Il y avait beaucoup de montagnes pleines de métaux. Nos hommes restèrent trois jours sur place, sur l'une desquels les habitants. a fait devant eux une danse très solennelle, se présentant dans les mêmes vêtements vaillants, utilisant des sports très spirituels, dont nos hommes étaient extrêmement ravis.

Parmi les ruines trouvées ici, l'utilisation précoce de la pierre à des fins architecturales est clairement manifeste, et il existe d'innombrables reliques d'ingéniosité à des époques que nous sommes enclins à considérer avec un grand mépris. Les pointes de flèches en silex, quartz, agate et jaspar peuvent être facilement trouvées par le chasseur de reliques. Les hachettes en pierre et aiguisées d'une manière très unique sont également courantes, et les ancêtres des Pueblos utilisaient sans aucun doute des couteaux en pierre il y a des centaines d'années.

L'une des maisons anciennes les plus intéressantes se trouve dans le Chaco Cañon . Cet édifice mesurait probablement autrefois 300 pieds de long, environ la moitié de sa largeur et trois étages de haut. De la nature des pièces, il est évident que les murs ont été construits en forme de terrasse en grès. Il y avait environ 150 chambres et, à en juger par les habitudes actuelles des gens, au moins 500 êtres humains vivaient dans cette gigantesque pension. Une autre structure très intéressante et de caractère similaire se trouve sur la rivière Upper Grande, à environ deux heures de route de Santa Fe. À l'origine, elle mesurait environ 300 pieds carrés et la plupart des fondations sont encore en assez bon état, bien qu'une grande partie de la partie exposée de la pierre ait cédé peu à peu au frottement causé par les tempêtes de sable continuelles. On estime que plus de 1 000 personnes vivaient dans cette seule maison.

Ces dernières années, on a beaucoup écrit sur les possibilités futures d'économies de dépenses pour un grand nombre de familles occupant une même maison. La plupart de ces idées ont été ridiculisées, car l'expérience a prouvé que les familles vivent rarement confortablement dans des quartiers surpeuplés. Les tribus dont nous parlons, tout en détruisant l'originalité des idées communistes du XIXe siècle, réfutent également les arguments qui leur sont principalement opposés. Dans ces maisons ou colonies singulières, plusieurs familles cohabitent en parfaite harmonie. Il n'existe aucun cas connu de disputes telles que celles que l'on rencontre dans les pensions fréquentées par des Blancs, et sur ce point en tout cas, les tribus Pueblo nous enseignent toute une leçon. Les gens sont d'humeur calme et paisible, et l'un des secrets de leur paisible cohabitation réside dans l'absence de jalousie, caractéristique ou vice qui ne semble pas avoir pénétré dans les maisons sur les falaises, ni avoir souillé les dispositions des gens. ces gens avec une histoire si remarquable et si honorable. Il faut beaucoup de dextérité et d'agilité pour entrer ou sortir d'une maison commune de ce caractère, et une porte, de ce que nous avons tendance à appeler un point de vue civilisé, est inconnue.

Le visiteur découvre un certain nombre de légendes et d'histoires sur ces maisons et les gens qui les habitent. La venue de Montezuma est la grande idée qui imprègne toutes les légendes et histoires. Selon beaucoup de gens, Montezuma aurait quitté le Mexique, dans les temps reculés, dans une pirogue construite en peaux de serpent. Son objectif était de civiliser l'Orient et de supprimer les sacrifices humains. Il communiquait avec le peuple au moyen de cordes dans lesquelles étaient noués des nœuds de la manière la plus ingénieuse. Les nœuds transmettaient la signification du Prophète, et ses messages particuliers étaient transportés de pueblo en pueblo par des messagers rapides, qui prenaient un grand plaisir à exécuter leur tâche.

Un certain nombre de légendes extrêmement romantiques sont centrées autour du Pueblo de Taos, situé à environ trente kilomètres d' Embudo . Taos est considéré comme le spécimen le plus intéressant et le plus parfait d'une forteresse indienne Pueblo. Il se compose de deux maisons communistes, chacune haute de cinq étages, et d'une église catholique romaine (aujourd'hui en ruine) qui se trouve à proximité, bien qu'à l'écart des habitations. Autour de la forteresse se trouvent sept monticules circulaires, qui suggèrent à première vue l'idée d'être l'œuvre de bâtisseurs de monticules. Un examen plus approfondi révèle qu'il s'agit des salles de sudation ou des bains turcs de ce peuple curieux. De ces chambres, la plus grande semble également servir de salle du conseil et de salle mystique, où s'accomplissent les rites particuliers à la tribu (au sujet desquels ils sont très réticents).

Les Indiens Pueblo aiment se parer de couleurs gaies et forment des sujets très intéressants et pittoresques pour l'artiste, surtout lorsqu'ils sont associés à leur environnement pittoresque. Ils sont experts dans la fabrication de poteries, de vanneries et de perles. La grande fête annuelle de ces Indiens a lieu le 30 septembre, et les cérémonies sont d'un caractère particulièrement intéressant.

Le jésuitisme a greffé sa foi sur les superstitions des Montezuma , et il en résulte un fruit curieux. Les rites mystiques des Indiens Pueblo, accomplis au Pueblo de Taos en l'honneur de San Geronimo (Saint Jérôme), chaque 30 septembre suivant, attirent de grands rassemblements de personnes et sont d'un grand intérêt soit pour l'ethnologue, soit pour l'ecclésiastique, soit pour l'ethnologie. touristique. Une brève description ne peut donner qu'une vague idée de ces cérémonies, mais peut servir à éveiller l'intérêt pour la question.

Au petit matin du jour de la Saint-Jérôme, un Indien en robe noire fait une récitation du haut du pueblo à la multitude rassemblée en contrebas. Sur la place se dresse un poteau de pin de cinquante pieds de haut, et à une traverse au sommet pend un mouton vivant, les jambes attachées ensemble et le dos baissé. Outre les moutons, une guirlande de fruits et de légumes produits par la vallée, ainsi qu'un panier de pain et de céréales, sont suspendus au poteau. La cloche de la petite chapelle en pisé sonne et quelques Indiens entrent à la messe.

S'ensuit un curieux service. Un prêtre mexicain rubicond est le célébrant, tandis que deux vieux Mexicains en costume moderne et un Indien Pueblo vêtu d'une couverture rouge sont les acolytes. Lorsque l'hôte est élevé, un Indien à la porte bat un tambour infâme et quatre coups de mousquet sont tirés. Une fois les offices terminés, un cortège se forme et se dirige vers la piste de course, longue de trois cents mètres. Les coureurs se sont préparés dans les estufas , ou salles souterraines du conseil, et apparaissent bientôt. Il y en a cinquante, et tous sont nus, à l'exception d'un claquement de culasse, et ils ne sont pas peints de la même manière. Cinquante autres coureurs pour rivaliser avec ceux-ci arrivent de l'autre pueblo. Ils s'alignent de chaque côté du parcours et une danse lente et gracieuse s'ensuit. Tout à coup, trois cents jeunes Mexicains fous se précipitent dans la foule sur leurs poneys sauvages, le chef balançant par le cou le gallo ou le coq. Puis les courses commencent, deux coureurs de chaque côté dévalant la piste acclamés par leurs compagnons. A peine arrivés au but, deux autres se mettent en route, et ainsi pendant deux heures, jusqu'à ce que la somme des victoires individuelles permette à l'un ou à l'autre de revendiquer le succès. La course décidée, les coureurs se rangent sur deux lignes face à face et, précédés du tambour, entament une lente marche en zigzag.

L'enthousiasme est désormais au rendez-vous. Les danseurs entonnent des chansons bizarres, brisent les rangs et rivalisent de pitreries et de particularités. Une ruée se fait sur la foule des spectateurs à travers laquelle les participants aux orgies se frayent un chemin, quelles qu'en soient les conséquences. Les femmes, qui jusqu'alors n'avaient que peu participé à l'agitation, s'avancent maintenant et jettent des gâteaux et des petits pains depuis les terrasses des pueblos. Tout le monde se précipite à la poursuite de ces prix, et la confusion devient encore plus grande.

Un ajournement est ensuite pris pour le dîner, et dans l'après-midi, six clowns magnifiquement peints et hideusement décorés se présentent et se livrent à une série de pitreries destinées à dégoûter plutôt qu'à amuser le spectateur. Le malheureux mouton, toujours accroché au poteau, est finalement jeté à terre après plusieurs tentatives pour grimper sur le poteau. Les fruits et les produits sont saisis par les clowns qui s'enfuient avec eux, et tous les membres de la tribu semblent très satisfaits du déroulement de la journée et du point culminant du spectacle.

CHAPITRE XI.

COMMENT CUSTER A VÉCU ET MORT.

"Souvenez-vous de Custer"--Un témoin oculaire du massacre--Custer, Cody et Alexis--Une balade à travers les scènes du conflit inégal--L'échec marqué du major Reno--Comment "Sitting Bull" s'est enfui et a survécu pour en combattre un autre Day--Pourquoi un guérisseur n'a pas invoqué la pluie.

"Remember Custer" était le mot d'ordre et le cri de guerre de la petite armée de soldats américains qui, au début de la présente décennie, avancèrent contre les Indiens hostiles du Nord-Ouest, qui, après s'être livrés pendant des semaines à une série de danses fantastiques et de rites superstitieux, furent finalement appelés. à temps par le gouvernement et punis pour leur non-respect des droits issus des traités et des ordres raisonnables. Chaque enfant américain devrait savoir qui était Custer et pourquoi les soldats se sont appelés pour se souvenir de lui à l'occasion évoquée. Il y a moins de vingt ans qu'il est mort. Son nom devrait rester dans la mémoire des civils comme des soldats pendant presque autant de siècles.

Il y a des hommes qui semblent défier et même courtiser la mort. Custer en faisait partie. Il était si courageux qu'il causait souvent de l'anxiété à ses officiers supérieurs. À maintes reprises, il mena une poignée d'hommes apparemment dans les griffes de la mort et les fit ressortir sains et saufs, après avoir pratiquement anéanti l'ennemi. De même que la cruche qui est transportée en toute sécurité jusqu'au puits quatre-vingt-dix-neuf fois se brise parfois à la centième tentative, il en fut de même du général Custer. En juin 1876, son détachement était vingt contre un dans un petit gué près de Crazy Horse Creek, dans le Dakota, et tout son commandement fut anéanti. Un fils adoptif de « Sitting Bull », le célèbre Indien, déclare avoir vu Custer mourir, ajoutant qu'il a vu à deux reprises le héros allongé sur le dos combattre ses ennemis. La troisième fois qu'il le vit, une couverture fut tendue sur le héros, qui était apparemment mort.

Sur une autre page est donnée une admirable illustration du camp et du gué, ainsi que du monument érigé à la mémoire de Custer, avec une scène typique du camp indien. Cette photo est tirée de photographies prises spécialement pour M. Charles S. Fee, agent général des passagers du Northern Pacific Railroad, dont les voies passent à proximité de cette scène d'une si triste histoire.

Champ de bataille et monument de Custer

Un volume pourrait être consacré à la vie de Custer, aux aventures qu'il a vécues et aux risques qu'il a courus au cours de sa carrière mouvementée et utile. Ses œuvres et ses mémoires regorgent d'informations sur les vérités réelles de la vie frontalière et de la guerre indienne, dépourvues de romantisme et d'exagération. Comme presque tous les combattants indiens, Custer entretenait un mépris suprême pour l'homme rouge en général, bien que son caractère naturellement bon l'a amené à reconnaître individuellement les hommes rouges pour leur bravoure, leur gratitude et d'autres caractéristiques généralement considérées comme incompatibles avec leur caractère et leur nationalité.

En plus d'être un vaillant combattant, Custer était également un grand amateur de loisirs et de divertissement, tandis qu'une véritable expédition de chasse le tirait de sa tranquillité presque habituelle et faisait de lui le chef naturel du groupe. Parmi ses amis se trouvait William Cody, mieux connu dans le monde des amateurs de divertissement sous le nom de Buffalo Bill, en raison de ses prétendues prouesses excessives dans le tir et la destruction des bisons. Si M. Cody était consulté, il préférerait probablement s'appeler Indian Bill, car sa haine de l'homme rouge moyen dépassait largement son anxiété de tuer les bœufs à bosse, qui étaient, à une époque, presque en danger. possession exclusive des Prairies occidentales. À une occasion, lui et Custer ont passé un moment très agréable ensemble, et Cody a donné une description agréable de ce qui s'est passé.

C'était à l'occasion de la visite dans ce pays du Grand-Duc Alexis. Il y a environ vingt-trois ans, cette célébrité européenne a effectué une tournée à travers les États-Unis et a visité la plupart des sites les plus grandioses de notre pays natal. Avant de venir dans le pays, il avait entendu parler de ses excellentes installations de chasse, ainsi que du sport que l'on peut pratiquer en tirant sur le bison dans la prairie. Il mentionna ce fait aux officiers du gouvernement, qui furent chargés de prendre des dispositions pour son bénéfice, et, en conséquence, il fut arrangé que le Grand-Duc serait conduit au pays des bisons et initié aux mystères de la chasse au bison, par le officier qui a depuis été anéanti par les Sioux, et le chasseur irrépressible devenu depuis devenu un prince parmi les forains.

Ces deux chaperons un peu rudes, mais très gentils, emmenaient avec eux lors de ce voyage un groupe d'Indiens, dont "Spotted Tail", avec la fille de laquelle Custer entretenait, nous dit-on, un léger flirt pendant la marche. Ce voyage a suscité beaucoup d'amusement, ainsi que des informations très importantes.

Ce n'est que quatre ans plus tard que Custer se lança dans une mission plus sérieuse et moins divertissante. Les lieux de la tragédie ont été visités il y a environ trois ans par MLD Wheeler, à qui nous sommes redevables de la description suivante, très graphique et intéressante, de la visite et des réflexions qu'elle a suscitées :

"Un trajet assez long nous a amenés au croisement de la rivière par Reno, le gué qu'il a traversé pour lancer son attaque. Traversant le ruisseau, nous sommes descendus de cheval parmi les jeunes arbres et les buissons bordant le ruisseau et avons déjeuné. Avant que le déjeuner ne soit terminé, deux Les filles indiennes descendaient la rivière. La plus jeune, grande, mince et gracieuse, vêtue d'un écarlate vif et propre, était une image avec ses cheveux noirs de jais suspendus en tresses brillantes, ses yeux perçants et son beau visage, elle était la plus jolie. une jeune fille indienne ressemblant à une sylphe que j'ai jamais vue.

"En montant nos chevaux, après le déjeuner, nous avons repris au petit galop le sentier suivi par Custer et Reno, pour une balade de plusieurs kilomètres jusqu'à Lookout Hill, ou Point, que nous avons gravi. C'est à ce moment-là que Custer et ses officiers ont obtenu leur première vue. de la vallée de Greasy Grass, comme les Sioux appellent la Petite Corne.

"Après une étude de la région, en stimulant nos chevaux, nous nous sommes retrouvés avec le temps à gravir les douces pentes qui menaient aux anciennes fosses à fusils de Reno , maintenant presque effacées. La caractéristique la plus remarquable de l'endroit est le nombre d'os blanchis de des chevaux sont dispersés. A une courte distance des fosses, qui sont plutôt arrondies et suivent le contour des collines, et dans un léger creux au-dessous d'elles, se trouvent d'autres ossements de chevaux. C'est là que se trouvaient les blessés. pris, et l'hôpital établi, et les chevaux gardés. Depuis la ligne sommitale ondulée des falaises, le terrain descend de manière irrégulière et brisée vers le nord-est et l'est, dans une coulée qui forme le passage vers le gué que Custer visait. et jamais atteint. Le terrain autour du champ de bataille est maintenant un cimetière national. Il est entouré d'une clôture métallique, et il s'étend sur plusieurs centaines d'acres. Il pourrait être entretenu d'une manière un peu meilleure qu'il ne l'est actuellement. Lors de mes visites là-bas, un Indien Corbeau s'est approché de la porte et a délibérément fait paître son troupeau de chevaux dans l' enclos .

"Alors que je pénétrais dans le parc, après avoir traversé à gué et repassé la rivière où Custer avait échoué, le premier objet qui se présenta à ma vue fut un petit enclos , avec un grand monticule et une pierre tombale, qui marquait l'endroit où le lieutenant Crittenden était tombé. Dans un coin, et à l'extérieur, se trouvait la plaque de marbre réglementaire qui marque l'endroit où chaque corps sur le terrain a été retrouvé. Celle-ci indiquait que c'est là que le lieutenant Calhoun a été tué à plusieurs endroits sur le versant ouest, mais près des ravins, la surface est parsemée. avec les petites pierres tombales. À certains endroits, loin dans la descente et loin de l'endroit où Custer, Van Reilly, Tom Custer et d'autres sont tombés, on en voit individuellement à d'autres endroits, ou une demi-douzaine à un moment donné. Ils sont plus de trente, bien massés. Dans cette partie du champ, dans le ravin qui mène vers le monument, se trouve la pierre marquant l'endroit où le corps du Dr Lord a été retrouvé, et avec elle quatre autres.

"Dans la coulée peu profonde à l'est de la crête, et presque au bas de la pente, à une certaine distance au nord-ouest de l'endroit où Calhoun et Crittenden ont été tués, et sur la pente principale de la crête, se trouve un grand groupe de pierres. C'est ici que le capitaine Miles Keogh et trente-huit hommes ont donné leur vie. De ce côté de la crête – le côté est – entre l'endroit où Keogh et ses hommes sont morts et l'endroit où Custer est tombé, il y a de nombreuses pierres de l'autre côté de la crête de Custer. - celle qui fait face à la rivière - et près de sa crête, il y a très peu de pierres, et celles-ci sont très dispersées et non en groupes. À l'extrémité nord de la crête se trouve une légère élévation qui domine tout le reste et les pentes. loin dans toutes les directions, sauf là où se trouve la crête. Juste en dessous de cette butte, ou colline – Custer Hill – faisant face au sud-ouest, se trouve l'endroit où Custer et la plus grande partie de ses hommes sont tombés.

Sur la rive droite du fleuve Missouri, le Big Muddy, dans le Dakota du Nord, presque à portée de fusil de la ville de Mandan, sur la voie ferrée du Pacifique Nord, existait dans les années 70 un poste militaire nommé d'après le grand martyr de la nation. Président, Fort Abraham Lincoln. Le matin du 17 juin 1876, sortit d'ici, entre autres, avec la pompe et la cérémonie pour lesquelles ils se distinguaient, un régiment de cavalerie célèbre dans l'armée pour son élan, sa bravoure et son endurance - le célèbre septième régiment de cavalerie.
.

A la tête de la septième cavalerie se trouvait un homme qui fut sans conteste le personnage le plus pittoresque de l'armée pendant de longues années, et peut-être depuis toujours. Entré dans l'armée en service actif pendant la guerre civile, sa carrière fut une série continue de succès et d'avancées, et à sa fin, à part l'incomparable Sheridan, aucun cavalier n'avait une plus grande réputation de sprint magnifique que lui. Transféré dans les plaines - la guerre terminée - son succès en tant que combattant indien suivit naturellement, et au moment où il partit pour sa dernière et fatale expédition, George Custer avait une réputation de combattant indien sans égal.

Le 22 juin, Custer et la Septième Cavalerie quittèrent le camp du Rosebud conformément à leurs instructions. Les 23 et 24, de nombreux emplacements de camping des Indiens, dans leur migration vers l'ouest, furent dépassés. Le soir du 24 juin, le sentier et les panneaux étaient devenus si chauds et si frais qu'on a ordonné une halte pour attendre les nouvelles des éclaireurs. Leurs informations prouvaient que les Indiens se trouvaient de l'autre côté de la frontière, dans la vallée de Little Horn. Custer, confiant dans sa capacité à fouetter les Indiens à lui seul, se prépara immédiatement au combat. Il poursuivit son chemin et donna l'impression qu'il était déterminé à se rendre sur place et à mener une bataille royale contre les Indiens, à laquelle lui et le Septième devraient être les seuls participants de notre côté, et en conséquence le seuls héros. L'idée de la défaite ne semble jamais lui être venue à l'esprit.

Tôt le matin du 25 juin, Custer reprit sa marche. Jusqu'alors, le commandement était manœuvré dans son ensemble. Mais désormais, il était divisé en quatre détachements. L'un, dirigé par le major Reno, composé de trois troupes de cavalerie et d'éclaireurs indiens, au nombre de quarante, tenait l'avance ; le deuxième bataillon, composé également de trois troupes, s'éloigna de quelques milles à gauche de Reno, explorant le pays vers le sud ; un troisième détachement, comprenant le convoi qui transportait les munitions de réserve - quelque 24 000 cartouches - était sous le commandement du capitaine McDougall et avait une troupe pour l'escorter ; le quatrième bataillon était celui dirigé par Custer lui-même, et était le plus grand, avec cinq troupes, et il marchait parallèlement à Reno et à une distance de soutien facile au nord, le convoi suivant la piste derrière Reno et Custer.

Reno s'avança du gué à travers la vallée en colonne de quatre sur une certaine distance, puis se forma en ligne de bataille, et déploya ensuite le commandement en tant que tirailleurs. Le gros des Indiens et leur camp étaient cachés par un méandre de la rivière, et Reno, au lieu de charger autour du méandre et dans le camp indien, s'arrêta et descendit de son commandement pour combattre à pied. À ce stade, deux ou trois des chevaux ne purent être contrôlés et emportèrent leurs cavaliers dans le camp indien ; un récit indique qu'ils ont plongé par-dessus la rive de la rivière, blessant les hommes, qui ont ensuite été tués par les Indiens. Ici, à Ash Point, ou Hollow, le commandement s'est rapidement abrité dans les bois et s'est mis sur la défensive ; les Indiens affluaient maintenant de tous côtés. Les éclaireurs indiens avec Reno avaient déjà été dispersés et faisaient marche arrière aussi vite que leurs poneys pouvaient les porter. Les récits diffèrent quant à la durée de leur séjour dans ce bois, mais cela ne devait probablement pas dépasser une demi-heure. La "charge" - comme Reno l'appelait - était pratiquement une bousculade, et beaucoup n'étaient au courant du départ que trop tard pour commencer, aucun ordre bien défini et bien compris n'ayant été donné à cet effet. Il n'y eut aucune tentative systématique pour arrêter la poursuite des Indiens, qui maintenant, sous la direction de « Gall », se précipitèrent sur eux et les empêchèrent d'atteindre le gué où ils avaient traversé. Beaucoup ont été tués lors de cette retraite et de nombreux autres ont été blessés, parmi lesquels le lieutenant Donald McIntosh. Reno a dirigé la retraite, et ils se sont déchirés En traversant la vallée, et au nouveau gué qu'ils eurent la chance de franchir, il y eut une grande confusion, c'était chacun pour soi, et le diable prend le dernier ; et, comme c'est généralement le cas, le diable (rouge) s'est emparé de plus d'un. Traversant le ruisseau du mieux qu'ils pouvaient, le lieutenant Hodgson étant tué après l'avoir traversé, hommes et chevaux gravirent les falaises et les ravins escarpés et presque inaccessibles, au sommet desquels ils eurent l'occasion de « faire le point sur le bétail ». Beaucoup avaient tenté d'escalader les falaises situées à d'autres endroits proches. Les Indiens étaient là-haut en nombre, et c'est par eux, alors qu'ils étaient presque au sommet des falaises, que le Dr DeWolf fut tué.

Après être resté sur les falaises au moins une heure, probablement plus, un mouvement vers l'avant en aval a été effectué sur un mile ou un mile et demi. Auparavant, des tirs nourris avaient été entendus en aval de la rivière dans la direction où Custer était parti. Deux volées distinctes furent entendues par l'ensemble du commandement, suivies de coups de feu dispersés, et on supposa que Custer emportait tout devant lui. Lorsque Reno eut atteint la limite de cette avance au nord vers Custer, ils virent un grand nombre de cavaliers indiens se précipiter sur ce qui s'avéra par la suite être le champ de bataille de Custer. Bientôt, ceux-ci se précipitèrent vers Reno, qui se retira précipitamment de ce qui semblait avoir été une position forte, pour revenir près du point où il avait initialement atteint les falaises. Ici, ils s'abritèrent sur les petites collines près des parapets peu profonds et placèrent les blessés et les chevaux dans une dépression. Cette nuit-là, jusqu'à 9 heures et 10 heures, ils furent soumis à un feu nourri de la part des Indiens qui les encerclèrent entièrement. Les tirs recommencèrent à l'aube du 26 et durèrent toute la journée, et comme les Indiens commandaient quelques points élevés à proximité , il y eut de nombreuses victimes. La perte totale de Reno, selon Godfrey, s'élève à cinquante tués , dont trois officiers, et cinquante-neuf blessés. Beaucoup de ceux qui étaient restés au fond de la rivière au début de la retraite ont finalement rejoint le commandement, s'échappant sous le couvert de la nuit.

Parmi les mouvements de Custer, les opinions sur ce qu'il a fait ou aurait dû faire sont nombreuses et variées. La théorie qui a d'abord été envisagée et soutenue pendant des années, mais qui n'est plus tenable aujourd'hui ni, en fait, probablement soutenue par beaucoup, était que Custer avait atteint le gué et tenté de le traverser ; fut accueilli par un feu si torride qu'il recula et se retira sur la colline dans la meilleure forme possible, et y combattit comme un animal aux abois, espérant que l'attaque de Reno en bas et l'arrivée opportune de Benton le soulageraient encore. Les Indiens, cependant, affirment avec force que Custer n'a jamais tenté le gué et ne s'en est jamais approché. Aucun cadavre n'a été trouvé à moins d'un demi-mille du gué, et il semble incontestable que les Indiens disent la vérité.

Lorsque Custer sortit sur la falaise et regarda la vallée de Greasy Grass, il dut se rendre compte immédiatement qu'il avait auparavant complètement mal compris la situation. La chose naturelle à faire aurait été de retracer ses traces, de rejoindre Reno par le chemin le plus court, puis, unis, de pousser l'attaque en personne ou, s'il était alors trop tard pour réussir une attaque, il aurait pu, selon toute vraisemblance, s'en sortir. le commandement et fit la jonction avec Terry. Les signaux indiens voyagent rapidement, et dès que Reno fut arrêté et battu, non seulement ce fait fut signalé à travers le camp, mais tous les guerriers se déchirèrent en aval pour s'opposer à Custer, rejoignant ceux déjà là, et maintenant, au moins, en alerte.

Il est donc probable qu'avant que Custer puisse atteindre la vallée du ruisseau, les Indiens avaient fait suffisamment de démonstrations pour le faire dévier de l'endroit où il aurait autrement, et naturellement, atteint la vallée, et travailler plus loin vers la deuxième ligne de falaises, peut-être même dès que le capitaine Godfrey en donne la piste. La seule chose qui pourrait s'y opposer serait l'élément temps, qui ne semble guère s'y opposer. Quoi qu'il en soit, Custer est enfin sur l'éminence qui sera si bientôt consacrée avec le sang de sa vie. Qu'a-t-il vu ? Qu'est-ce qu'il? Les sources d'information sont nécessairement en grande partie indiennes. À l'extrémité sud-est de la crête de Custer, face, apparemment, au tirage, ou coulée, de l'embranchement du ruisseau Custer, Calhoun et Crittenden ont été placés. À quelque distance d'eux, dans une dépression, sur le versant nord de la crête de Custer, se tenait Keogh. Le commandement de Smith s'étendait le long du versant nord de la crête, de Keogh à Custer Hill, et au point culminant de la crête, ou Custer Hill, mais sur la crête opposée à l'endroit où les autres étaient placés, se trouvaient Tom Custer et Yates, et avec eux Custer lui-même. Les hommes de Yates et de Custer faisaient évidemment face au nord-ouest. Il semblerait, d'après les déclarations des Indiens, que la majeure partie du commandement ait été démontée.

La ligne mesurait environ trois quarts de mille de longueur, et l'attaque fut menée par deux forts corps d'Indiens. L'un d'eux arrivait du gué qui porte le nom du héros et de la victime de l' époque. Il était dirigé par un Indien audacieux, possédant une certaine connaissance du commandement, et ses partisans étaient d'une classe très supérieure à l'homme rouge moyen. Ce corps d'assaillants fit de grandes exécutions et réussit à presque anéantir les hommes blancs contre lesquels ils étaient placés et qu'ils étaient si nettement plus nombreux. D'après les rares informations disponibles sur ce qui s'est passé, il semble que l'exécution de ces hommes ait été presque égale à celle de tireurs d'élite expérimentés. Un Indien imprudent nommé « Crazy Horse » était à la tête d'un certain nombre de Cheyennes qui formaient la partie principale du deuxième corps d'attaque. Ceux-ci rencontrèrent Custer lui-même et les hommes immédiatement sous ses ordres. Surpassant en nombre les hommes blancs dans une mesure écrasante, ils tournèrent autour, et étant renforcés par la première colonne, qui à ce moment-là était exaltée par la victoire et imprudente quant à sa brutalité, elle commença le travail d'effacer l'existence des vaillants cavaliers devant eux. .

La plupart des hommes de Custer connaissaient trop bien la nature de leurs destroyers pour penser à demander quartier ou à faire le moindre effort pour s'échapper. Il y avait un espace vide entre la crête sur laquelle la bataille s'était déroulée et la rivière en contrebas. Quelques hommes descendirent cet endroit en courant dans l'espoir de traverser la rivière à gué et de trouver des cachettes temporaires ; ils ne prolongeèrent leur vie que pour quelques minutes seulement, car certains des Indiens les plus légers se précipitèrent après eux et les tuèrent pendant qu'ils couraient. Le cheval sur lequel le capitaine Keogh est monté dans la bataille a échappé au massacre général et a retrouvé le chemin de la civilisation. Nous avons déjà parlé de la manière dont elle a vécu ses années de déclin.

A cette exception près, il est plus que probable qu'aucun être vivant entré dans le combat avec Custer n'en soit ressorti vivant. Un éclaireur Crow nommé "Curley" affirme qu'il était dans le combat et qu'une fois le combat terminé, il s'est déguisé en Sioux, a tenu sa couverture autour de sa tête et s'est enfui. La déclaration de « Curley » n'a jamais été reçue avec beaucoup de crédit. Les preuves indiquent généralement le fait qu'avant la bataille, presque tous les éclaireurs indiens qui accompagnaient Custer en marche se sont enfuis lorsqu'ils ont vu la nature écrasante de l'ennemi. "Sitting Bull", qui a depuis connu le sort que beaucoup pensent qu'il méritait, a également affirmé être dans le combat de l'autre côté. Son histoire sur les prouesses de Custer et sur sa mort a probablement été concoctée dans le but de s'attirer les faveurs des hommes blancs, car il semble évident que "Sitting Bull" a fait preuve de sa lâcheté habituelle et s'est enfui avant qu'il n'y ait une bataille dans les vingt ans. -quatre heures de distance.

Le major James McLaughlin, au cours de son expérience comme agent des Indiens à la Standing Rock Agency, dans le Dakota du Nord, a eu l'occasion de recueillir une grande quantité d'informations importantes concernant le champ de bataille et les incidents qui y sont liés. A la demande de M. Wheeler, dont les recherches sur les légendes et l'histoire des endroits intéressants facilement accessibles au moyen du chemin de fer du Pacifique Nord ont été les plus réussies, a obtenu du major les informations précieuses suivantes concernant de nombreux points de détail qui ont fait l'objet de débat et de contestation :

« Il est difficile, » dit cette autorité incontestable, « d'arriver même approximativement au nombre d'Indiens qui campaient dans la vallée de Little Big Horn lorsque le commandement de Custer y arriva le 25 juin 1876 ; l'indifférence des Indiens quant à vérifiant leur force par un décompte réel, et leurs idées à cette époque étant trop grossières pour être connues par eux-mêmes, je suis en poste dans cette agence depuis que les ennemis capitulés ont été amenés ici à l'été 1881, et j'ai fréquemment conversé avec de nombreux Indiens qui se sont rendus. étaient engagés dans ce combat, et plus particulièrement avec « Gall », « Crow King », « Big Road », « Hump », « Sitting Bull », « Grey Eagle », « Spotted Horn Bull » et d'autres hommes éminents de la Sioux, à propos de l'affaire Custer. Interrogé sur le nombre d'Indiens engagés, la réponse a toujours été : « Aucun de nous ne le savait ; wicoti », qui signifie « de très nombreuses loges ». A partir de cette source d'information, qui est la meilleure que l'on puisse obtenir, j'évalue le nombre d'adultes mâles alors présents dans le camp à 3 000 ; et que le 25 juin 1876, la force combattante des Indiens était entre 2 500 et 3 000 hommes, et plus probablement se rapprochant de ce dernier chiffre.

"" Sitting Bull "était un guérisseur reconnu et jouissait d'une grande réputation parmi les Sioux, non pas tant pour ses pouvoirs de guérison et de guérison des malades - qui, après avoir regagné une telle renommée, étaient au-dessous de sa dignité - que pour ses prophéties ; et peu importe à quel point ses prophéties pouvaient être absurdes, il trouvait des croyants prêts et des adeptes volontaires, et lorsque ses prophéties ne se réalisaient pas, il réussissait toujours à satisfaire ses partisans trop crédules en donnant une raison absurde. J'étais dans son camp sur la rivière Grande au printemps 1888, vers la fin juin. Il n'y avait pas eu de pluie depuis quelques semaines et les récoltes souffraient de sécheresse , et je lui ai fait remarquer qu'il était dans un rassemblement. grand nombre d'Indiens de ce district, que les récoltes avaient cruellement besoin de pluie, et que si elles restaient longtemps sans pluie, les récoltes ne seraient rien. Lui, « Sitting Bull », répondit : « Oui, les récoltes ont besoin de pluie, et mon peuple en a. Je me demande si je le ferai ou non. Je peux faire pleuvoir quand je le souhaite, mais j'ai peur de la grêle. Je ne peux pas contrôler la grêle, et si je faisais pleuvoir, de fortes grêles pourraient s'ensuivre, ce qui ruinerait l'herbe des prairies ainsi que les récoltes, et nos chevaux et notre bétail seraient ainsi privés de subsistance. Il fit cette déclaration avec autant de candeur apparente qu'il était possible à un homme de l'exprimer, et il n'y avait pas un Indien parmi ses auditeurs qui ne parut l'accepter comme étant en son pouvoir.

« « Sitting Bull » était stupide d'intelligence et loin d'être un homme aussi compétent que « Gall », « Hump », « Crow » et bien d'autres qui étaient considérés comme subordonnés à lui ; mais il était un intrigant adepte et très rusé. , et pouvait travailler à un degré merveilleux sur la crédulité des Indiens, ce qui, combiné à une grande obstination et une grande ténacité, lui a valu sa réputation mondiale. "Sitting Bull" a affirmé dans sa déclaration qu'il dirigeait et dirigeait . le combat de Custer ; mais tous les autres Indiens avec lesquels j'ai parlé le contredisent et disent que « Sitting Bull » s'est enfui avec sa famille dès que le village a été attaqué par l'ordre du major Reno, et qu'il se dirigeait vers un endroit. en sécurité, à plusieurs kilomètres dans les collines, lorsqu'il fut rattrapé par certains de ses amis avec la nouvelle de la victoire sur les soldats, après quoi il revint et, selon son style habituel, s'attribua tout le mérite de la victoire comme ayant planifié l'issue, et comme ayant été sur une falaise surplombant le champ de bataille, apaisant les mauvais esprits et invoquant le Grand Esprit pour le résultat du combat.

"Et, si l'on considère l'ignorance et la superstition inhérente de l'Indien Sioux moyen à cette époque, il n'est pas étonnant que la majorité, sinon la totalité, soit prête à l'accepter, surtout lorsqu'elle était unie dans une cause commune et ce qu'elle considérait comme comme leur seule sécurité contre l'anéantissement. En fait, aucun homme n'a mené ou dirigé ce combat, c'était un sort ; Je me précipiterai sous la direction d'un certain nombre de guerriers reconnus comme chefs, avec « Gall » des Hunkpapas et « Crazy Horse » des Cheyennes les plus importants.

"Les Indiens avec lesquels j'ai parlé nient avoir mutilé aucun des tués, mais admettent que de nombreux cadavres ont été mutilés par des femmes du camp. Ils prétendent également que le combat avec Custer a été de courte durée. Ils n'ont aucune connaissance des heures. et minutes, mais ils se sont expliqués par la distance qui pouvait être parcourue pendant la durée du combat. Ils varient de vingt minutes à trois quarts d'heure, aucun ne dépassant quarante-cinq minutes. Cela n'inclut pas le combat avec Reno auparavant. sa retraite, mais à partir du moment où le commandement de Custer a avancé et que le combat avec son commandement a commencé. L' opinion des Indiens concernant la première attaque et la courte position de Reno est que c'est sa retraite qui leur a donné la victoire sur le commandement de Custer. La retraite des hommes de Reno enthousiasma les Indiens à tel point que, enthousiasmés par l'excitation et ce succès précoce, ils se montrèrent imprudents dans leur charge sous le commandement de Custer, et avec le petit nombre d'Indiens ainsi pleinement enthousiasmés, ce petit commandement n'était qu'un léger frein. à leur grande impétuosité. Les Indiens affirment également que les détachements séparés rendaient plus certaine leur victoire sur les troupes. »

Ainsi Custer tomba. Le mystère entourant sa mort ne sera probablement jamais résolu de manière satisfaisante, en raison de l'impossibilité de se fier aux déclarations des Indiens. La manière dont le commandement a été anéanti et les corps des soldats mutilés devrait contribuer dans une large mesure à réfuter bon nombre des théories qui existent actuellement concernant les prétendus mauvais traitements infligés aux Indiens, ainsi que leur paix naturelle et leur bonne disposition. Custer s'était si souvent lié d'amitié avec les hommes mêmes qui entouraient son commandement et l'anéantissaient, que la bassesse de leur ingratitude devrait être évidente même à ceux qui sont enclins à sympathiser avec les hommes rouges et à dénoncer la prétendue sévérité avec laquelle ils ont été traités. . Les voyageurs qui traversent la région du Dakota trouvent peu de lieux d'un intérêt plus mélancolique, quoique marqué, que celui illustré en relation avec ce chapitre.

CHAPITRE XII.

PARMI LES CRÉOLES.

Signification du mot « créole »--Une vieille relique aristocratique--La Venise d'Amérique--L'origine des carnavals créoles--Rex et ses déguisements annuels--Les bals créoles--Les prophètes voilés de Saint-Louis--Le marché français et autres monuments de la Nouvelle-Orléans : une belle cérémonie et un monument inachevé.

La Nouvelle-Orléans est connue dans le monde entier pour la splendeur de ses carnavals. Étant l'une des grandes villes créoles du monde, elle fait la fête une fois par an depuis plus d'un demi-siècle et donne un aspect assez commercial aux festivités du carnaval. Le Créole est l'un des personnages intéressants que l'on rencontre lors d'une tournée à travers les États-Unis. En règle générale, il ou elle est extrêmement joyeux et croit de tout cœur à la sagesse du commandement « rire et grossir ». Le véritable Créole sait à peine ce que c'est que d'être triste pendant plus de quelques heures à la fois, un très petit plaisir qui compense largement beaucoup d'ennuis et de souffrances. Le désir de se déplacer et de profiter du dépaysement est une particularité du créole, c'est pourquoi les effets spectaculaires du cortège carnavalesque l'attirent avec le plus d'éloquence.

De nombreux peuples de l'Est et du Nord confondent les termes « créole » et « mulâtre », estimant que le premier nom est donné aux descendants de mariages mixtes, qui ont lieu malgré la vigilance des lois de la plupart des États du Sud. C'est tout à fait une erreur, car le véritable Créole, au lieu d'être un objet de mépris et de pitié, est plutôt un aristocrate et d'une caste plus élevée que l'homme blanc moyen. À proprement parler, le terme implique une naissance dans ce pays, mais une filiation ou une ascendance étrangère. À l'origine, il s'appliquait aux enfants des colons français et espagnols en Louisiane et, dans cette application, ne s'appliquait qu'à une poignée de personnes. Au fur et à mesure que le temps passait, que l'émigration française cessa et que les Espagnols furent progressivement repoussés vers le sud, le nombre des Créoles réels diminua naturellement rapidement. Le nom, cependant, d'un commun accord, s'est perpétué et est conservé par les descendants des troisième et quatrième générations de créoles d'origine. Certains des Créoles d'aujourd'hui sont très riches, et beaucoup d'autres sont relativement pauvres, les changements dans leurs modes et conditions de vie les ayant beaucoup affectés. Bien que le nom même de Créole suggère une origine espagnole, il y a plus de sang français parmi les Créoles d'aujourd'hui que dans n'importe quelle autre nation. Les habitudes vives et l'amour général du changement si répandus parmi les Français se perpétuent chez leurs descendants. L'ancien projet d'envoyer les enfants en France pour y être éduqués a été en grande partie abandonné ces derniers temps, mais les influences de la vie parisienne ont toujours leur effet sur la race.

C'est en grande partie la raison pour laquelle la Nouvelle-Orléans est souvent surnommée la Venise américaine. A cette belle ville européenne, avec ses gondoles et ses costumes pittoresques, appartient l'honneur d'avoir créé la comédie de haut niveau. C'est à la Nouvelle-Orléans qu'il faut attribuer le mérite d'avoir implanté, ou du moins de perpétuer, l'idée sous une forme tangible dans ce pays et d'avoir, pendant deux générations entières, maintenu la célébration annuelle presque sans interruption. Le mascarade a traversé l'Atlantique depuis Venise via la France, où l'idée s'est fortement implantée. Lorsque l'émigration de France vers l'ancien territoire de Louisiane se généralisa, l'idée vint avec elle, et la pratique d'envoyer des enfants à Paris pour y être éduqués aboutit à ce que les dernières idées de festivités aristocratiques soient transférées dans la maison qui les a hébergés depuis.

L'histoire nous raconte que la veille du Nouvel An 1831, un certain nombre d'hommes en quête de plaisir passèrent toute la nuit dans un restaurant créole de Mobile pour organiser le premier ordre mystique dans cette ville, et de là naquit la longue lignée de comédies créoles. . En 1857, le Mystic Krewe of Comus fait sa première apparition dans les rues de la Nouvelle-Orléans. "Paradise Lost" a été le sujet choisi pour l'illustration. Année après année, les réjouissances se répétaient le mardi gras, mais le déclenchement de la guerre mit naturellement un terme aux réjouissances annuelles. L'enthousiasme du Sud est cependant difficile à réprimer, et aussitôt la guerre terminée, Comus réapparut dans toute sa splendeur. Quelques années plus tard, les Chevaliers de Momus furent créés et en 1876 la Krewe de Proteus organisa son premier carnaval. Bien d'autres ordres ont suivi, mais ceux-ci sont les plus magnifiques et les plus importants.

Il est difficile de donner une idée adéquate du sentiment qui prévaut à l'égard de ces comédies. Le mystère qui entoure les ordres est extraordinaire, et le secret a été bien gardé, fait que les cyniques attribuent à l'exclusion des dames du cercle secret. Il est bien connu qu'à plusieurs reprises des hommes ont fait semblant de quitter la ville la veille de la comédie et d'être rentrés chez eux un ou deux jours plus tard, sans que même leurs propres familles ne sachent qu'ils prenaient un rôle de premier plan dans le cortège. . Les rois du carnaval publient des édits royaux avant leur arrivée, ordonnant que toutes les affaires cessent à l'occasion des réjouissances. L'ordre est obéi littéralement. Les banques, les tribunaux et les entreprises suspendent généralement leurs activités, et jeunes et vieux viennent rendre hommage au monarque de l'époque.

Imaginons un instant que nous ayons le privilège d'assister à un carnaval créole. Chaque centimètre carré d'espace disponible a été occupé. Chaque balcon donnant sur la voie royale est rempli de fêtes de plaisir, parmi lesquelles des dames richement habillées, toute la fleur et la beauté du Sud ensoleillé étant représentées. Le parcours est illuminé de la manière la plus attrayante et chacun attend avec impatience le cortège. Des groupes de musique, jouant des airs enjoués, récompensent enfin la patience des spectateurs. Viennent ensuite les hérauts, les gardes du corps et les maréchaux, tous magnifiquement parés pour l'occasion. Leurs chevaux, comme eux, sont richement parés pour l'occasion, et les bannières et les drapeaux se distinguent par le mélange artistique des couleurs.

Puis vient en grande pompe le Lord High Chamberlain, portant la clé d'or de la ville, qui lui a été remise en grande pompe vingt-quatre heures auparavant par le maire. Vient ensuite le héros du défilé, le roi lui-même. Tous les regards sont rivés sur lui. Bien déguisé, il reconnaît aux balcons et dans la foule ses amis personnels et ses admirateurs les plus dévoués. Devant eux, il s'incline avec une grande solennité. Mystifiés jusqu'à un certain point, et se disputant souvent entre eux sur l'identité probable du monarque, les jeunes dames richement habillées et leurs cavaliers s'inclinent en retour, et semblent vouloir garder le monarque parmi eux bien plus longtemps que la nécessité de le garder. l'ordre le rend possible. Après le roi se trouvent les gardes du corps et des foules de vacanciers.

Rex présente généralement un thème spécial, apparaissant cette année comme un croisé, une autre année comme le découvreur de l'Amérique et une troisième année comme un autre individu mystique. Mais quel que soit le thème du carnaval, le principe sous-jacent est le même. Parfois, les réjouissances donnent lieu à beaucoup d'instructions, mais dans tous les cas, la procession n'est qu'un signal de réjouissance générale. Dès que la procession est dissoute, qui se déroule toujours dans l'ordre militaire, la ville entière cède la place à l'amusement et à la gaieté de tous les personnages. La liberté abonde dans toute la ville sans permis. D'un commun accord, chacun prend soin d'éviter des perturbations ou des troubles. Tout le monde est content, et chacun semble apprécier le fait que la vie même de la comédie dépend de sa respectabilité. Il n'y a rien de vulgaire ou de commun dans aucun des débats, ni dans les innombrables tableaux qui défilent dans les rues privées. Tout est ce qui a été décrit comme un désordre ordonné. Tout est attrayant et facile.

Le bal, élément marquant du carnaval créole, est une merveilleuse combinaison d'idées aristocratiques du XIXe siècle et d'humour oriental. Les invités sont en grande tenue et représentent les éléments les plus élevés de la société du Sud. Autour de la moquette, ceux qui ont participé au spectacle défilent dans leurs costumes grotesques. Un Indien apparemment assoiffé de sang, brandissant une massue au-dessus de sa tête, s'élance une seconde hors de la ligne pour faire le geste de briser la cervelle d'un ami peut-être le plus intime, qui n'a aucune idée de qui l'a ainsi honoré par une reconnaissance. .

Un autre homme, qui dans la vie de tous les jours est peut-être un banquier posé ou un médecin éminent, se déguise en une tenue extraordinaire avec un masque aux dimensions et à la signification extraordinaires. Il aperçoit dans la foule une jeune femme de sa connaissance et se met à lui serrer la main avec une grande effusion. Le secret est si bien gardé qu'elle n'a aucune idée que le jeune apparemment espiègle est un homme d'affaires d'âge moyen, et elle passe peut-être la moitié de la nuit à se demander lequel de ses amis était cet homme terriblement et merveilleusement déguisé.

Des bals qui succèdent aux carnavals des villes et qui se réjouissent de ces séparations temporaires des soucis des affaires et de la finance, on pourrait écrire des pages. Une seule balle doit être mentionnée en détail. C'est le bal donné par les « Chevaliers des Réjouissances », en liaison et aux frais des clubs mobiles. L'ensemble du théâtre a été réaménagé pour illustrer le thème du concours du club pour l'année. Tout autour des salles étaient accrochées des tapisseries et des banderoles, artistiquement décorées et disposées de manière à transmettre l'idée de forêts et de jardins. Les portes mêmes ont été transformées en entrées imitant les grottes et les parterres, et l'effet général était à la fois envoûtant et sentimental. L'orchestre était caché aux invités dans un petit chalet suisse joliment aménagé, et des rafraîchissements étaient servis dans des pavillons de jardin miniatures. Les sols mêmes sur lesquels la danse devait avoir lieu étaient décorés de manière à présenter l'apparence d'une pelouse fraîchement tondue.

Le summum du réalisme a été atteint grâce à une imitation de douve au-dessus du puits d'orchestre. De l'autre côté se trouvait un pont-levis, qui était levé et abaissé à intervalles réguliers, et le rideau tombant était conçu pour représenter une porte massive de château. Il y avait une salle de banquet, avec des reproductions impeccables de la grandeur et des merveilles médiévales. Les vitraux représentaient des dames connues et attirantes, et il existait d'autres innovations merveilleuses et coûteuses qui semblaient pratiquement impossibles dans un théâtre.

A ce bal, comme à tous les autres, les réjouissances se poursuivirent jusqu'à minuit. Tout comme Cendrillon a quitté le bal lorsque l'horloge a sonné midi, les organisateurs des festivités créoles arrêtent de danser dès que le Carême a commencé. Le lendemain, tout est fini. Les hommes qui, la nuit précédente, étaient les chefs de file de la mascarade, reprennent leur existence banale et sont vus aux sièges ordinaires de la coutume, achetant et vendant et se conduisant comme des hommes de l'Est plutôt que comme des hommes du Sud.

L'idée du carnaval ne s'est pas limitée aux villes strictement du Sud. Saint-Louis a, pendant de nombreuses années consécutives, apprécié les spectacles et les bals de ses Prophètes Voilés, une organisation aussi secrète et mystérieuse que toutes celles que l'on trouve dans une section créole. Au lieu d'être une célébration du Mardi Gras, le concours de Saint-Louis a lieu pendant les journées d'été indiennes de la première semaine d'octobre. Le défilé a lieu après la tombée de la nuit et consiste en des spectacles et des expositions très coûteux. Il n'est pas exagéré de dire que des centaines de milliers de dollars ont été dépensés pour éclairer les rues traversées par les cortèges, l'argent destiné à cet effet étant librement souscrit par des hommes d'affaires et des particuliers. Mais à Saint-Louis, comme à la Nouvelle-Orléans, personne ne sait qui trouve l'argent nécessaire pour payer la préparation du spectacle, les costumes riches et variés, les invitations et les souvenirs exquis et les bals somptueux. Les lecteurs des "Pickwick Papers" se souviennent que lorsque certains membres du club proposèrent de faire un tour du pays, en vue de noter des sujets d'intérêt particulier, il fut unanimement résolu de ne pas limiter la portée des enquêtes, et de accorder aux enquêteurs le privilège de payer leurs propres dépenses. La même règle prévaut en ce qui concerne les carnavals et les bals créoles, ainsi que l'adaptation de l'idée dans d'autres villes. Le plus grand secret est préservé, et il est extrêmement mal vu de faire allusion à l'appartenance à l'un des ordres secrets. Les membres souscrivent eux-mêmes à toutes les dépenses, sans aucune hésitation, et il n'y a jamais eu de liste des sommes versées.

Il ne manque pas de gens pour dire que ces célébrations sont enfantines et indignes d'un monde d'affaires. La réponse à des critiques de ce genre est que personne n'étant invité à contribuer aux frais des réjouissances, ni même invité ou autorisé à acheter un billet d'entrée aux bals, toute critique ressemble beaucoup à regarder un cheval cadeau dans la bouche. S'il est admis que la vie est constituée de quelque chose de plus qu'une course dure et continue à la richesse, alors il faut admettre que ces carnavals occupent une part très importante dans la routine de la vie. Le désintéressement absolu de l'œuvre entière la recommande à l'approbation des plus indifférents. Ceux qui augmentent les dépenses doivent travailler si dur pendant les défilés et les bals qu'ils n'en retirent relativement que peu de plaisir, et ils sont également empêchés par le secret absolu qui règne d'obtenir ne serait-ce qu'un mot de remerciement ou de félicitation du public extérieur. . À notre époque matérielle, de telles célébrations risquent de s'épuiser. Lorsqu'ils le feront, le monde n'en sera que plus pauvre.

La Nouvelle-Orléans, que nous avons évoquée comme la grande patrie du carnaval créole, est une ville connue dans le monde entier. Il est situé à l'embouchure même du grand fleuve Mississippi et son histoire remonte à l'année 1542, lorsqu'une vaillante bande d'aventuriers descendit le fleuve jusqu'au golfe du Mexique. En 1682, La Salle descend le fleuve et prend possession du pays des deux côtés au nom de la France. À la fin du XVIIe siècle, une expédition française débarqua non loin de la Nouvelle-Orléans, fondée en 1718, avec une population de soixante-huit âmes. Trois ans plus tard, la ville, qui compte aujourd'hui plus d'un quart de million d'habitants, devint la capitale du territoire de la Louisiane et devint aussitôt un lieu d'une importance considérable.

En 1764, elle fut cédée à l'Espagne, ce qui entraîna la prise de possession de la Nouvelle-Orléans par la population et sa résistance au changement de gouvernement. Cinq ans plus tard, le nouveau gouverneur espagnol arriva avec de nombreuses troupes, réprima la rébellion et exécuta ses dirigeants depuis la Place d'Armes . En 1804, le territoire d'Orléans est créé et en 1814, une armée britannique forte de 15 000 hommes avance sur la ville qui donne son nom au territoire. Une grande confusion s'ensuivit, mais la ville tint bon et l'armée d'invasion fut repoussée.

Pendant la guerre civile, la Nouvelle-Orléans a de nouveau connu une campagne active. L'occupation de la ville par le général Butler et les mesures sévères qu'il a adoptées pour supprimer la loyauté même des femmes de la ville ont fait l'objet de nombreux commentaires. Il existe de nombreuses histoires intéressantes concernant cette époque de l'histoire de la ville, qui sont racontées sous de nombreuses variantes à quiconque séjourne pendant un certain temps dans le grand port, à l'entrée du plus grand fleuve du monde.

Aujourd'hui, la Nouvelle-Orléans est peut-être mieux connue comme le deuxième plus grand marché de coton au monde, quelque 2 000 000 de balles de produits des plantations du Sud étant reçues et expédiées chaque année. Plus de 30 000 000 de livres de laine et 12 000 000 de livres de peaux transitent également par la ville chaque année, sans parler des immenses quantités de bananes et des transactions coûteuses en sucre et en bois.

Bien que la Nouvelle-Orléans soit en réalité à une petite distance de l'océan, le fleuve à cet endroit a plus d'un demi-mile de large, et on voit les grands navires de toutes les nations charger et décharger à sa digue.

La Nouvelle-Orléans regorge naturellement de monuments et de monuments anciens. L'ancien fort espagnol est l'un des plus intéressants d'entre eux. Des guerres du caractère le plus amer ont été vues maintes et maintes fois à cet endroit. Les fortifications ont été maintenues en grande partie pour offrir une protection contre les raids des pirates mexicains et des Indiens hostiles, même si elles étaient souvent utiles contre des ennemis plus civilisés. C'est dans ce port qu'Andrew Jackson se préparait à recevoir les envahisseurs britanniques. L'usage magnifique qu'il fit des fortifications aurait dû donner à l'ancienne place un standing durable et une conservation permanente. Cependant, il y a une quarantaine d'années, le fort a été acheté et transformé en une sorte de station balnéaire et, plus récemment, il est devenu le siège d'un club de loisirs.

Le marché français de la Nouvelle-Orléans, de renommée mondiale, est mieux conservé et constitue un lien des plus intéressants entre le passé et le présent. On raconte l'histoire d'un grand romancier qui parcourut plusieurs milliers de kilomètres pour trouver des représentants de toutes les nationalités regroupés dans un espace étroit. Pour une œuvre qu'il envisageait, il tenait à choisir pour ses personnages des hommes de toutes nationalités, que le hasard ou le destin avait réunis. Il passa plusieurs jours à Paris, parcourut l'Italie ensoleillée, se perdit dans quelques-uns des labyrinthes des quartiers inexplorés de Londres et traversa finalement l'Atlantique sans avoir trouvé le groupe qu'il recherchait. Même dans les grandes villes d'Amérique, il ne parvenait pas à trouver ce qu'il désirait, et ce n'est que lorsqu'il s'égara dans le vieux marché français de la Nouvelle-Orléans qu'il trouva ce qu'il cherchait. Il passa plusieurs jours, voire plusieurs semaines, à errer dans ce marché particulier et à se lier d'amitié avec les hommes de toutes nationalités qui travaillaient dans différentes parties du marché. Il trouvait le créole plein d'anecdote, de superstition et de fierté, même lorsqu'il gagnait un repas occasionnel en aidant à décharger les bananes ou à emporter les ordures des poissonneries. Le nègre, à chaque phase de développement, de civilisation et d'ignorance, pourrait, et pourra toujours, être trouvé dans les limites du marché. La quantité de folklore emmagasinée dans les cerveaux recouverts de masses de laine négligée stupéfia le romancier, qui distribuait des dollars, en échange d'informations reçues, si généreusement, qu'il commença au bout d'un moment à être considéré comme un capitaliste dont la richesse avait disparu. l'a rendu fou. Puis il rencontra encore des émigrés déçus de presque tous les pays européens, des hommes et même des femmes, qui avaient traversé l'Atlantique pleins de grandes espérances, mais qui avaient trouvé bien des épines parmi les roses recherchées.

L'Indien n'est plus souvent vu aujourd'hui sur le marché français, même s'il en était autrefois une caractéristique. Cependant, certains des transats les plus exceptionnellement oisifs montrent des traces de sang indien dans leurs veines, sous la forme de pommettes exceptionnellement hautes et de cheveux anormalement droits et ingouvernables.

Presque toutes les langues connues sont parlées ici. Il y a le français le plus pur et le patois le plus atroce. Il existe un anglais raffiné, qui semble indiquer un niveau d'éducation élevé, et il existe la variation dialectale la plus pittoresque que puisse souhaiter le plus ardent adepte de l'histoire éternelle du dialecte. L'espagnol est bien sûr parlé par plusieurs commerçants et ouvriers du marché, tandis que l'italien est assez courant. À des moments de la journée où le commerce est très intense, le visiteur peut entendre des jurons choisis en trois ou quatre langues à la fois. Il n'est peut-être pas capable d'interpréter les bruits particuliers et les réprimandes sévères adressées aux aides oisifs et aux garçons absents, mais il peut généralement deviner assez précisément la portée et l'objet des petits discours qui sont dispersés si librement.

Si l'on demande quelle fonction particulière remplit le marché, la réponse est qu'il s'agit d'une sorte d'enquête intérieure sur tout. Beaucoup de gens parmi les plus pauvres font tous leurs échanges commerciaux ici. Les fruits sont un aliment de base, et sur une autre page est présentée une photo de l'un des étals de fruits du vieux marché. Le tableau est reproduit d'après une photographie prise sur place par un artiste de la Compagnie nationale de Saint-Louis, éditeur de « Notre propre pays », et il montre bien la construction particulière du marché. Les rayons de fruits sont probablement les plus attrayants et les moins répréhensibles de tout le marché, car ici la propreté est indispensable. Dans le rayon légumes, qui est également très vaste, on n'observe pas toujours autant de soin ni autant de propreté, les détritus étant parfois laissés s'accumuler généreusement. Le poisson peut être obtenu sur ce marché pour une somme presque symbolique, étant parfois presque donné. Les macaronis et autres articles diététiques similaires constituent l'élément de base du magasin de commerce italien, qui se trouve au deuxième étage du marché. Le travail légitime requis justifie à lui seul la présence de plusieurs milliers de personnes, qui courent ici et là à certaines heures de la journée comme si le temps était l'essence du contrat, et aucun retard d'aucune sorte ne pouvait être toléré. Cependant, dès que les besoins pressants du moment sont satisfaits, une période d'oisiveté luxueuse s'ensuit, et le repos semble être le principal désir de l' habitué ou de l'employé moyen . Les enfants, qui sont assis en grand nombre, rivalisent avec leurs aînés en matière d'oisiveté, bien qu'ils soient parfois poussés à une activité pernicieuse par l'espoir d'obtenir des dons ou une compensation quelconque de la part des nouveaux arrivants et des invités.

Le vieux marché français de la Nouvelle-Orléans

Structurellement, le marché français est très bien préservé. Il y a partout des traces de l'Antiquité et des ravages du temps et des intempéries, mais le marché semble avoir pour mission particulière de rappeler aux gens que lorsque nos ancêtres construisaient, ils construisaient pour des siècles, et pas entièrement pour le présent immédiat, comme c'est trop souvent le cas de nos jours. Le marché sert également de lien entre le présent et le passé. Ce n'est que ces dernières années que le bazar, qui était autrefois un élément si important, est tombé dans l'insignifiance. Elle gardait autrefois l'importance de l'extrême Orient et offrait un fonds de réflexion infini à l'antiquaire et à l'amateur d'histoire.

Les cimetières de la Nouvelle-Orléans présentent un intérêt exceptionnel et sont visités chaque année par des milliers de personnes. En raison de la proximité de la ligne d'eau avec la surface du sol, les morts ne sont pas enterrés comme dans d'autres villes, et les caveaux sont situés au-dessus et non sous terre . Ils sont bien disposés, et l'ancienneté des lieux de sépulture et les souvenirs historiques liés aux tablettes se combinent pour les rendre d'un intérêt plus qu'ordinaire. La coutume locale de suspendre les affaires le premier jour de novembre de chaque année pour décorer les tombes de tous les cimetières mérite également plus qu'une simple remarque. Non seulement les gens décorent les dernières demeures de leurs amis et de leurs proches en ce jour spécialement choisi, mais même les tombes des étrangers sont entretenues dans un esprit de reconnaissance car l'ange de la mort n'est pas entré dans le cercle familial et n'a pas fait d'intrusion dans le cercle familial. liens d'amitié.

Il y a quelques années, une jeune femme est morte dans les voitures alors qu'elles entraient dans la ville créole de renommée mondiale. Il n'y avait rien sur le corps permettant de faciliter l'identification et la tombe d'un étranger a dû être fournie. Entre-temps, les amis et les parents de la jeune fille disparue s'étaient efforcés de la retrouver, sans se douter qu'elle se dirigeait vers le Sud. Un frère aimant a finalement mis la main sur un fil d'écoute , qu'il a suivi avec tant de succès qu'il a enfin résolu le mystère. Il est arrivé à la Nouvelle-Orléans le 1er novembre et lorsqu'il a été emmené dans la tombe qui avait été prévue pour l'étranger décédé juste devant les portes, il a été étonné de trouver plusieurs beaux bouquets de fleurs, avec des couronnes et des croix, posés dessus. . Un tel spectacle n'aurait guère pu être rencontré dans aucune autre ville du monde, et on ne peut guère dire grand-chose en louant le sentiment qui suggère et encourage une gentillesse et une pensée si désintéressées.

Le cimetière, situé à proximité du grand champ de bataille, est toujours spécialement décoré et les foules se rassemblent par milliers pour rendre hommage aux souvenirs honorés. Près de cet endroit se trouve un monument pour célébrer la grande bataille au cours de laquelle le général Pakingham fut abattu et au cours de laquelle le général Jackson galopa avec enthousiasme le long des lignes et força presque les hommes à la victoire. Le monument n'a pas reçu les soins qu'il mérite. Il y a plus d'un demi-siècle, les travaux ont commencé et beaucoup ont été accomplis. Mais après un an ou deux d'efforts, le projet a été momentanément abandonné, et il n'a jamais été renouvelé. Dans le long intervalle qui a suivi, le toit a, dans une large mesure, disparu, ainsi que plusieurs marches menant à la façade. Des centaines de personnes ont gravé leurs noms sur la pierre , et le monument, qui devrait être conservé à perpétuité, semble si peu recommandable que l'on ne regretterait guère si le fragment entier était emporté par une rafale de vent inhabituellement violente.

Plus de 1 500 soldats ont été enterrés au cimetière Chalmette après la bataille évoquée. Depuis la guerre, il est presque oublié, mais plusieurs duels et affaires d'honneur se sont réglés sur ce lieu historique.

CHAPITRE XIII.

Le chinois païen dans son élément.

Un voyage à Chinatown, San Francisco--Une maison avec une histoire--
Ruelles étroites et portes secrètes--La consommation d'opium et ses effets--
Les Highbinders--Les théâtres célestes--Festivals chinois--Le bon côté d'une
grande ville- -Un hôtel mammouth et un magnifique parc.

Chinatown, San Francisco, est un endroit si remarquable et contraste si
étrangement avec la richesse et la civilisation de la grande ville de la côte du
Pacifique, dont il fait partie, que ses particularités ne peuvent être ignorées
dans une esquisse des caractéristiques les plus remarquables. de notre terre
natale. Les écrivains et les artistes ont fait pendant des années de cette tache
sur la splendeur de San Francisco le sujet du sarcasme et du dessin animé, et,
en effet, il est difficile d'aborder le sujet sans une dose considérable de
sévérité. Les Californiens sont souvent blâmés pour leur dureté envers les
Chinois et pour la manière dont ils ont parfois réclamé des lois d'exclusion
plus strictes. Il faut un voyage à Chinatown pour faire comprendre au
commun des mortels pourquoi ce sentiment est si général à San Francisco et
pourquoi il s'étend sur tout le versant du Pacifique.

Il y a environ 25 000 Chinois à San Francisco et dans ses environs. Une petite
proportion d'entre eux ont abandonné les pires traits de leur race et se
rendent relativement utiles comme domestiques. Pour conserver leur
position, ils doivent s'assimiler plus ou moins aux mœurs et aux coutumes du
pays, et ils ne sont répréhensibles qu'à certains égards. Mais les anciens
habitants du Céleste Empire, qui ont élu domicile dans le quartier chinois,
ont très peu de qualités rédemptrices, et la plupart d'entre eux semblent
n'avoir aucune excuse tangible pour vivre.

Ils adhèrent à tous les vices et habitudes non civilisées de leurs ancêtres, et y
ajoutent très souvent des vices également répréhensibles de la soi-disant
civilisation. À une certaine époque, toutes les rues de Chinatown n'étaient
guère plus que des cendriers allongés et des poubelles. Le tollé public devint
enfin si vigoureux que la main forte de la loi fut appliquée, et maintenant les
principales rues de passage sont maintenues assez propres. Les rues
secondaires et les ruelles sont cependant encore dans un état déplorable, et
aucun Américain ou Européen ne pourrait vivre plusieurs jours dans une telle
saleté sans être frappé par une terrible maladie. Les Mongols, cependant,
semblent prospérer dans des conditions qui sont fatales à l'humanité civilisée.

Ils vivent jusqu'à l'âge moyen et les enfants semblent en très bonne santé, voire manifestement heureux.

Chinatown s'étend sur une superficie d'environ huit grandes places, en plein cœur de San Francisco. Des tentatives ont été faites à maintes reprises pour éliminer les inconvénients et les nuisances. Mais « l' Homme Melica » s'est laissé tromper par le « Chinee païen », qui a obtenu des droits de propriété qui ne peuvent être vaincus sans une mesure de confiscation, qui ne semble guère constitutionnelle. La région est probablement l'une des plus densément peuplées au monde. Les Chinois semblent dormir partout et n'importe où, et les maisons sont surpeuplées à un point qui dépasse toute croyance. On sait comme un fait réel que, dans des pièces de douze pieds carrés, jusqu'à douze êtres humains dorment et mangent, et même cuisinent ce qui leur passe comme nourriture. Les maisons elles-mêmes sont si horribles dans leur état, et ont été si remodelées de temps en temps, pour correspondre aux idées célestes et à des notions qui ne sont qu'une relique de la barbarie, que même un homme de couleur du type le plus dégradé ne peut pas être persuadé de vivre en permanence dans une maison qui a toujours été occupée par un habitant non régénéré de Chinatown.

À l'entrée de ce quartier particulier et, en fait, peu recommandable, se trouve une maison avec une histoire particulière. Il a été construit il y a plus d'un quart de siècle par un riche banquier, qui a choisi le site en raison de la vue admirable qu'on pouvait y obtenir sur les principaux éléments de la ville. Il n'a épargné aucune dépense pour sa construction et, une fois la construction terminée, il a pu admirer depuis les fenêtres supérieures certains des plus beaux paysages du monde. Pendant un certain temps, le banquier vécut dans le style le plus magnifique et se forgea une réputation de prince des amuseurs. Il dépensait des milliers de dollars en divertissements et semblait avoir tout ce qu'un être humain pouvait désirer. Sa fin fut tragique, et on n'a jamais pu savoir avec certitude s'il mourut de ses propres mains, ou des mains de l'un de ses prétendus amis ou ennemis avoués. La maison qui était autrefois sa grande fierté est aujourd'hui occupée par le consul chinois.

C'est encore et de loin la plus belle maison du quartier chinois. Dès qu'il est dépassé, le touriste ou le touriste se retrouve au milieu d'une horrible collection de crasse et de misère orientales. Il y a un certain nombre de magasins qui excitent son mépris dès que ses yeux se posent sur eux. Ils se consacrent principalement à la vente au détail de produits alimentaires dont se régalent les occupants de Chinatown, et sur nombre d'entre eux on peut voir flotter l'emblème national chinois. Les poissons sont vendus en grande quantité, et comme ils sont conservés jusqu'à leur vente, quel que soit leur état, on imagine très bien les effluves de certaines criées. Les légumes constituent également une très grande proportion de la facture quotidienne, et ceux-ci ajoutent sensiblement à l'état malodorant du quartier. Les rues sont toutes très étroites, et il y a aussi un certain nombre de passages et de ruelles exceptionnellement étroits et compliqués, qui ont été le théâtre d'innombrables crimes dans le passé.

Certaines de ces ruelles n'ont que trois ou quatre pieds de large, et, grâce à leurs virages et angles presque innombrables, elles offrent un moyen facile de s'échapper d'un fugitif poursuivi par la police ou par un de ces sanglants. sociétés chinoises assoiffées dont les Highbinders sont un type. Un écrivain qui a étudié la question de manière très approfondie nous dit que la plupart des maisons ont des portes secrètes qui mènent de l'une à l'autre, de telle manière que si un fugitif décide de s'enfuir, il peut toujours le faire au moyen de ces portes. les portes secrètes et les passages souterrains auxquels elles mènent.

Les magasins, ateliers et autres appartements sont généralement extrêmement petits, et l'économie proverbiale du Chinois est prouvée par le fait que chaque pied carré de surface au sol et de terrain est utilisé à quelque usage pratique, et l'on trouve des cordonniers, des barbiers, des diseurs de bonne aventure. et une multitude de petits commerçants exerçant leur activité dans un jogging ou une niche dans le mur, pas aussi grande que l'étal d'un cireur de bottes ordinaire. Le long des trottoirs étroits, on aperçoit de nombreux marchands en bordure de rue. Certains exposent leurs marchandises dans des vitrines en verre, disposées le long du mur, où sont exposés d'étranges articles de fantaisie de fabrication chinoise, de qualité bon marché, toutes sortes d'ornements bon marché pour les femmes et les vêtements d'enfants, curieusement fabriqués à partir d'ivoire, d'os. , perles, verre et laiton, pipes à eau et à opium à gogo.

La pipe à opium est si différente de toute conception européenne de la pipe qu'il est difficile de la décrire. Il se compose d'un grand tube ou cylindre de bambou, avec un bol à mi-chemin entre les extrémités. Le bol est parfois une très petite assiette en laiton, et parfois un appareil en forme de coupe en terre, avec le dessus fermé ou orné, n'ayant qu'un petit trou au centre. Dans cette petite ouverture, l'opium, à l'état semi-liquide, après avoir été bien fondu dans la flamme d'une lampe, est introduit au moyen d'un fil fin ou d'une aiguille. Le médicament est inséré en quantités infinitésimales. On dit que tous les Chinois fument de l'opium, bien que tous ne se livrent pas à l'excès. Certains semblent être capables d'utiliser la drogue sans que celui-ci en prenne le contrôle.

Il y a plus d'une centaine de fumeries d'opium dans les quartiers chinois. Ces lieux ne sont à aucun moment utilisés à d'autres fins. Si c'étaient les Chinois seuls qui les fréquentaient, on n'y penserait pas beaucoup. Des centaines de Blancs, hommes, femmes et jeunes des deux sexes, sont cependant devenus victimes de cette habitude répugnante. Ils sont si complètement esclaves qu'il n'y a aucune possibilité d'échapper au tyran. Pour toute la pauvreté et la misère indicible que cela a amenée à ces malheureux, les Chinois sont responsables. Les vices se regroupent autour de la vie sociale chinoise, et presque chaque maison a son appartement pour fumer l'opium, ou des pièces où se déroulent la loterie ou une sorte de jeu.

La plus jolie femme chinoise d'Amérique

Les habitants de Chinatown ont leur propre gouvernement, avec ses réglementations sociales et économiques, sa police et son service pénal, et ils appliquent même la peine de mort, mais de manière si secrète que le monde extérieur entend rarement parler de ces actes de haute autorité. autorité. Cette politique sociale et commerciale est contrôlée par six sociétés, à l'une desquelles chaque Chinois du pays doit allégeance et est tributaire. Ces compagnies représentent chacune différentes provinces de l'Empire chinois, et à chaque arrivée d'un paquebot en provenance de ce pays, et avant que les passagers ne débarquent, la partie chinoise d'entre elles reçoit la visite d'un fonctionnaire des six compagnies, qui vérifie dans quelle province chacune arrive. coolie est originaire de. Cela décide à quelle entreprise il appartiendra.

Tout Chinois qui vient est assuré de son retour en Chine ou, s'il a le malheur de mourir en exil, que ses ossements seront renvoyés chez lui. Cette question très importante est l'une des tâches des six sociétés. Cette assurance réconfortante, cependant, n'est pas partagée par les femmes qui, à l'exception de celles qui sont les épouses d'hommes de la classe supérieure, sont amenées par une classe infâme de commerçants et vendues comme biens meubles ou esclaves, n'ayant aucun rapport avec eux. aux six sociétés.

Il y a dans les quartiers chinois un affreux lieu souterrain, où l'on transporte les ossements des défunts, après qu'ils soient restés un certain temps dans le sol. Ici, ils sont grattés, nettoyés et emballés, en préparation de leur dernier voyage de retour vers la patrie et de leur dernière demeure. Parmi les résidents chinois de San Francisco, il y a relativement peu de personnes appartenant à la classe supérieure. La différence entre eux et les masses est très prononcée, et ils l'apprécient pleinement. Ce sont des messieurs instruits et bien élevés. Les coolies et les classes inférieures sont un peuple ignorant, repoussant et mal élevé. Ils semblent n'être que de simples brutes, et aucune lueur d'intelligence ne transparaît dans leurs visages ternes et inexpressifs.

Les « Highbinders » sont liés ensemble par des obligations solennelles et sont les instruments utilisés par les autres Chinois pour venger leurs torts réels ou imaginaires. Les Highbinders sont organisés en loges ou pinces, qui sont engagées dans des querelles constantes les unes avec les autres. Ils mènent une guerre ouverte, et leur haine mutuelle est si meurtrière, que la guerre ne cesse que lorsque le dernier individu tombé sous l'interdiction d'un rival a été sacrifié. Ces querelles ressemblent aux vendettas dans certains États du sud de l'Europe et défient tous les efforts de la police pour les réprimer. Les meurtres sont donc fréquents, mais il est presque impossible d'identifier les meurtriers, et si un Chinois est arrêté sur la base de soupçons, ou même de preuves presque positives de culpabilité, le procès se termine uniformément par un échec de condamnation.

Les théâtres sont, pour le visiteur, probablement l'élément le plus intéressant des quartiers chinois. Il y a quelques années, il existait plusieurs de ces salles de spectacle, mais leur nombre est aujourd'hui réduit à deux. Le prix d'entrée est de 25 centimes ou 50 centimes.

Les Blancs qui, par curiosité, assistent à un spectacle paient généralement plus cher et bénéficient de sièges plus confortables sur scène. La scène est une affaire primitive. Il ne possède ni rideau, ni rampe, ni décor d'aucune sorte.

Lorsque, au cours d'une pièce, un homme est tué, il reste allongé sur la scène jusqu'à la fin de la scène, puis se lève et s'en va. Parfois, un serviteur apporte et place sous sa tête un petit oreiller en bois, afin que le mort puisse se reposer plus confortablement. Après qu'un acteur ait été décapité, il est connu qu'il ramasse la fausse tête et l'apostrophe en sortant de la scène. L'orchestre est au fond de la scène. Il se compose généralement d'un ou deux flageolets à couper le souffle et d'un système de gongs et de tam-tams, qui entretiennent un vacarme infernal pendant toute la représentation.

Les pièces chinoises sont généralement historiques et durent de quelques heures à plusieurs mois. Les costumes sont magnifiques, d'après les idées chinoises de splendeur. Aucune femme n'est autorisée sur scène, des jeunes hommes aux voix de fausset se faisant invariablement passer pour les femmes.

Les restaurants de Chinatown sont un élément très peu satisfaisant de ce quartier peu recommandable. Beaucoup d'ouvriers y logent, et les plus petits ne sont rien d'autre que de misérables petites tavernes, mal aérées et extrêmement répréhensibles, et, en fait, nuisibles à la santé et aux bonnes mœurs. Il existe des restaurants plus grands, équipés de manière plus coûteuse. Le conseil de Shakespeare concernant la propreté sans éclat n'est pas suivi. Il y a toujours une profusion de couleurs dans la décoration, mais il n'y a jamais rien qui ressemble à la symétrie ou à la beauté.

Il existe un nombre immense de maisons de fougères dans le quartier chinois. Chaque entreprise en possède une. D'autres appartiennent à des sociétés, des pinces et à des particuliers. Les aménagements de ces temples sont magnifiques à leur manière. Il y en a un récemment ouvert sur Waverly Place, qui surpasse de loin tous les autres par la grandeur de ses équipements sacrés et de sa décoration. Les idoles, les bronzes, les sculptures, les cloches, les bannières et l'attirail du temple auraient coûté environ 20 000 dollars et représentent le plus haut degré de l'art chinois. Devant le trône de chacun de ces temples, où est assis le dieu principal, brûle une flamme sacrée qui ne s'éteint jamais. Dans une armoire à droite de l'entrée se trouve une petite image appelée « le portier », qui veille à ce qu'aucun mal n'arrive au temple de ceux qui entrent.

Les portes du temple sont toujours ouvertes et ceux qui ont un penchant religieux peuvent entrer à toute heure de la journée. Les prières sont écrites ou imprimées sur du papier rouge ou bleu. Ceux-ci sont allumés et déposés dans une sorte de fourneau ayant une ouverture près du sommet, et à mesure que la fumée monte, la cloche voisine sonne pour attirer l'attention des dieux. Les femmes ont une méthode préférée pour prédire l'avenir. Ils s'agenouillent devant l'autel, tenant dans chaque main un petit bloc de bois d'environ cinq pouces de long, qui ressemble à une banane fendue. Ils les portent à leurs yeux fermés, inclinent la tête et tombent. S'ils tombent dans une certaine position, c'est une indication que le souhait ou la prière sera exaucé. S'ils tombent dans une position défavorable, ils poursuivent l'effort jusqu'à ce que les blocs tombent comme souhaité. Quand les affaires sont ennuyeuses et les temps difficiles avec les Chinois, ils attribuent cela au mécontentement de leurs dieux. Ils essaient de apaiser la divinité offensée en brûlant des bâtons d'encens et en offrant des fruits et d'autres choses qui n'ont pas d'équivalent chrétien et qui sont censés être reconnaissants au palais divin.

Les Chinois observent de nombreuses fêtes. Les plus importants sont ceux du Nouvel An. Il s'agit d'une fête mobile qui a lieu entre le 21 janvier et le 19 février. Le Nouvel An doit tomber à la première nouvelle lune après l'entrée du soleil dans le Verseau. Il est d'usage, à cette époque, de régler toutes les affaires et de payer toutes les dettes contractées au cours de l'année. Sans cela, ils n'auront aucun crédit pendant l'année, et par conséquent un grand effort est fait pour payer leurs créanciers. Il y en a cependant qui ont été malheureux et qui n'ont rien prévu pour ce jour de règlement, et sachant bien qu'il y a un certain nombre de ces petits billets ennuyeux qui risquent d'être présentés à tout moment, ils se tiennent à l'écart. jusqu'à ce que le soleil se lève pour la nouvelle année.

Ils réapparaissent alors dans leurs repaires habituels, se sentant en sécurité pendant au moins quelques jours, car pendant que les réjouissances se poursuivent, il n'y a aucun danger d'être confronté à un dun . Tous les sujets sombres sont tabous, et chacun s'emploie à tirer le meilleur parti possible de cette journée de fête. Pour certains, c'est le seul jour férié de toute l'année et ils sont obligés de reprendre leur travail le lendemain. D'autres célébreront trois ou quatre jours, et ainsi de suite. Les riches et les indépendants le maintiennent pendant deux semaines entières et commencent à s'installer dans la vie quotidienne vers le seizième jour.

La nuit précédant le jour de l'An est consacrée à des cérémonies religieuses dans les temples ou à la maison. À l'extérieur, l'air est rempli de fumée et de rugissements de pétards qui explosent. Mais quand l'horloge a sonné la mort des anciens et annoncé la naissance de la nouvelle année, on croirait que le Pandémonium s'est déchaîné. À moins de l'avoir entendu, aucune idée ne peut être formée quant à ce qu'est réellement ce bruit surnaturel. On nous dit que c'est pour effrayer les mauvais esprits, pour invoquer la faveur des dieux, pour dire, comme ils l'espèrent tendrement, un dernier adieu à la malchance ; et encore, simplement parce qu'ils sont heureux, et lorsqu'ils sont dans cet état d'esprit, ils aiment manifester leur joie par des manifestations bruyantes. Un certain temps tôt le matin est consacré au culte dans les sanctuaires de la maison et dans les temples. Ils déposent devant leurs images sacrées des offrandes de thé, de vin, de riz, de fruits et de fleurs. Le lys chinois est en pleine floraison à cette saison et occupe une place de choix dans les joss-houses. Il est en vente à tous les coins de rue.

La journée est consacrée aux festins, à la recherche du plaisir et aux appels du Nouvel An. Les Chinois sont toujours très heureux de recevoir des appels d'hommes blancs avec lesquels ils ont des relations d'affaires, et ils exhibent leurs cartes avec beaucoup de fierté. Ils sont très pointilleux et rivalisent même avec les Français en termes de politesse, et c'est considéré comme une offense si l'une de leurs hospitalités offertes est refusée.

Mais si Chinatown constitue l'aspect le plus extraordinaire de San Francisco et est visité par des touristes qui le considèrent naturellement à la lumière de fruits interdits et donc exceptionnellement attrayants, ce n'est en aucun cas l'aspect le plus intéressant ou le plus important d'un quartier. des plus belles villes du monde. San Francisco est la métropole du versant du Pacifique. Il occupe la pointe d'une longue péninsule entre la baie et l'océan, et son site est si unique qu'il comprend de magnifiques collines et sommets. L'histoire de San Francisco regorge d'histoires de frontières et de mines d'or et de récits sur les premiers troubles des pionniers. Des pages entières pourraient être écrites sur les aventures des premiers jours de cette ville remarquable. Il fut un temps où quelques bâtiments à charpente constituaient la ville entière. La ruée des spéculateurs, découverte après découverte d'or, a transformé le petit port tranquille en une scène de troubles et de perturbations.

Chaque navire apportait avec lui une cargaison d'hommes plus ou moins désespérés, venus de divers points cardinaux, déterminés à obtenir la part du lion de l'or dont on leur avait dit qu'ils pourraient être récupérés. La valeur des matières premières a grimpé comme des fusées. L'homme qui disposait de quelques mulets et chariots de rechange était capable de réaliser dix fois le prix qui avait été proposé pour eux avant le boom. Beaucoup d'hommes qui se trouvaient dans cette situation n'ont pas jugé opportun de gâcher leurs chances en acceptant de graves risques à la recherche de l'or, et beaucoup de ceux qui sont restés chez eux et ont subvenu aux besoins de ceux qui montaient dans le pays ont acquis de belles compétences, et dans certains cas de petites choses. fortunes.

Il n'y a pas lieu de s'étonner qu'il y ait eu beaucoup d'anarchie et de violence. On a dit que pour chaque véritable mineur, il y avait au moins un parasite ou un adepte du camp, qui n'avait aucune intention de creuser ou de laver, mais qui était assez intelligent pour comprendre qu'un véritable paradis de voleurs serait construit en les travailleurs acharnés. Parfois, ces hommes prenaient la peine de creuser des tunnels sous terre et dans les tentes de mineurs prospères, traversant fréquemment de riches gisements d'or en chemin. À d'autres moments, ils attaquaient les chariots et les autocars arrivant à San Francisco en provenance des camps miniers. L'histoire nous raconte les combats qui ont suivi, et nous avons tous entendu parler de mineurs prospères qui ont été assassinés alors qu'ils dormaient dans des maisons de transition, et le résultat de leur dur labeur s'est transformé en usages vils et à des fins viles.

À San Francisco même, le vol et la violence n'ont pas pu être réprimés. Nous avons tous entendu parler de la manière dont les éléments honnêtes se sont finalement réunis, ont élaboré des lois spéciales et ont exécuté les délinquants en peu de temps. Bien entendu, personne n'approuve la loi sur le lynchage dans l'abstrait, mais lorsque les circonstances de l'affaire sont prises en considération, il est difficile de condamner très sévèrement les hommes qui ont permis à San Francisco de devenir une ville grande et honorée.

La population de San Francisco est aujourd'hui d'environ un tiers de million d'habitants. Une plus grande partie de sa croissance s'est produite au cours du dernier quart de siècle, et elle a été la première ville de ce pays à poser des conduites de câbles et à adopter un système de téléphériques. Pendant plusieurs années, elle a eu pratiquement le monopole de ce mode de transport urbain et, bien que l'électricité ait depuis fourni une force motrice encore plus pratique, San Francisco aura toujours droit au mérite de l'admirable travail missionnaire qu'elle a accompli dans cette direction. À l'heure actuelle, presque toutes les parties de la ville et ses magnifiques parcs sont facilement accessibles grâce à un système de transport aussi confortable et rapide que peu coûteux.

Parmi les merveilles de San Francisco, il faut mentionner le Palace Hotel, une structure d'une immense ampleur et probablement deux ou trois fois plus grande que ce que l'homme oriental moyen imagine. Le site de l'hôtel s'étend sur plus d'un acre et demi et plusieurs millions de dollars ont été dépensés pour cette structure. Tout est magnifique, vaste, immense et massif. Le bâtiment lui-même a sept étages et en son centre, formant ce qui peut être décrit comme la plus grande cour fermée du monde, se trouve un espace circulaire de 144 pieds de diamètre et couvert de verre à une grande hauteur. Les voitures sont conduites dans cette enceinte et, dans les conditions météorologiques les plus extrêmes connues à San Francisco, les invités peuvent descendre pratiquement à l'intérieur.

Il y a près de 800 chambres, toutes grandes et hautes, et le style général de l'architecture est plus que massif. Les murs de fondation ont 12 pieds d'épaisseur et 31 000 000 de briques ont été utilisées au-dessus. Le squelette de bandes de fer forgé, sur lequel est construit l'ouvrage de brique et de pierre, pèse plus de 3 000 tonnes. Quatre puits artésiens alimentent en eau pure la maison, qui est non seulement l'un des plus grands hôtels du monde, mais aussi l'un des plus complets et indépendants dans son aménagement.

Une agréable balade de près de six kilomètres amène le cavalier au Golden Gate Park. Le Golden Gate, dont le parc tire son nom, est l'un des endroits les plus beaux du monde, et on peut y admirer certains des couchers de soleil les plus exquis jamais observés. La porte est l'entrée de l'océan Pacifique dans la baie de San Francisco, dont la largeur varie de dix à quinze milles. A la porte, la largeur est soudainement réduite à moins d'un mile, et par conséquent, au flux et au reflux, le courant est très rapide. Près de la Porte, on peut voir des lions de mer gambader dans les vagues, et les vagues peuvent être observées frapper les rochers et les rochers, et envoyer des gerbes de blancheur mousseuse jusqu'à une hauteur de cent pieds.

Le Golden Gate Park est comme tout le reste de la côte Pacifique, immense et merveilleux. Ce n'est pas le plus grand parc du monde, mais il compte parmi les plus étendus. Sa superficie dépasse mille, et il est difficile d'apprécier le fait que le terrain richement cultivé à travers lequel le touriste est conduit a été gagné sur l'océan et n'était autrefois qu'un peu plus qu'une succession de bancs de sable et de dunes.

Lorsque le lecteur se rendra à San Francisco, comme nous espérons qu'il y ira un jour , s'il ne l'a pas déjà visité, on lui dira quelques minutes après son entrée dans la ville qu'il a au moins atteint ce qu'on peut appeler à juste titre Le pays de Dieu. À chaque pas, il entendra beaucoup parler du climat glorieux de la Californie, et avant d'être dans la ville plusieurs jours, il se demandera comment il pourra en sortir vivant s'il ne veut voir qu'une fraction des merveilleux sites à voir. sur lequel son attention est attirée.

La Californie est souvent surnommée le Golden State. Le nom de Californie a été donné au territoire comprenant l'État et la Basse-Californie dès 1510, lorsqu'un romancier espagnol, de fantaisie ou de prophétie, écrivait à propos de « la grande terre de Californie, où l'on trouve une abondance d'or et de pierres précieuses ». ". En 1848, la Californie proprement dite fut cédée aux États-Unis et, la même année, la découverte de l'or à Colomo mit un terme à la paix et à la tranquillité qui régnaient dans les plaines fertiles, les montagnes inexplorées et les jolies vallées. Peu de temps après, cent mille hommes se précipitèrent dans l'État et, pendant les premières années, jusqu'à cent mille mineurs furent maintenus régulièrement au travail.

C'est en 1856 que fut constitué le fameux Comité de Vigilance. Au mois de mai de la même année, des meurtriers furent extraits de prison et exécutés, le résultat étant que le gouverneur déclara San Francisco en état d'insurrection. Le Comité de vigilance a acquis un pouvoir quasi souverain et, avant de se dissoudre en août, il a organisé un défilé auquel ont participé plus de 5 000 hommes armés et disciplinés.

Deux ans plus tard, le courrier terrestre commençait ses voyages et le célèbre Pony Express suivit en 1860. Les chemins de fer suivirent peu après, et au lieu d'être un pays pratiquement inconnu, à plusieurs semaines de voyage des vieilles villes établies, le Lightning Express a amené le Pacifique si proche de l'Atlantique que le temps et l'espace semblent avoir été presque anéantis.

CHAPITRE XIV.

AVANT L'ÉMANCIPATION ET APRÈS.

Première importation d'esclaves noirs en Amérique--Les premiers abolitionnistes--Un enthousiaste de couleur et un lâche--Origine du mot « Sécession »--Le fanatisme de John Brown--La Case de l'oncle Tom--Fidèle jusqu'à la mort--George Augustus Sala on le nègre qui s'est attardé trop longtemps dans l'étang du moulin.

Le nègre américain est un personnage si distinct qu'il ne peut être négligé dans un ouvrage de cette nature. Certaines personnes pensent qu'il est totalement mauvais et que, même s'il assume parfois une vertu, il ne fait que jouer un rôle, et le joue indifféremment bien. D'autres le placent sur un piédestal élevé et le magnifient en héros et en martyr.

Mais l'Afro-Américain, communément appelé « nègre » dans le Sud, n'est ni l'un ni l'autre. Il est souvent aussi inutile que les « déchets blancs » qu'il méprise avec tant de mépris, et il est souvent tout ce à quoi les plus exigeants peuvent s'attendre, lorsque l'on prend en considération son environnement et ses inconvénients. Les physiologistes nous disent que l'homme est en grande partie ce que les autres font de lui, beaucoup allant jusqu'à dire que le caractère et la disposition sont en trois parties héréditaires et en partie environnementaux. Si tel est le cas, il convient d'en tenir compte. Il y a moins de 300 ans que les premiers nègres ont été amenés dans ce pays, et cela ne fait guère plus de trente ans que l'esclavage a été aboli. Par conséquent, tant au point de vue de l'ascendance qu'au point de vue de l'environnement, le nègre est dans une situation très désavantageuse et il ne devrait guère être jugé selon les critères communs.

C'est en 1619 qu'un navire hollandais débarqua une cargaison de nègres en provenance de Guinée, mais ce n'était pas vraiment le premier cas d'esclavage dans ce pays. Avant cette époque, les pauvres et les criminels du vieux monde s'étaient volontairement vendus à une sorte de sujétion, préférant la famine et la détention dans leur propre pays ; mais ce débarquement en 1619 semble avoir réellement introduit l'homme de couleur dans le monde du travail et sur le marché américain.

Nous n'avons pas besoin de retracer longuement l'histoire du nègre en tant qu'esclave. Il va sans dire qu'il a été maltraité à l'occasion, mais il n'est pas aussi certain que son état soit à peu près aussi mauvais que la majorité des auteurs ont tenté de le prouver. C'était la politique du propriétaire d'esclaves d'obtenir autant de travail que possible de son personnel. Il savait par expérience que les capacités d'endurance humaine étaient nécessairement limitées et qu'un homme ne pouvait pas travailler de manière satisfaisante lorsqu'il était malade ou affamé. Par conséquent, même en supposant que tous les propriétaires d'esclaves étaient insensibles, il est évident que leur intérêt personnel devait les pousser à maintenir le nègre en bonne santé et à l'empêcher de perdre ses forces à cause de la misère et du besoin.

Dans certaines plantations, le sort de l'esclave était dur, mais dans d'autres, il y avait très peu de plaintes ou de raisons de se plaindre. Des milliers d'esclaves étaient de loin mieux lotis qu'ils ne l'ont été après la libération, et c'est un fait qui en dit long sur les propriétaires d'esclaves tant discutés et critiqués, qu'un grand nombre d'esclaves émancipés ont refusé d'accepter leur liberté, tandis que beaucoup d'autres, qui sont partis ravis de la suppression de la contrainte , revinrent de leur côté très peu de temps après et supplièrent de pouvoir reprendre les anciennes relations.

Le nègre moyen obéit, obéit littéralement, à l'instruction divine de ne pas se soucier du lendemain. S'il dîne bien au four, il a tendance à oublier pour le moment qu'il existe un repas tel que le dîner, et il ne pense certainement pas même en passant au fait que s'il ne prend pas de petit-déjeuner le matin, il sera " puissant 'affamé." Cette indifférence quant à l'avenir a privé l'esclavage d'une grande partie de ses difficultés, et bien que tout le monde condamne cette idée dans l'abstrait, il y a beaucoup d'hommes et de femmes humains qui ne pensent pas que l'homme de couleur a souffert moitié moins qu'il l'a si souvent et si catégoriquement souffert. été déclaré.

L'abolition a été préconisée avec beaucoup de sérieux pendant de nombreuses années avant la célèbre proclamation d'émancipation de Lincoln. L'agitation a d'abord pris forme tangible sous l'administration du général Jackson, un homme qui a reçu plus de culte de héros que n'en a jamais reçu aucun de ses successeurs. C'est à un Quaker zélé, quoique bigot peut-être, qu'appartient le mérite d'avoir commencé le travail en fondant un journal qu'il appelait le « Génie de l'émancipation universelle ». William Lloyd Garrison, qui publia par la suite « The Liberator », fut associé à ce journal et, dans le premier numéro, il annonça comme programme une guerre à mort contre l'esclavage sous toutes ses formes. "Je n'hésiterai pas, je n'excuserai pas, je ne reculerai pas d'un seul pouce et je serai entendu", fut la déclaration par laquelle il ouvrit la campagne, qu'il poursuivit ensuite avec plus de vigueur que de succès.

Garrison a abordé la question des relations entre les Blancs et les Métis du pays sans gants, et son langage très franc lui a parfois causé des ennuis. Les gens qui le soutenaient étaient connus sous le nom d'abolitionnistes, un nom qui, même à cette époque précoce, évoquait de la rancune et divisait foyer contre foyer et famille contre famille. Parmi eux, Garrison était considéré comme un héros et, dans une certaine mesure, comme un martyr, tandis que l'amertume de ses invectives lui valait le titre de fanatique et d'excentrique parmi les milliers de personnes qui n'étaient pas d'accord avec lui et qui pensaient qu'il préconisait une législation avant l'élection. sentiment public.

Les débats de la journée dont nous parlons ont été pleins d'intérêt. Bon nombre des arguments avancés regorgeaient de force. Les abolitionnistes ont dénoncé l'incohérence de la République, en déclarant que tous les hommes étaient égaux, puis en maintenant 3 000 000 de personnes de couleur dans une sujétion forcée. En réponse, la Bible fut librement citée pour défendre l'esclavage, et le combat fut repris par les ministres du culte avec beaucoup de zèle. Il ne s'agissait en aucun cas d'une question sectorielle à l'époque. Alors que les esclaves appartenaient à des planteurs et à des propriétaires fonciers du Sud, ils étaient achetés et conservés grâce à des capitaux empruntés, et nombre d'hommes du Nord, censés sympathiser avec les abolitionnistes, étaient tout aussi intéressés par la perpétuation de l'esclavage que ceux-là. qui possédait réellement les esclaves eux-mêmes.

En 1831, un nègre nommé Turner, soutenu par six compatriotes désespérés et égarés, se lança dans ce qu'ils considéraient comme une croisade pratique contre l'esclavage. Turner prétendait avoir eu des visions telles que celle inspirée de Jeanne d'Arc, et il entreprit de remplir ce qu'il considérait comme sa mission divine, de manière très fanatique. Tout d'abord, l'homme blanc qui possédait Turner a été assassiné, puis le groupe a tué tous les hommes blancs en vue ou à portée de main. En deux jours, près de cinquante hommes blancs furent détruits par ces anges vengeurs, comme on les appelait, puis l'insurrection ou la croisade fut terminée par l'organisation d'une poignée d'hommes blancs qui ne proposèrent pas d'être sacrifiés comme l'avaient été leurs camarades.

La bravoure de Turner était grande lorsqu'il n'y avait pas de résistance, mais il reconnaissait que la discrétion était la meilleure partie de la valeur dès qu'une résistance organisée était offerte. Se dirigeant vers les bois, il laissa ses partisans se débrouiller seuls. Pendant plus d'une semaine, il vécut de ce qu'il trouvait dans les champs de blé, puis, entrant en contact avec un homme blanc armé, il se rendit rapidement. Une semaine plus tard, il fut pendu et dix-sept autres hommes de couleur subirent la même peine pour leur participation au complot. L'épidémie meurtrière eut d'autres conséquences désastreuses pour les nègres et fit soupçonner et punir de nombreux hommes innocents.

Un an plus tard, Garrison a créé la New England Anti-Slavery Society, qui a été suivie par de nombreuses organisations similaires. Le sentiment devint si intense que le président Jackson jugea opportun de recommander une législation excluant les publications sur l'abolition des courriers. La mesure fut finalement rejetée, mais dans les États du Sud notamment, de nombreux courriers furent fouillés et même condamnés. Des récompenses ont été offertes dans certains États esclavagistes pour l'arrestation de certains des principaux abolitionnistes, et l'émotion était très vive, chaque épidémie étant imputée aux hommes qui prêchaient le nouvel évangile de l'égalité des droits, quelle que soit leur couleur. .

Des foules sont fréquemment intervenues dans les débats et plusieurs hommes ont été attaqués et arrêtés sous des prétextes très fragiles. En 1836, le Pennsylvania Hall, à Philadelphie, fut incendié parce qu'il avait été inauguré par une réunion anti-esclavagiste. Le sentiment devint si amer que toute tentative d'ouvrir des écoles pour les enfants de couleur était suivie de troubles, les professeurs étant chassés et les livres détruits. De nombreuses pétitions sur le sujet furent envoyées au Congrès et il y eut un tollé à la Chambre lorsqu'il fut proposé de renvoyer une pétition pour l'abolition de l'esclavage dans le district de Columbia à un comité. Les membres du Congrès du Sud se retirèrent de la Chambre en guise de protestation formelle, et le mot « sécession », qui devait par la suite acquérir un sens beaucoup plus significatif, fut d'abord appliqué à cette action de leur part.

Un compromis fut cependant trouvé et les membres sécessionnistes prirent place le lendemain. Cependant, le sentiment était très fort. Certains rendirent les esclaves fugitifs à leurs propriétaires, tandis que d'autres créèrent ce qu'on appelait alors le chemin de fer souterrain. Il s'agissait d'une combinaison d'abolitionnistes de diverses régions et impliquait l'alimentation et le logement des esclaves, qui étaient transmis de maison en maison et aidés sur leur route vers le Canada. Une grande émotion fut suscitée en 1841 par le navire « Creole », qui quitta Richmond avec une cargaison de 135 esclaves de la plantation de Virginie. Près des îles Bahama, un des esclaves nommé Washington, comme d'ailleurs on nommait de temps en temps bon nombre de milliers d'esclaves, a pris la tête d'une rébellion. Les esclaves réussirent à maîtriser l'équipage et à enfermer le capitaine et les passagers blancs. Ils ont forcé le capitaine à prendre le bateau pour New Providence, où tous, à l'exception des membres de la foule rebelle, ont été déclarés libres.

Joshua Giddings, de l'Ohio, a proposé une résolution à la Chambre des représentants affirmant que tout homme ayant été esclave aux États-Unis était libre dès qu'il traversait la frontière d'un autre pays. La manière dont cette résolution a été reçue a conduit à la démission de M. Giddings. Il s'est proposé à sa réélection et a été renvoyé au Congrès à une énorme majorité. Comme l'Ohio s'était montré très amer dans ses manifestations anti-nègres, le vote a été considéré comme très significatif. La Cour suprême a décidé différemment du peuple et a rendu un arrêt selon lequel les esclaves fugitifs étaient passibles d'être recapturés. Le tribunal a jugé que la loi relative à l'esclavage était primordiale dans les États libres comme dans les États esclavagistes, et que tout citoyen respectueux des lois devait reconnaître ces droits et ne pas y porter atteinte. Les sentiments sont ensuite devenus très intenses et ont menacé pendant un certain temps de s'étendre bien au-delà des limites rationnelles. Dans l'Église, la controverse s'est intensifiée et, dans plus d'un cas, des divisions ainsi que des dissensions ont surgi.

En 1858, une nouvelle phase est donnée à la controverse par John Brown. Tout le monde a entendu parler de cet homme remarquable, considéré par les uns comme un martyr, et par les autres comme un dangereux excentrique. Comme le dit très justement un auteur, John Brown était à la fois l'un et l'autre. Que ses intentions fussent essentiellement bonnes, cela ne fait aucun doute, mais ses méthodes étaient sujettes à la plus grave censure et, selon certains penseurs profonds, il était, dans une large mesure, responsable du sentiment amer qui provoqua la guerre entre le Nord et le Nord. Sud inévitable. Cela donne probablement une importance excessive à cet enthousiaste dont on parle beaucoup, qui se considérait comme un messager divin envoyé pour libérer les esclaves et punir les propriétaires d'esclaves.

Il eut l'idée de rassembler autour de lui tous les gens de couleur dans les montagnes imprenables de Virginie, et après avoir rédigé une constitution, il déploya son drapeau et appela ses partisans. En octobre 1859, il prit possession de l'Armurerie américaine à Harper's Ferry, interféra avec la circulation des trains et tint pratiquement la ville avec une force d'environ dix-huit hommes, dont quatre de couleur. Le colonel Robert E. Lee est rapidement arrivé sur les lieux avec un détachement de troupes et a conduit le Brown qui le suivait dans une salle des machines. Ils ont refusé de se rendre et treize ont été tués ou mortellement blessés. Deux des fils de Brown figuraient parmi ceux qui tombèrent et le chef lui-même fut capturé. Il traita son procès avec la plus grande indifférence et se dirigea vers l'échafaud debout et apparemment indifférent. Son corps a été transporté à son ancienne maison dans l'État de New York, où il a été enterré.

Abraham Lincoln ne doit pas figurer sur la liste des abolitionnistes enthousiastes, même s'il a finalement libéré les esclaves. Dans des discours prononcés avant la guerre, il exprima l'opinion que dans les États esclavagistes, une émancipation générale serait peu judicieuse, et bien que son élection ait été considérée comme dangereuse pour les intérêts des propriétaires d'esclaves, cette crainte semble avoir été dans une large mesure prophétique. . Ce n'est que lorsque la guerre dura bien plus longtemps que prévu initialement que Lincoln menaça définitivement de libérer les esclaves de couleur. Cette menace, il la mit à exécution le 1er janvier 1863, lorsque 3 000 000 d'esclaves furent libérés. La cause de la Confédération n'était pas encore devenue la « cause perdue », et les dirigeants du côté sud étaient enclins à ridiculiser le décret et à le considérer plutôt comme un « bluff » que comme quelque chose de sérieux. Mais c'était une émancipation en fait aussi bien qu'en fait, comme l'orateur de couleur ne se lassait pas de l'expliquer.

Tel est, dans ses grandes lignes, l'histoire de l'homme de couleur à l'époque de la servitude forcée. De nombreux volumes ont été écrits sur son état au cours de cette période. Peu d'ouvrages imprimés en langue anglaise ont été plus largement diffusés que "Uncle Tom's Cabin", qui a été lu dans tous les pays anglophones du monde et dans de nombreux autres pays. Il a été dramatisé et joué sur des milliers de scènes devant des publics de tous rangs et de toutes classes sociales. En tant qu'ouvrage descriptif, il rivalise dans de nombreux passages avec le meilleur jamais écrit. De nombreuses controverses ont eu lieu quant à savoir dans quelle mesure le livre relève de l'histoire, dans quelle mesure il est fondé sur des faits et dans quelle mesure il relève de la pure fiction. Le sol est plutôt dangereux à toucher. Il est plus sûr de dire que même si la brutalité exposée au mépris et au mépris dans ce livre n'était pas générale dans les États esclavagistes ou dans les plantations du Sud, ce qui est décrit aurait pu se produire en vertu des lois en vigueur, et le livre a exposé des iniquités qui étaient certainement perpétrés dans des cas isolés.

Que tous les nègres n'étaient pas maltraités, ou que l'esclavage signifiait invariablement la misère, peut être facilement prouvé par quiconque prend la peine d'enquêter, même de la manière la plus superficielle. Lorsque la nouvelle de l'émancipation se répandit peu à peu dans les régions reculées du Sud, des centaines, voire des milliers de nègres refusèrent catégoriquement de profiter de la liberté qui leur était accordée. De nombreux cas de dévotion et d'amour des plus pathétiques ont été rendus manifestes. Aujourd'hui encore, de nombreux hommes et femmes de couleur âgés restent avec leurs anciens propriétaires et refusent de considérer l'émancipation comme logique ou raisonnable.

Il n'y a pas si longtemps, un écrivain du Nord, lors d'un voyage à travers le Sud, rencontra un vieux nègre qu'il approcha dans le but d'obtenir quelques passages intéressants de l'histoire locale. À sa grande surprise, il découvrit que le vieil homme n'avait qu'une idée. Cette idée était qu'il était de son devoir de prendre soin et de préserver la tombe de son ancien maître. Lorsque la guerre éclata, le vieux héros était le valet de chambre d'un homme qui, dès le début, était au cœur de la lutte contre le Nord. L'homme de couleur suivit son maître-soldat d'un endroit à l'autre, et lorsqu'une balle du Nord mit fin à la carrière du maître, le serviteur ramena respectueusement le corps à l'ancienne maison, surveilla l'inhumation et commença une routine quotidienne de regarder, ce qu'il n'avait jamais varié depuis plus de trente ans.

Tous les parents du défunt avaient quitté le quartier des années auparavant, et le vieux nègre fidèle était le seul à veiller sur la tombe et à conserver en bon état les fleurs qui y poussaient. D'après les rumeurs locales, le vieil homme n'avait aucun moyen de subsistance visible, obtenant le peu de nourriture dont il avait besoin en échange de petits travaux autour des maisons voisines. Personne ne semblait savoir où il dormait, ni considérer cette affaire comme ayant une quelconque conséquence. Il y avait cependant chez le héros noir de jais un air de bonheur absolu, ajouté à un sentiment évident de fierté face à l'accomplissement de la tâche qu'il s'était imposée et avec beaucoup d'amour.

Les exemples de ce genre pourraient se multiplier presque à l'infini. Le nègre, en tant qu'homme libre et citoyen, conserve bon nombre des caractéristiques les plus marquantes qui ont marqué sa carrière avant la guerre. De temps en temps, on entend parler d'un nègre qui se suicide. Un tel événement est cependant presque aussi rare que la démission d'un titulaire de charge ou le décès d'un rentier. L'indifférence à l'égard de la souffrance et une vive appréciation du plaisir rendent le deuil prolongé très inhabituel chez les Afro-Américains et, par conséquent, leur vie est relativement joyeuse.

Il faut descendre dans le Sud pour apprécier l'homme de couleur tel qu'il est réellement. Dans le Nord, il a tellement tendance à imiter l'homme blanc qu'il perd sa personnalité unique. Dans les États du Sud, cependant, on le retrouve dans toute sa splendeur originelle. Ici, il peut être considéré comme un survivant des générations précédentes. Dans le Sud, avant la guerre, le truisme selon lequel il y a de la dignité dans le travail n'était guère apprécié à sa juste valeur. Le nègre comprit, comme par instinct, qu'il devait travailler pour son maître blanc et que les travaux de toutes sortes dans les champs, sur la route et à la maison devaient être accomplis par lui. Pour un homme blanc qui travaillait, il éprouvait des sentiments où il y avait un peu de pitié et beaucoup de mépris. Il ne s'est jamais remis de ce sentiment, ni de celui qu'avait son père avant lui. Aujourd'hui, dans le Sud, l'expression « po 'white trash » est encore pleine de sens, et les mots sont prononcés par les critiques aux lèvres épaisses et à la tête laineuse avec une emphase et une expression que le meilleur imitateur blanc n'a jamais encore réussi à reproduire. .

George Augustus Sala, l'un des écrivains descriptifs les plus anciens et les plus célèbres d'Angleterre, parle de manière très amusante de l'esclave émancipé. Le premier voyage effectué dans ce pays par l'écrivain polyvalent mentionné a eu lieu pendant la guerre.

Il rentra chez lui plein de préjugés et décrivit le pays avec cette manière dédaigneuse que les écrivains européens sont trop portés à adopter à l'égard de l'Amérique. Plusieurs années plus tard, il effectua son deuxième voyage, et ses expériences, telles que rapportées dans « America Revisited », sont bien meilleures à lire et beaucoup plus libres de préjugés.

« Depuis trente-cinq ans, écrit-il, j'avais attendu de voir le nègre « debout dans l'étang du moulin ». Je l'ai vu dans toute sa gloire et toute sa misère à Guinneys , dans l'État de Virginie. J'avoue que depuis quelques jours, l'Africain potentiel, « debout dans l'étang du moulin plus longtemps qu'il n'aurait dû », s'était couché un peu lourdement. ma conscience. Ma connaissance de nos frères noirs depuis mon arrivée dans ce pays avait été non seulement nécessairement limitée, mais à peine de nature à me donner un aperçu pratique de sa condition réelle depuis qu'il est un homme libre, libre de travailler ou de mourir de faim. Libre de devenir un bon citoyen ou d'aller au diable, comme il l'a fait, banalement parlant, à Haïti et ailleurs. Les gens de couleur sont rares à New York, et ils n'ont en général jamais été esclaves. Ils ne sont même pas généralement d'origine servile. À Philadelphie, ils sont beaucoup plus nombreux. Beaucoup de serveurs mulâtres employés dans les hôtels sont des hommes d'une beauté saisissante, et dans l'ensemble, les fils noirs de Pennsylvanie m'ont semblé travailleurs, bien habillés, prospères. et un peu hautains dans leurs relations avec les Blancs.

« À Baltimore, où l'esclavage existait jusqu'à la promulgation de la proclamation de Lincoln, les gens de couleur sont nombreux. J'ai rencontré un bon nombre de nègres des deux sexes en haillons, sans mouvement et généralement abattus, qui semblaient être exactement le genre de laissés-pour-compte et d'errants qui voudraient rester dans un étang de moulin plus longtemps qu'ils ne le devraient s'il y avait un étang de moulin pratique à portée de main. Mais les noirs de la meilleure classe , qui ont été des esclaves domestiques dans les familles de Baltimore, semblaient conserver toute leur propre obséquiosité et leur respect. Familiarité. Encore une fois, à Washington, l'homme noir et ses congénères semblaient se porter remarquablement bien. Dans l'un des hôtels les plus calmes, les plus élégants et les plus confortables de la capitale fédérale, j'ai trouvé l'établissement dirigé par un homme de couleur. Les employés , depuis les employés de bureau jusqu'aux serveurs et femmes de chambre, étaient noirs. Notre femme de chambre était une charmante vieille dame et insistait avant notre départ pour que nous lui donnions un reçu pour un vrai vieux pudding aux prunes de Noël anglais.

"Mais ce n'étaient pas les gens de Mill Pond que je recherchais. Ils étaient du Sud, comme un Irlandais de Londres est de l'Irlande, mais pas de l'Irlande. J'avais envie de voir si les cendres sociales de l'esclavage vivre leurs feux habituels. Dans le sud, c'était le véritable objectif de ma mission, et pour poursuivre cette mission, je suis allé à Richmond.

M. Sala continue en donnant un récit très amusant de son voyage de New York à Richmond, avec diverses critiques sur l'hébergement en voiture-lits, chaleureusement approuvées par tous les voyageurs américains qui les ont lu. En arrivant à Richmond, il posa la question habituelle : « Le nègre n'est-il pas oisif, économe et voleur ? Depuis des temps immémoriaux, on a affirmé que les lois du meum et du tuum n'avaient aucune signification pour l'homme de couleur. C'est une plaisanterie courante dans plus d'une ville américaine, selon laquelle la police a pour ordre permanent d'arrêter tout nègre aperçu en train de transporter une dinde ou un poulet dans la rue. En d'autres termes, l'homme drôle voudrait nous faire croire que l'amour inné de la volaille dans le sein de l'Éthiopien est si grand qu'il y a peu de chances qu'il possède une force de caractère suffisante pour passer devant un magasin ou un marché où des oiseaux sont exposés pendant des heures. vente et non surveillé.

C'est sans aucun doute une diffamation contre la race de couleur que d'affirmer que même la majorité de ses membres sont des voleurs de poulets par ascendance plutôt que par inclination, tout comme c'est une diffamation contre leur religion que d'insinuer qu'un camp meeting de couleur entraînera presque certainement de graves incursions. dans les poulaillers et les perchoirs des agriculteurs voisins. Il est certain, cependant, que le vol de poulets est l'une des causes les plus dangereuses de rétrogradation de la part des convertis de couleur et des chanteurs enthousiastes d'hymnes dans les églises nègres. Le cas du converti à qui son curé demandait, une semaine après son admission à l'église, s'il avait volé un poulet depuis sa conversion, et qui cachait soigneusement un canard volé sous son manteau tout en assurant au bon homme qu'il avait non, c'est bien sûr exagéré, mais c'est une bonne histoire citée dans presque tous les États et villes de l'Union.

M. Sala s'oppose beaucoup à l'idée de juger toute une classe de personnes sur quelques transats au coin d'une rue ou d'un carrefour. Il trouva les nègres superstitieux, tout comme nous les trouvons aujourd'hui. Même les nègres instruits ont tendance à accorder du crédit à de nombreuses histoires qui, à première vue, semblent ridicules. Les mots « Hoodoo » et « Mascot » ont chez ces gens une signification dont nous n'avons qu'une vague conception, et lorsque la maladie pénètre dans une famille, l'aide d'un prétendu médecin, qui est souvent un charlatan du pire caractère, est susceptible de être recherché. Il faudra plusieurs générations pour comprendre cette caractéristique, et peut-être que le plus grand reproche que la race noire a contre ceux qui les tenaient autrefois assujettis est la manière dont les histoires vaudou et surnaturelles étaient racontées à des esclaves ignorants dans le but de les effrayer et de les amener à l'obéissance. , et les inciter à des efforts supplémentaires.

En raison de l'ignorance absolue et du manque apparent de compréhension humaine, le fainéant nègre que l'on trouve autour de certaines de nos villes et de nos dépôts du Sud peut être cité comme un exemple frappant et assez amusant. Le chapeau, comme le dit avec humour M. Sala, ressemble à un seau à charbon inversé, sans anses et percé de nombreux trous. C'est quelque chose comme le bonnet d'un Brobdingnagian Quakeress , énorme, battue et battue, et effrayante à regarder.

"Accrochez tout cet équipement", poursuit cet intéressant auteur, "aux membres d'un grand nègre âgé de seize à soixante ans, puis laissez-le se tenir près de la plate-forme en forme d'échafaudage du bidonville du dépôt et laissez-le Il a une attitude d'immobilité totale et apathique. Il ne sourit peut-être pas, mais il ne fume pas, du moins dans la mesure où je l'ai observé, il ne se tenait dans aucune posture et ne prenait aucune position. des gestes appartenant au mendiant. Il vous regarde avec un regard terne, pierreux et préoccupé, comme si ses pensées étaient à des milliers de kilomètres dans un pays inconnu, tandis qu'une fois tous les quarts d'heure environ, il se réveillait avec une conscience momentanée ; qu'il n'était ni riche ni rare, et qu'il se demandait donc comment il était arrivé là dans le tonnerre. Il est une épave, un fragment d'épaves et de débris jetés sur le rivage peu hospitalier de la civilisation après que la grande tempête ait frappé la mer du Sud. la frénésie et le navire de l'esclavage étaient en morceaux pour toujours. Peut-être est-il beaucoup plus humain qu'il n'en a l'air, et s'il choisissait de se remuer et de s'adresser pour articuler un discours, il pourrait vous dire beaucoup de choses sur ses besoins et ses désirs. ses souhaits, ses opinions et ses sentiments sur les choses en général qui, pour vous, pourraient s'avérer guère plus qu'étonnants. Au fur et à mesure que les choses évoluent, il préfère ne rien faire et ne proposer aucune sorte d'explication sur la raison pour laquelle il reste là dans un étang métaphorique bien « plus longtemps qu'il ne le devrait ».

On passe avec plaisir du caractère sévère, mais peut-être pas excessif, du flâneur de couleur, au meilleur côté du nègre moderne. Le désir intense d'éducation et la profonde reconnaissance du fait que la connaissance est synonyme de pouvoir laissent présager une époque où l'ignorance totale, même parmi les nègres, appartiendra au passé. Il est difficile de lutter contre les préjugés et l'homme de couleur a souvent un handicap considérable à surmonter. Mais tout comme M. Sala considérait le nègre typique, « debout dans l'étang du moulin plus longtemps qu'il ne le devrait », comme un triste souvenir du passé, de même le voyageur peut trouver de nombreux individus intelligents et divertissants dont l'accent trahit sa couleur même dans les moments les plus sombres. nuit, mais dont les expressions mignonnes et les souvenirs agréables contribuent grandement à convaincre même le critique le plus sévère que l'avenir est plein d'espoir pour une race dont le passé contient si peu de choses agréables ou satisfaisantes.

CHAPITRE XV.

NOTRE PARC NATIONAL.

Une délicieuse rhapsodie--Les débuts de l'histoire du parc de Yellowstone--
Une histoire de poisson qui a bouleversé le Congrès--Le premier homme
blanc à visiter le parc--Une course pour la vie--La philosophie des sources
chaudes--Le mont Everts--Des geysers à Elk Park--Quelques vieux amis et
nouveaux--Yellowstone Lake--Le paradis des pêcheurs.

Le parc de Yellowstone fait généralement partie de la liste des merveilles du
monde. Il est certainement unique à tous égards, et aucune autre nation,
moderne ou ancienne, n'a jamais pu se vanter de disposer d'un terrain de
loisirs et d'un parc fournis par la nature et dotés d'attractions et de
particularités aussi magnifiques et extraordinaires. C'est un parc situé sur une
montagne, à plus de 10 000 pieds au-dessus du niveau de la mer. De forme
irrégulière, on peut dire qu'il a en moyenne environ soixante milles de
diamètre et qu'il contient une superficie de 3,500 milles carrés.

M. Olin D. Wheeler, dans un admirable traité sur ce parc, dans lequel il décrit
quelques-unes des nombreuses merveilles de la merveilleuse région traversée
par le Northern Pacific Railroad, s'extasie ainsi :

"Le parc de Yellowstone ! Le joyau du pays des merveilles. Le pays de la
splendeur mystique. Région de chaudrons bouillonnants et de piscines
bouillantes aux bords frettés, rivalisant avec le corail par la délicatesse de sa
texture et l'arc-en-ciel par la variété de ses couleurs ; d'entonnoirs fumants
exhalant dans l' atmosphère éthérée dans une éjection calme, imperturbable,
monotone et paroxystique, de vastes nuages de vapeur laineuse provenant
des fourneaux souterrains du Dieu de la Nature, où, au milieu de la fraîcheur
intacte d'une vallée parsemée de fleurs et de forêts abondantes, la faune
indigène de la terre brout sans peur ; joie et errer sauvagement et librement,
sans être gêné par le son du cor du chasseur, le long aboiement du chien et
le craquement aigu du fusil.

"Terre de vallée magnifique et d'eau riante, de cataractes tonitruantes et de
ravins sinueux; royaume du roi des glaces et du roi du feu; lieu enchanté, où
la montagne et la mer se rencontrent et s'embrassent; où les murmures de la
rivière, alors qu'elle serpente à travers le ciel -les vallées les plus bénies,
devient dure et maussade au milieu des collines couvertes de pins qui
assombrissent et étouffer son chant joyeux, jusqu'à ce que, incontrôlable, il
se jette, magnifique nappe de gerbes de diamant et torrent plongeant, par-

dessus les précipices, et roule le long d'un flot d'émeraude entre les deux. des murs de canon , comme l'œil du mortel en a rarement vu.

Chutes de Yellowstone

L'histoire de ce parc est entourée de beaucoup de mystère. Il y a environ quatre-vingt-dix ans, il a été découvert pour la première fois, mais les informations rapportées à la civilisation par les explorateurs étaient apparemment si exagérées qu'elles ont suscité le ridicule général. Personne ne croyait que les merveilles décrites existaient réellement. Même plus tard, lorsque des preuves corroborantes furent disponibles, le scepticisme persista. Il était presque aussi difficile à l'époque de faire croire aux gens la vérité sur les sources chaudes et les geysers, qu'il l'est aujourd'hui de faire croire qu'il est possible pour un homme de se tenir au bord d'une source chaude et d'attraper les meilleures espèces de poissons. dans les eaux fraîches du lac qui l'entoure, puis cuire son poisson dans l'eau bouillante de la source sans le décrocher, ni faire un seul pas.

Cette dernière histoire de poisson a la particularité d'être vraie. Plusieurs hommes fiables, y compris certains qui n'ont pas permis à la poursuite ardente du passe-temps favori d'Isaac Walton d'émousser leur susceptibilité à la véracité, ont accompli cet exploit apparemment impossible, ou l'ont vu se réaliser sous leurs yeux. Il y a environ un an , lorsqu'un crédit a été demandé au Congrès pour poursuivre la préservation du parc de Yellowstone, un membre a fait de cette possibilité extraordinaire un argument à l'appui de son plaidoyer. Un éclat de rire suivit son récit, et lorsque l'orateur s'arrêta pour expliquer qu'il enregistrait simplement un fait réel et ne racontait pas une histoire de poisson, il semblait y avoir un danger de convulsions totales à l'intérieur des murs législatifs. Plusieurs membres du Congrès amusés se sont ensuite renseignés et ont constaté, à leur grand étonnement, qu'au lieu d'exagérer, la moitié n'avait pas été racontée et que si un résumé complet des attraits du parc de Yellowstone devait être rédigé, les immenses étagères de la bibliothèque du Congrès elle-même ne contiendrait guère les livres qu'il faudrait écrire pour la contenir.

Cette petite divergence sert d'excuse à l'incrédulité de nos ancêtres, qui faisaient des remarques sarcastiques sur les pouvoirs du whisky sauvage de l'Ouest, lorsque les pionniers revenaient des Montagnes Rocheuses et leur disaient qu'il existait là-haut dans les nuages un immense parc naturel. , où beauté et bizarrerie se côtoient.

John Colter, ou Coulter, aurait été le premier homme blanc à franchir les portes naturelles de ce magnifique parc. C'est au début du siècle que cet homme remarquable vit son aventure. Il était membre de l'expédition Lewis et Clark, envoyée pour explorer les sources des fleuves Missouri et Columbia. C'était un aventurier naturel et un homme qui n'avait aucune idée du sens du mot « danger ». Le groupe a eu un aperçu du parc de Yellowstone et Coulter était tellement séduit par les perspectives de chasse qu'il a soit déserté le groupe d'expédition, soit obtenu la permission de rester sur place.

Quoi qu'il en soit, il est certain que Coulter est resté, avec un seul compagnon, à proximité de la fourche Jefferson de la rivière Missouri. Selon des documents assez authentiques, lui et son compagnon ont été capturés par des Pieds-Noirs hostiles, qui ont montré leur ressentiment face à l'intrusion dans la vie privée de leurs domaines en privant Coulter de ses vêtements et le compagnon de Coulter de sa vie. L'aventurier chronique a cependant passé quatre ans parmi les Indiens Bannock, plus amicaux, qui vivaient probablement depuis des siècles dans ou à proximité du parc. Il passa un moment très agréable dans la région nouvellement découverte, et ses aventures se succédèrent avec une grande rapidité. Lorsqu'il décida enfin de retourner dans la demeure de l'homme blanc, il emporta avec lui un fonds de souvenirs et d'incidents du caractère le plus sensationnel, et avant d'être chez lui avec ses propres parents une semaine, il avait gagné la réputation d'être un Ananias moderne, dix fois plus mensonger que l'article original.

Vingt ou trente ans se sont écoulés avant qu'une quelconque information fiable soit obtenue sur le parc. James Bridger, l'audacieux éclaireur et alpiniste, parcourut le parc plus d'une fois et, dans ses rhapsodies les plus exagérées, raconta ses beautés et ses merveilles. Mais les histoires de Bridger avaient déjà été testées et jugées insuffisantes auparavant, et personne ne s'en inquiétait beaucoup. En 1870, le Dr FV Hayden et MMP Langford explorèrent le parc de manière plus rationnelle et donnèrent au monde, sous une forme fiable, un résumé de leurs découvertes. M. Langford était lui-même un explorateur occidental expérimenté. Depuis de nombreuses années, il souhaitait vérifier ou réfuter les soi-disant contes de fées qui circulaient à propos du parc de Yellowstone. Il trouva un certain nombre de messieurs tout aussi aventureux, dont l'arpenteur général du Montana, M. Washburn, qui a donné le nom de l'expédition. En 1871, le Dr Hayden, qui était alors lié au Département de l'Enquête géologique des États-Unis, entreprit une exploration scientifique du parc. Il était accompagné de M. Langford, et les deux hommes arrachèrent ensemble le voile de mystère qui avait surplombé la merveilleuse station balnéaire parmi les collines, et donnèrent au pays, pour la première fois, une description fiable de l'un des plus magnifiques de ses possessions.

Le rapport ne se limitait pas à l'éloge funèbre. Il comprenait des dessins, des photographies et des résumés géologiques, et se terminait par un appel sincère au gouvernement national pour qu'il réserve pour toujours ce lieu de beauté en tant que parc national. Plusieurs hommes se sont levés pour approuver la demande et, en mars 1872, le Congrès a adopté une loi consacrant le parc de Yellowstone au public pour toujours, le déclarant grand terrain de jeu national et musée de merveilles sans précédent et incomparables.

Depuis lors, le parc est progressivement devenu plus connu et plus apprécié. Le Northern Pacific Railroad exploite une ligne secondaire à laquelle le nom du parc a été donné et qui relie Livingston, Montana, à Cinnabar, à la limite nord du parc. La route est longue d'environ cinquante milles et le paysage qu'elle traverse est d'une nature étonnante.

Depuis Cinnabar, le touriste est conduit par grandes étapes à travers le parc. S'il est par nature évocateur, il pense aux expériences de Coulter, que nous avons déjà évoqué comme le pionnier de l'homme blanc de Yellowstone. Au début du siècle, le parc était occupé par des Indiens qui n'avaient pratiquement pas été en contact avec les hommes blancs et qui n'avaient pas appris que dans l'inévitable conflit entre les races, le plus faible devait inévitablement succomber au plus fort. Autour des ruisseaux limpides et aux lisières des forêts vierges, renfermant des richesses incalculables, on voyait dans toutes les directions des tentes faites de peau tirées sur des branches grossièrement taillées dans les arbres. Tout autour, il y avait des Indiens d'apparence grossière, absolument barbares, qui s'acquittaient de leur occupation habituelle de ne rien faire, et le faisaient avec une habileté exceptionnelle.

Les femmes ou squaws étaient plus actives, mais s'arrêtaient fréquemment dans leur travail pour regarder le malheureux Coulter, qui, privé de ses vêtements et absolument nu, attendait, pieds et poings liés, le sort qu'il avait toutes les raisons de croire attendu. lui. Son unique compagnon avait été tué la veille, et il s'attendait à chaque minute à connaître le même sort. Selon sa propre description de ce qui a suivi, la stratégie lui a sauvé la vie. Un Indien, envoyé à cet effet, lui demanda s'il pouvait courir vite. Se sachant un athlète de grande capacité, mais devinant l'objet de la question, il assura à l'Indien qu'il n'était pas un coureur rapide. La réponse eut l'effet qu'il espérait.

Ses lanières furent presque immédiatement coupées, et il fut emmené dans la prairie ouverte, avec un léger sursaut, puis on lui dit qu'il pourrait se sauver s'il le pouvait. Coulter avait déjà couru de nombreux kilomètres rapides, mais il n'a jamais couru comme cette fois-ci. Il savait que derrière lui se trouvaient, parmi les jeunes Indiens indolents, beaucoup qui savaient courir à grande vitesse, et son seul espoir résidait dans la couverture de ceux-ci. Chaque longue foulée signifiait autant d'espace entre lui et la mort, et chaque foulée qu'il faisait était la plus longue en son pouvoir. Encore et encore, il regarda autour de lui, pour découvrir à son grand étonnement qu'il venait tout juste de tenir le coup. Mais à la fin, tous ses poursuivants, sauf un, furent fatigués de cette poursuite, et quand il s'aperçut que c'était le cas, il se retourna comme un cerf aux abois et le maîtrisa.

Puis voyant que d'autres Indiens se lançaient à la poursuite, après un bref repos, Coulter fit une autre grande course, plongea dans la rivière devant lui et entra finalement dans le labyrinthe de forêts et de cratères maintenant connu dans le monde entier sous le nom de parc de Yellowstone. . Ici, si l'on en croit son histoire, il réussit à se confectionner des vêtements de quelque caractère avec les peaux de bêtes qu'il tirait, et finalement il tomba entre les mains d'hommes rouges moins hostiles.

Voilà pour les débuts de Yellowstone et les réminiscences qu'évoque naturellement une première visite. Le parc tel qu'il existe aujourd'hui est surpeuplé d'intérêts modernes, et on n'évoque ces réminiscences qu'en guise de contraste. Il y a dans le parc au moins 100 geysers, près de 4 000 sources et un nombre immense de parcs miniatures, de grandes et petites rivières et autres merveilles.

Dans et autour du parc de Yellowstone

Le parc est à peu près à égale distance des villes de Portland et de Saint-Paul, et tant de gens y ont été attirés ces dernières années qu'un grand nombre de très beaux hôtels ont été construits à grands frais. Les hôtels sont ouverts environ quatre mois par an et l'aide pour leur fonctionnement provient de différents États. Les dépenses sont naturellement lourdes, et par conséquent les frais d'hôtel ne sont pas minimes, bien que le touriste puisse généralement limiter les dépenses engagées au gros de son portefeuille, s'il le souhaite. S'il inclut dans ses calculs les spectacles absolument gratuits dont il est témoin, la dépense d'un voyage est certainement modérée et ne doit pas être prise en considération.

Les Mammoth Hot Springs sont l'une des principales sources d'attraction du parc, dont aucun Américain de moyens ne peut se permettre de manquer la visite. Les ressorts sont très difficiles à décrire. Ils consistent en un certain nombre de terrasses irrégulières, certaines mesurant jusqu'à cinq acres de superficie, et d'autres très petites. Certains ont quelques pieds de haut, et d'autres s'élèvent à quarante ou soixante pieds au-dessus de celui qui se trouve juste en dessous. Peu de gens comprennent vraiment ce que sont ces sources, ni comment se forment les terrasses. Une autorité éminente dit que les roches sous-jacentes à ce point particulier sont de caractère calcaire, constituées principalement de chaux carbonatée, qui est quelque peu soluble dans l'eau souterraine qui s'infiltre. L'eau chaude souterraine dissout une grande quantité de matières minérales en traversant la terre, qu'elle dépose à la surface en passant dans l'air. Par ce processus, des murs, des talus et des terrasses sont construits, et comme les minéraux à travers lesquels passe l'eau varient considérablement en couleur, les dépôts laissés à la surface sont les uns rouges, d'autres roses et d'autres noirs, avec des jaunes, des verts. , bleus, chocolats et couleurs mélangées regorgent en quantités immenses, s'harmonisant parfois magnifiquement et présentant parfois les contrastes les plus étonnants.

L'eau des sources n'est pas tiède, mais chaude, d'où son nom. Souvent, la température dépasse 160 degrés, auquel cas la matière colorante semble être délavée et les terrasses présentent un aspect blanc. En d'autres occasions, où la température est moins rigoureuse, les diverses teintes déjà évoquées abondent de tous côtés. Parfois, cette blancheur, ou cet aspect décoloré, a des effets étonnants. Le véritable artiste restera des heures à le contempler et à souhaiter pouvoir reproduire, de manière aussi imprécise, les beautés intenses qui l'entourent.

Derrière les sources, et obstruant la vue vers le sud, se trouve la montagne connue sous le nom de Bunsen Peak, la plus haute à portée de vue. Juste en face de l'espace ouvert, devant l'hôtel des sources, se trouvent les quartiers des soldats nationaux qui patrouillent dans le parc et, dans une certaine mesure du moins, le protègent des vandales et des voleurs.

Dans une admirable description de cette scène contenue dans "Indian Land and Wonderland", une histoire très charmante est racontée sur la longue montagne basse, plate et recouverte de lave connue sous le nom de Mont Everts, en l'honneur de MTC Everts d'Helena. Peu de gens connaissent l'histoire qui a donné son nom à la montagne, qui est la suivante :

Parmi les membres du premier groupe à avoir exploré le parc de Yellowstone se trouvaient MM. MP Langford, ST Hauser et TC Everts. Il y avait aussi une escorte militaire sous les ordres du lieutenant Doane . Le groupe a remonté la rivière Yellowstone jusqu'au Grand Cañon , de là à travers le lac Yellowstone, autour de son bord est jusqu'à l'extrémité sud, d'où ils ont tourné vers l'ouest et ont suivi la rivière Firehole à travers le bassin supérieur du Geyser jusqu'à la rivière Madison. En suivant cette rivière hors du parc, ils retournèrent à la civilisation occidentale – tous sauf un.

Le dix-neuvième jour de sortie, le 9 septembre, alors qu'il traversait le pays bordant la rive sud du lac, M. Everts s'est perdu. Le voyage ici était difficile, en raison des chutes de bois, des hauteurs accidentées et de l'absence de sentiers, et il n'a pas été manqué jusqu'à ce que le camp soit établi la nuit. M. Everts n'a pas été revu pendant trente-sept jours, lorsqu'il a été retrouvé par deux alpinistes au bord de ce qui est maintenant connu sous le nom de mont Everts, parfaitement épuisé et en partie dérangé par l'exposition et la souffrance. Dès le premier jour de son absence, son cheval, laissé debout et détaché, avec tous les bras et équipements de camp attachés, prit peur et s'enfuit. Everts était myope, n'avait même pas de couteau pour l'utiliser ou se défendre, et seulement une jumelle pour l'aider à s'échapper. Il réussit d'abord à atteindre Heart Lake, la source de Snake River. Il y resta douze jours, dormant près des sources chaudes pour éviter de geler. Sa nourriture était constituée de racines de chardon bouillies dans les sources. Une nuit, il a été forcé de grimper dans un arbre par un lion de montagne et y est resté toute la nuit.

Enfin, il pensa aux lentilles de ses jumelles et put ainsi allumer des feux. Il a erré tout le long de la rive ouest du lac et le long du Yellowstone jusqu'à l'endroit où il a été trouvé providentiellement. Il a raconté sa terrible expérience dans l'ancien "Scribner's Magazine", devenu depuis "The Century", et c'est une histoire passionnante. Dans un pays rempli d'un réseau de cours d'eau, abondamment approvisionné en vie animale pour se nourrir, gorgé de bois comme combustible, l'homme a failli geler, mourir de faim et péri de soif. Deux fois, il resta cinq jours sans nourriture ; une fois trois jours sans eau. Il était tard dans la saison et les tempêtes s'abattaient sur lui et le glaçaient jusqu'aux os ; les neiges le retenaient prisonnier dans le camp ou, lors de ses marches pénibles, bloquaient sa progression.

Naturellement, il perdait des forces et courait à chaque heure le danger de succomber aux immenses difficultés auxquelles il était confronté. Ses souffrances étaient accrues par la peur créée par un grand lion de montagne qui se mettait sur ses traces et le suivait, évidemment dans le but de l'inclure au menu de son prochain repas. Il semble incroyable que M. Everts ait jamais pu s'en sortir avec sa vie. Mais la fortune vint enfin à son secours. Il a été secouru et soigné par de bons amis. Son nom a été donné au plateau sur lequel il a été trouvé, même si rares sont ceux qui se souviennent de la signification de ce nom.

Norris Geyser est une autre des caractéristiques presque miraculeuses du parc. Le bassin du geyser a été décrit comme un endroit étrange et inquiétant, et les mots semblent bien choisis. Il n'y a pratiquement aucune végétation, car la chaleur souterraine maintient le sol toujours chaud et de la vapeur se dégage dans l'atmosphère en plusieurs points. L'aspect général est morne et désolé, gris et terne, et pourtant il y a quelque chose de beau et d'étrange.

Un geyser est toujours une source d'émerveillement. Le mot est d'origine islandaise et signifie jaillir. Appliquée aux phénomènes tels que ceux que nous décrivons maintenant, son applicabilité est bonne, car, de l'embouchure des geysers, jaillit de temps en temps une immense masse d'eau bouillante et de vapeur, créant une perturbation sans caractère ordinaire. On suppose que l'eau projetée dans l'air à une grande hauteur alors qu'elle était en ébullition est remontée à la surface à travers des masses de lave qui rappellent des époques volcaniques bien au-delà de la mémoire de l'humanité. Le mystère de la formation géologique est trop grand pour être abordé dans un ouvrage de ce caractère, mais la simple contemplation des geysers, comme on en voit au parc de Yellowstone, rappelle les merveilles profondément cachées dans les entrailles de la terre, méconnues et méconnues. inconnu de et pour 99 pour cent. de la race humaine.

Au bassin du Norris Geyser, le bruit est extraordinaire, et les gens superstitieux sont impressionnés par les grondements et les grognements qui semblent sortir des entrailles de la terre. Des éruptions d'eau chaude et de vapeur éclatent à intervalles irréguliers, et la route même qui traverse la plaine voisine a été blanchie jusqu'à une blancheur presque parfaite par les vapeurs. La croûte terrestre est très mince tout autour, et toute exploration aveugle est dangereuse. Se glisser à travers la croûte dans l'eau bouillante en dessous impliquerait inévitablement d'être ébouillanté à mort, et l'homme qui permet au guide de lui montrer où mettre les pieds fait preuve d'une plus grande sagesse.

Le parc Elk contraste directement avec ce bassin. Yellowstone est célèbre, entre autres, pour abriter un nombre immense de spécimens d'animaux nord-américains les plus remarquables. Le troupeau gouvernemental de buffles dans le parc est d'une valeur inestimable, car il est réellement la seule représentation complète à l'heure actuelle des espèces pratiquement éteintes d'animaux producteurs de chair et de peau qui paissaient par millions dans la prairie. Les buffles sont relativement apprivoisés. La plupart d'entre eux sont nés dans l'enceinte du parc et semblent avoir compris que l'existence de leur espèce à perpétuité est l'un des plus grands désirs du gouvernement. Il y a aussi un certain nombre d'ours dans les environs, mais ils ont perdu leur méchanceté et profitent énormément de la vie dans des conditions quelque peu modifiées. Ils blessent rarement qui que ce soit , mais rôdent la nuit autour des hôtels et, en mangeant les restes et les restes, résolvent le problème des ordures de manière satisfaisante.

Les cerfs, les wapitis, les antilopes et les mouflons gravissent les montagnes et se retrouvent très fréquemment dans Elk Park ou Gibbon Meadow. C'est un lieu d'hivernage exceptionnellement souhaitable, car il est entouré de collines et de montagnes qui protègent des vents les plus violents, et il y a en outre une source perpétuelle d'eau pure. La prairie est probablement le plus bel endroit de tout le parc. Il y a moins d'horreur et plus de pittoresque qu'on peut trouver ailleurs, et c'est, à bien des égards, une oasis dans une vaste et quelque peu morne étendue de terre.

Golden Gate est un autre des endroits exquis que tout visiteur du parc de Yellowstone recherche et trouve. Pour atteindre le Golden Gate, il faut être un grand grimpeur, car il est très haut et la route qui y mène est construite le long du bord d'une falaise qui, par endroits, semble absolument perpendiculaire. La porte vaut cependant la peine d'être atteinte, et on n'est pas surpris d'apprendre que jusqu'à 14 000 $ ont été dépensés pour creuser un seul mile de route à travers le rocher.

En quittant le Golden Gate et en poursuivant le tour d'inspection, on aperçoit une vallée de grandes dimensions. Le contraste entre le vert riche d'une verdure presque parfaite et la tristesse des rochers laissés derrière est frappant. Il semblerait que la nature ait construit une immense barrière entre l'étrange et le naturel, afin que l'un ne puisse affecter l'autre. La Bible parle du réconfort intense que procure l'ombre d'un grand rocher dans une terre aride et assoiffée. Une sensation de soulagement égale, sinon plus grande, est ressentie dans le parc de Yellowstone lorsque l'on quitte la grande désolation mortelle autour des sources chaudes et que l'on rencontre la beauté exquise des arbustes et des bois à quelques pas de là. Les bosquets d'arbres sont en eux-mêmes une source de grands plaisirs et aussi d'immense richesse. Heureusement, ils seront préservés à perpétuité pour le peuple américain. Le roi du bois ne peut pas venir ici. Ses ravages doivent être limités à d'autres régions.

La vallée dans laquelle le touriste est entré tire son nom du Lac des Cygnes, un paysage montagneux intérieur très charmant. Le lac est à environ trois kilomètres du Golden Gate. Ce n'est pas une très grande étendue d'eau, mais sa surface ondulante suscite des expressions d'admiration de la part de tous ceux qui la contemplent. Il a été décrit comme une nappe d'eau d'apparence modeste, et il y a quelque chose dans l'apparence du lac qui semble justifier cette définition particulière. Le canon qui forme la vallée est comme tout le reste du parc de Yellowstone : un peu hors du commun. D'un côté, il y a de hautes montagnes, avec des éminences et des sommets de formations et de hauteurs diverses, tandis qu'au loin, le grand Pic Électrique est facilement visible. Nous avons déjà parlé du parc de Yellowstone comme étant situé à environ 10 000 pieds au-dessus du niveau de la mer. Electric Peak, bien décrit comme la sentinelle du parc, culmine à plus de 11 000 pieds de hauteur. Vu de loin ou le long de la vallée, il est calculé pour susciter à la fois l'admiration et la crainte.

Willow Creek Park, ou Willow Park, comme on l'appelle parfois, se trouve plein sud. Il tire son nom de l'immense croissance de buissons de saules qui cachent le sol à la vue et monopolisent entièrement le paysage et les fondations. Aucun de ces buissons ne peut prétendre au droit d'être appelé arbre, car la hauteur moyenne est insignifiante. Mais ils compensent en densité ce qui leur manque en altitude. Le vert particulier du saule est la couleur prédominante, sans aucune variation d'aucune sorte. L'idée transmise à l'esprit est celle d'un immense tapis vert, et lorsque le vent souffle librement à travers la vallée, il divise les buissons en petites crêtes ou sillons, qui ajoutent au caractère unique de la scène. Des sources d'eau remarquablement pure, dont beaucoup possèdent des pouvoirs médicinaux, abondent dans ce quartier, et les touristes étanchent une soif imaginaire avec beaucoup d'intérêt pour chacune d'entre elles.

Le ruisseau Obsidian traverse lentement cette vallée. Obsidian Cliff est le prochain objet d'intérêt particulier observé. Il mesure un demi-mile de long et 150 à 200 pieds de haut. L'extrémité sud est formée de verre volcanique, ou obsidienne, aussi vrai que tout verre produit artificiellement. La chaussée à sa base est construite à travers le talus et est résolument une route de verre. D'énormes fragments d'obsidienne, noirs et brillants, certains striés de coutures blanches, bordent la route. Les petits morceaux sont également nombreux. Cette coulée de verre provenait d'un haut plateau à l'est-nord-est. De nombreux évents, ou cratères apparents, ont été découverts sur ce plateau. MJP Iddings , du United States Geological Survey, qui a fait une étude spéciale d'Obsidian Cliff, contribue au rapport d'enquête pour 1885-86, un article qui contient beaucoup d'intérêt pour l'esprit non scientifique.

Le Lower Geyser Basin est, à certains égards, plus agréable que le Norris, même si la désolation est peut-être encore plus apparente. Les personnes qui ont vu des districts dans lesquels le sel est fabriqué à partir de saumure extraite de puits déclarent que l'apparence du bassin inférieur du Geyser est très similaire à celle observée autour des districts manufacturiers de ce type. Ce bassin est dans la vallée de la rivière Firehole, ruisseau au nom étrange, d'un très beau caractère. Dans le bassin lui-même, les branches du Firehole s'unissent et forment avec la rivière Gibbon une des trois sources du Missouri, appelée Madison, du nom du président de ce nom. Le Fountain Geyser est le plus grand du quartier et l'un des meilleurs du parc. Ses éruptions sont très régulières et manquent rarement de se produire à temps pour le bénéfice du spectateur. Il envoie un immense volume d'eau dans l'air et ressemble de très près à une fontaine. Son bassin est très intéressant, et donne un bon exemple des dépôts singuliers laissés par un geyser.

Lorsque la fontaine est en train de rejeter ses volumes d'eau, son apparence est très particulière. On ne parle guère d'une éruption, qui se produit soudainement, bien qu'à intervalles déterminés. Tout à coup, l'observateur est récompensé de sa patience en transformant le calme en activité du caractère le plus bruyant. L'eau est projetée vers le haut en une masse de cristaux moussants, bouillants et moussants. La hauteur réelle varie, mais va souvent jusqu'à trente pieds. En un instant, le mur d'eau devient compact, oblong et irrégulier. Des effets cristallins sont produits, variant selon l'heure de la journée et la quantité de lumière, mais toujours délicieux et particuliers.

À portée de main se trouvent les Mammoth Paint Pots, au centre du Firehole Geyser. Nous pouvons expliquer l'apparence du pot de peinture ou du bain de boue beaucoup plus facilement que nous ne pouvons expliquer le phénomène. Il porte bien son nom, car il ressemble plus à une succession de pots de peinture de taille énorme qu'à tout ce à quoi l'imagination peut l'assimiler. Le bassin mesure quarante pieds sur soixante, avec une limite de boue de trois ou quatre pieds de haut sur trois côtés. Le contenu du bassin a suscité l'interrogation des scientifiques pendant des années. La substance est blanche, ressemblant beaucoup à de la peinture ordinaire, mais, contrairement à la peinture, elle est constamment en mouvement, et l'agitation est si persistante qu'on imagine que le bassin du Paint Pot est le lit d'un cratère. Le bouillonnement et la vibration continus ont des effets très intéressants, et le bruit qu'ils produisent est tout à fait particulier, un peu comme un sifflement sourd ou un chuchotement de scène mal exécuté. Mélangée à la substance blanche, il y a une quantité d' argile siliceuse de toutes sortes et conditions de couleur. Cela produit une variation dans l'apparence, mais ne fait qu'ajouter à ce qui est autrement merveilleux à l'extrême. Le gris perle, avec des reflets terre cuite, rouges et verts, est la couleur de base de cette masse bouillonnante et bouillonnante qui semble continuellement en agitation et en cours d'inquiétude.

L'Excelsior Geyser est l'élément le plus remarquable du bassin Midway, un ensemble de sources chaudes et de piscines. Ils sont situés dans le bassin Midway et s'appelaient à l'origine Cliff Caldron. Excelsior Geyser est dans un état d'anarchie continu, sans loi, sans gouvernement ni réglementation. Il fait ce qu'il veut et quand il veut. Il fonctionne rarement lorsqu'on le souhaite, mais lorsqu'il entre en état de fermentation, l'effet est très magnifique. Comme le dit un écrivain, les beautés et les expositions de ce geyser sont aussi supérieures à celles de tous les autres que la lumière du soleil semble à celle de la lune.

Le geyser a été considéré pendant des années comme la source la plus grandiose du parc, avant que ses caractéristiques exceptionnelles ne prédominent ou ne deviennent apparentes. Dans les années 1881-82, les éruptions de ce geyser sont devenues si terribles qu'il a jailli de l'eau jusqu'à 250 pieds et a transformé la rivière Firehole, généralement inoffensive, en un torrent d'eaux tumultueuses. Des rochers assez gros et assez lourds pour être très dangereux furent lancés tête baissée depuis les confins mystérieux de la terre et furent projetés dans toutes les directions. Ce bruit terrible pouvait être entendu à des kilomètres à la ronde, et les gens qui attendaient un phénomène de ce genre se précipitaient à travers le pays pour en être témoins. Ce n'est que de temps en temps qu'un phénomène de ce genre se répète, et les géologues les plus habiles sont incapables de nous donner des prévisions adéquates quant à la date à laquelle aura lieu la prochaine représentation.

Les répétitions semblent toujours en cours. De vastes masses de vapeur s'élèvent du cratère ou du trou. De nombreuses personnes se pressent au bord du bassin et s'efforcent de pénétrer dans les mystères des événements souterrains. Le jour viendra peut-être où une méthode scientifique permettant de voir à travers la fumée et la vapeur et de supporter sans difficulté une chaleur brûlante pourra être conçue. D'ici là, le mystère reste entier.

À l'action irrégulière et spasmodique de l'Excelsior contraste exactement l'action méthodique et persévérante d'Old Faithful . C'est un autre des geysers les plus grands et les plus populaires du parc de Yellowstone. Son apparence est si uniforme qu'un homme peut y régler sa montre. Toutes les soixante-cinq minutes, le geyser bien nommé émet un bruit particulier pour avertir le monde qu'il est sur le point de se produire. Puis, pendant environ cinq minutes, un vaste courant d'eau et de vapeur est projeté dans l'air jusqu'à une hauteur d'environ 150 pieds. La masse d'eau bouillante mesure six pieds de diamètre et le volume déversé dépasse cent mille gallons chaque heure. Jour après jour et heure, depuis près de vingt ans, ce geyser industrieux a régulièrement fait son devoir et offert du divertissement aux visiteurs. Personne ne sait depuis combien de temps elle a commencé ses opérations, ni pendant combien de temps elle se poursuivra.

Laissant pour le moment la considération des geysers, des sources chaudes et autres merveilles de ce caractère, le visiteur découvre une nature très différente. Aux Cascades de Keppler, la diligence s'arrête généralement pour permettre aux passagers de marcher jusqu'au bord de la falaise et d'observer les cascades et la rivière écumante dans le canon noir en contrebas. Ensuite, le voyage se poursuit à travers la Firehole Valley, à travers des forêts feuillues et des clairières ouvertes, jusqu'à atteindre le canon étroit et tortueux de Spring Creek. Le paysage ici est résolument non conventionnel et sauvage.

Nous atteignons bientôt le sommet du Continental Divide. Aujourd'hui, la perspective s'est beaucoup élargie et elle devient plus majestueuse et plus digne. Les montagnes surplombent la route d'un côté et descendent bien en contrebas de l'autre. Des forêts denses et hirsutes couvrent les pentes et les sommets, tandis que de minuscules parcs insulaires, pour ainsi dire, et des ouvertures gaies sont parfois visibles. La route serpente à flanc de montagne, tantôt en montant, tantôt en descendant ; tout l'aspect de la nature devient plus grand, plus austère ; l'air se raréfie et l'esprit s'élève de plus en plus. Parfois, les montagnes se détachent et la vue s'étend bien au-delà des limites étroites alentour. On aperçoit des montagnes lointaines, et le sentiment qu'il n'y a que des murs de montagnes autour de vous s'impose fortement, et c'est à peu près vrai. Après plusieurs kilomètres d'une telle balade, et lorsque vous avez commencé à imaginer que rien de plus beau ne peut arriver, la route mène à un point qui, presque avant que vous ne vous en rendiez compte, chasse simplement de vos pensées tout ce que vous avez vu au cours de cette balade.

C'est une image merveilleuse qui produit un état d'exultation qui doit paraître à certains presque trop fort pour être supporté. Les montagnes qui s'élèvent très haut s'étendent aussi loin en bas et sont à leur meilleur dans toutes les directions. Fiers et royaux par leur force et leur allure, ils sont encore, du sommet aux profondeurs, largement recouverts de forêt vierge. Il semblerait qu'ils savaient vraiment quelle vue se déroulait ici et se réjouissaient de la grandeur de la scène. Comme un fil, vous pouvez tracer les virages et les lignes de la route parcourue par l'étape. Mais ce qui ajoute l'élément le plus doux et le plus beau à un tableau par ailleurs presque écrasant dans sa grandeur, et à la fois sévère et inflexible, est vu à travers une brèche ou un portail vers le sud.

Au loin, bien en contrebas, se trouve une partie du lac Shoshone. Comme un bébé endormi sur les genoux de sa mère, ce petit bébé lacustre se niche dans les montagnes. Il brille comme une plaque d'argent ou un beau miroir. C'est un joyau qui vaut la peine de traverser un continent pour le voir, d'autant plus qu'entre le lac et le point de vue s'étend une petite vallée habillée d'un vert clair et herbeux comme une sorte de premier plan à l'arrière. Il y a ainsi un lac argenté, une jolie vallée aux nuances vertes vives et chaudes, et de riches forêts d'un noir foncé à l'arrière. Personne ne peut contempler une telle combinaison et un tel contraste sans être impressionné et sans reconnaître la beauté et la grandeur sublimes du parc et de ses environs.

Le lac Yellowstone est une autre des attractions extraordinaires de notre grand parc national. Elle est décrite comme la mer intérieure la plus haute du monde et culmine à plus de 7 000 pieds au-dessus du niveau de la mer. Il se trouve en réalité à près de 8 000 pieds au-dessus de la mer et ses eaux glaciales couvrent une superficie d'environ trente milles de longueur et environ la moitié de sa largeur, soit environ 300 milles carrés. Ce magnifique océan intérieur est perché au sommet des montagnes Rocheuses, là où personne ne s'attendrait à le trouver. Plusieurs îles de différentes tailles sont disséminées sur la surface de l'eau, tantôt lisse comme un petit étang de moulin, tantôt presque aussi turbulente que la mer. Les rives sont de formation entièrement irrégulière et Promontory Point s'étend sur une grande distance dans l'eau, formant l'une des péninsules intérieures les plus particulières du monde entier. Le long de la côte sud, les criques et les baies sont très nombreuses, certaines d'entre elles ayant un caractère naturel, et d'autres regorgeant de preuves d'une action volcanique vive, voire terrifiante.

Depuis les rochers et les éminences particulières le long du rivage, des reflets sont projetés dans l'eau d'un caractère presque indescriptible. Ils sont variés en nature et en couleur et, comme le lac lui-même, diffèrent de tout ce que l'on peut voir ailleurs. Une autre particularité de ce lac, qu'il faut voir pour comprendre, est la présence sur les rives, et même à l'intérieur du lac lui-même, de sources chaudes et de geysers remplis d'eau bouillante et de vapeur. Certaines de ces sources ont des bords ou berges larges et sûrs sur lesquels un homme peut se tenir debout et pêcher. Puis, à sa droite, il a l'eau glacée du lac, d'où il peut obtenir des truites et d'autres poissons, jusqu'à ce qu'il se mette à rêver d'un paradis pour les pêcheurs. Le Dr Hayden, l'explorateur déjà mentionné, fut le premier homme à profiter de l'occasion et à cuire son poisson décroché dans l'eau bouillante à sa gauche, en faisant simplement un demi-tour pour ce faire. Lorsque le professeur mentionna ce fait pour la première fois, on se moqua de lui avec bonne humeur, mais, comme nous l'avons dit dans une partie antérieure de ce chapitre, la possibilité a été si clairement démontrée que les gens ont depuis longtemps admis comme une possibilité ce qu'ils avaient d'abord dénoncé comme étant une possibilité. une absurdité totale.

Une merveille de magnificence

CHAPITRE XVI.

LES HÉROS DU CHEVAL DE FER.

Honneur à qui l'honneur est dû--Une classe d'hommes pas toujours pleinement appréciés à leur valeur--Le trajet d'un amateur sur une locomotive volante--De douze milles à l'heure à six fois cette vitesse--La tour de signalisation et les hommes qui travaillent dedans - Voler un train - Une course à vapeur - Pierres sur les locomotives ensorcelées et les évasions providentielles.

Quiconque n'a pas accordé une attention particulière à la question n'a la moindre idée de l'ampleur et de l'importance du système ferroviaire des États-Unis. Quiconque n'a pas étudié les statistiques relatives à cette question n'a pas non plus la moindre idée du coût des routes construites et en exploitation. Le coût en dollars et en cents pour un mile de voie ferrée a été évalué à une fraction du point. Des experts comptables ont calculé au centième de cent près le coût du transport d'un passager ou d'une tonne de marchandises sur une distance donnée. Il existe même des tableaux indiquant les dépenses réelles encourues pour arrêter un train, tandis que des détails tels que les dépenses nécessaires en salaires, carburant, réparations, etc., ont reçu l'attention que mérite l'ampleur des intérêts en jeu.

Mais le coût en vies humaines et en souffrances du grand système ferroviaire des États-Unis est une toute autre question, et qui n'entre pas dans le cadre des calculs des comptables, experts ou autres. Il a été dit à maintes reprises qu'un homme est plus en sécurité dans un train que dans la rue. En d'autres termes, les statisticiens estiment que le pourcentage de décès et de blessures graves est plus faible parmi les hommes voyageant habituellement que parmi les personnes classées comme au foyer et qui prennent rarement le train. Mais même si cela est sans aucun doute exact, en ce qui concerne les passagers, la règle ne s'applique pas aux employés des chemins de fer , ni à ceux qui, par leur souci et leur énergie inébranlables, protègent la vie et les membres des passagers et assurent la sécurité des voyages en train ainsi que confortable.

Un célèbre religieux, alors qu'il prêchait sur le thème de la foi, fit un jour un voyage en train pour s'en servir d'exemple. Comme il l'a souligné avec beaucoup d'éloquence et de force, il ne pourrait y avoir de personnification plus réaliste de la foi que l'homme qui s'endormit paisiblement la nuit dans la couchette d'un wagon Pullman, comptant implicitement sur les cheminots pour éviter les milliers de morts. dangers qu'il fallait affronter pendant les heures calmes de la nuit.

Chaque fois qu'il y a une grève, on écrit beaucoup de choses sur les hommes employés dans diverses fonctions par les chemins de fer, et chaque méfait est exagéré et chaque indiscrétion grossie en crime. Mais on parle très peu de l'autre côté de la question. Les hommes à qui les voyageurs des chemins de fer, et surtout ceux qui voyagent de nuit, recommandent leur sécurité, sont travaillés dans toute l'étendue de leurs capacités et reçoivent un salaire très faible, lorsque la nature de leurs fonctions et les heures qu'ils doivent faire sont pris en considération.

Les éloges de ces hommes prennent la forme d'actes plutôt que de mots, et même si si peu de gens se sont jamais arrêtés pour considérer la loyauté et le dévouement de l'homme des chemins de fer mal payé et qui travaille dur, chaque voyageur qui monte dans un wagon de chemin de fer rend un hommage silencieux à leur fiabilité. Le passager, lorsqu'il se prélasse confortablement dans un siège luxueux ou dort paisiblement dans sa cabine, ne pense pas à l'inquiétude et aux ennuis des hommes qui conduisent le train, ou de ceux qui sont chargés de maintenir la voie libre, et les ordres appropriés sont donnés à l'ingénieur.

Ce fonctionnaire est un homme confronté à de nombreuses difficultés et dangers. A lui est confiée quotidiennement la vie de centaines d'êtres humains. Il ne sait pas combien, mais il sait que la moindre erreur de sa part précipitera peut-être dix, peut-être vingt et peut-être cinquante êtres humains dans l'éternité, en plus d'en mutiler à vie deux ou trois fois plus. Il sait aussi qu'il est non seulement responsable de la sécurité des hommes, des femmes et des enfants qui voyagent derrière lui, mais aussi des occupants des autres trains circulant sur la même voie. Il sait exactement où il doit emprunter une voie secondaire pour laisser passer l'express en sens inverse, et il sait exactement où il doit ralentir pour contourner en toute sécurité un virage dangereux ou traverser un pont en réparation. , ou ce qui n'est pas aussi important qu'il le serait si lui, à la place des directeurs ferroviaires millionnaires, avait le contrôle du fonds de construction et de réparation des ponts.

Pour avoir une idée de la responsabilité d'un mécanicien de locomotive, il faut parcourir une centaine de milles dans une locomotive. L'auteur a eu ce privilège lors d'une journée sombre et glaciale, au début de l'hiver dernier. Les fonctionnaires lui ont dit qu'il faisait le trajet à ses propres risques et par faveur personnelle, et qu'il ne devait pas gêner l'ingénieur ou le pompier dans l'exécution de leurs fonctions. L'invité fut chaleureusement accueilli par l'ingénieur et le pompier et reçut un siège d'où il pouvait voir la voie sur laquelle la locomotive devait tirer le train de wagons. Pour un novice, la sensation d'un premier trajet sur une locomotive est très singulière, et dire qu'il n'y a aucune teinte de peur mêlée à l'excitation et au plaisir, ce serait faire une affirmation qui n'est pas confirmée par les faits. À l'occasion évoquée, le train était spécial, transportant une délégation à l'autre bout du continent. Il y avait environ quinze minutes de retard et, pour atteindre le prochain point de division, il fallait maintenir une vitesse moyenne de plus de quarante-cinq milles à l'heure. Comme c'est presque toujours le cas, lorsqu'il est nécessaire de se dépêcher exceptionnellement, toutes sortes de retards insignifiants se produisaient et plusieurs minutes précieuses étaient perdues avant de pouvoir commencer.

Finalement, le conducteur donne le mot nécessaire, le mécanicien tire le levier et le passager irrégulier découvre pour la première fois de sa vie combien il est bien plus difficile de démarrer une locomotive qu'il ne l'aurait jamais imaginé.

Tout d'abord, il y a un tremblement distinct sur l'énorme locomotive. Puis il y a un sifflement fort, avec une forte fuite de vapeur, tandis que les énormes pistons tirent et tirent les lourdes roues, qui glissent en rond et ne parviennent pas à agripper le rail. Puis, à mesure que la puissance scientifique l'emporte sur la force brutale, se produit un mouvement en avant d'un caractère à peine perceptible. Puis, alors que le bac à sable est mis en service, les roues mordent distinctement le rail et, selon les mots de l'hippodrome, « elles s'en vont ». Pendant quelques secondes, la progression est en effet très lente. Ensuite, le bon travail de la locomotive de confiance devient apparent, et avant que nous soyons bien hors de la gare de triage, une assez bonne vitesse est obtenue. Le pompier est occupé à sonner, et l'ingénieur, de temps en temps, ajoute au bruit d'avertissement un de ces indescriptibles cris que ne fait qu'une machine à vapeur.

Nous sommes désormais hors des limites de la ville et le train avance à un excellent rythme. Nous sortons notre montre et chronométrons soigneusement la vitesse entre deux bornes kilométriques, pour nous assurer qu'environ soixante-dix secondes ont été prises pour parcourir la distance. Malgré nos instructions, nous en informons le pompier, qui vient de commencer à jeter une nouvelle réserve de charbon sur le feu crépitant, en y ajoutant un mot de félicitation.

"Eh bien, ce n'est rien", répond-il en riant, "nous montons le niveau maintenant. Attendez que nous ayons atteint le niveau ou que nous descendions le niveau, et nous vous montrerons un kilomètre en moins de soixante."

Nous ne sommes pas particulièrement heureux d'entendre cela. Déjà, la locomotive oscille bien plus que ce qui est agréable pour les non-initiés, et le contraste entre le siège dur et le siège agréable dont nous disposons dans la voiture Pullman devient de plus en plus évident. Au moment où l'on se demande comment il sera possible de conserver son équilibre tout en contournant un virage au loin, une vache s'égare penaude sur la piste, apparemment à 200 mètres devant nous. L'ingénieur joue un air avec son sifflet et la vache se met à trotter sur la piste devant nous. Cet appendice singulièrement mal nommé, le attrape-vaches, la frappe au milieu du navire. Elle est projetée à vingt pieds en l'air, et tout ce qui reste d'elle roule dans le fossé au bord de la piste.

Pour le moment, nous avions oublié la réponse de George Stephenson au député britannique, qui lui demandait ce qui se passerait dans le cas où une vache se présenterait devant l'un des trains que George se proposait de faire circuler, si les pouvoirs nécessaires pouvaient être obtenus. Sa réponse, devenue historique depuis longtemps, fut que ce serait très mauvais pour la vache. Nous nous en sommes souvenus et avons été d'accord avec le pionnier des chemins de fer lorsque nous avons vu le malheureux bovin effectuer un quadruple saut périlleux et mettre fin à son existence en moins d'une seconde. Mais un instant auparavant, nous nous demandions ce qui se passerait lorsque l'inévitable collision aurait lieu.

Le pompier constate que l'incident nous a quelque peu énervé et nous assure avec bonhomie qu'une petite chose de ce genre ne vaut rien. C'est assez grave, dit-il, quand un groupe de vaches s'engagent sur une voie ferrée, et il se souvient d'un jour, il y a plusieurs années, où un train s'était arrêté dans le Far West par un groupe de gros bœufs, qui bloquaient la voie. "Mais," ajoute-t-il en guise de parenthèse, "c'était sur une route en très mauvais état avec une locomotive de marchandises en panne. Si nous avions eu la "87", à pleine vapeur, nous aurions pu passer tout le chemin. c'est vrai, même si nous devions surcharger le marché avec du bœuf.

Tantôt le train prend un virage dans une direction, tantôt dans une autre. L'ingénieur ne relâche jamais sa vigilance et, bien qu'il affecte de minimiser sa responsabilité et assure à son passager un peu nerveux qu'il n'y a aucun danger d'aucune sorte, ses actes ne confirment pas ses paroles. Nous circulons en spécial, un peu en avance sur l'horaire express de midi, et à chaque gare des passagers attendent qui annoncent notre approche avec ravissement et, rassemblant leurs paquets, s'avancent jusqu'au bord du quai, supposant évidemment que nous partons. arrêter pour eux. Que nous devions traverser la gare en courant à une vitesse de cinquante ou soixante milles à l'heure ne leur vient pas à l'esprit comme une possibilité lointaine, et les regards étonnés qui nous accueillent lorsque nous nous précipitons devant le quai sont amusants. Finalement, nous atteignons un long tronçon de voie plane, où les rails sont posés aussi droits qu'une flèche sur plusieurs kilomètres apparemment.

"C'est à votre tour, si vous voulez faire un bon kilomètre", dit le sympathique pompier.

Nous suivons son conseil, et à l'aide d'un chronomètre, emprunté spécialement pour la circonstance, nous constatons qu'un mille est parcouru en cinquante-deux secondes. Le kilomètre suivant est deux secondes plus lent, mais la vitesse est plus que maintenue sur le troisième kilomètre. Ramenés aux chiffres de vitesse ordinaires, cela signifie que nous parvenons à quelque chose comme soixante-dix milles à l'heure, et que nous faisons bien mieux que prévu. Notre bon travail est cependant gêné par le serrage soudain des aérofreins et la coupure de la vapeur à l'approche d'une petite gare, où le signal est contre nous. Un changement dans l'ordre des trains s'avère être la cause de l'obstacle à notre progression, et l'ingénieur grogne quelque peu en se rendant compte qu'il devra attendre dans une gare une vingtaine de milles plus loin, pourvu qu'il n'y ait pas de train venant en sens inverse. la voie secondaire avant d'y arriver. L'exécution de cet ordre implique un retard de cinq ou dix minutes, mais lorsque nous avons à nouveau la voie libre, nous sommes tellement à l'heure que nous accomplissons notre tâche et arrivons au dépôt, où les locomotives doivent être changées, à l'heure à la seconde près. .

Telle est la promenade en locomotive en plein jour. La nuit, bien sûr, les dangers et les risques sont décuplés. Le phare perce l'obscurité d'encre et exagère fréquemment la taille des objets sur et à proximité de la piste. Le moindre malentendu, la plus insignifiante interprétation erronée d'un ordre, la moindre négligence de la part de quiconque connecté ou employé par la route, peut entraîner un naufrage, jusqu'à la destruction totale du train et de ses passagers, et l'ingénieur ressent chaque momentanément l'étendue de ses responsabilités et la nature des risques qu'il encourt.

Ces responsabilités sont décuplées par la grande rapidité nécessaire en ces temps de précipitation et de précipitation. Peu de nos arrière-grands-pères ont vécu jusqu'à voir la vapeur utilisée comme force motrice pour la locomotion. La plupart de nos grands-parents se souviennent du premier train circulant dans ce pays. Beaucoup de ceux qui lisent ces lignes se souviennent du jour où un philosophe déclara qu'une vitesse de vingt milles était impossible, car, même si des machines pouvaient être construites pour résister à l'usure, le mouvement serait si rapide que les hommes du train et les passagers succombaient à l'apoplexie ou à quelque autre maladie terrible et mortelle.

Il y a moins de soixante-dix ans, le soi-disant manivelle George Stephenson se hasardait modestement à affirmer que sa petite locomotive de quatre tonnes et demie, « The Rocket », était en réalité capable de tournoyer le long d'une à deux voitures légères à la vitesse stupéfiante de douze milles à l'heure. Il a été ridiculisé par le très intelligent comité parlementaire britannique engagé dans l'enquête sur sa nouvelle méthode de voyage terrestre. À l'heure actuelle, avec des trains réguliers sur de nombreuses lignes qui traversent inlassablement de vastes continents heure après heure, au rythme d'un mile par minute, les étudiants les plus conservateurs de la science ferroviaire estiment délibérément que la limite ultime de la vitesse est encore loin, et que 100 miles par heure ne seront pas considérés comme un taux de déplacement extraordinaire à la fin de la première décennie du XXe siècle.

Il est vrai que les horaires des chemins de fer exigent rarement des déplacements à la vitesse d'un kilomètre par minute, mais l'ingénieur est très souvent appelé à aller encore plus vite. La plupart des gens, même les plus intelligents parmi ceux qui voyagent habituellement, tirent leur conception de la vitesse des chiffres des horaires, oubliant que dans presque tous les cas, des portions considérables du trajet doivent être parcourues à une vitesse bien supérieure à la vitesse moyenne. nécessaire pour parcourir la distance totale dans le temps prévu. Il y a très peu de trains express rapides, voire aucun, qui n'atteignent ou ne dépassent, sur une partie de chaque « parcours », une vitesse d'un mile par minute. Pourtant, grâce à la qualité des routes et aux voitures bien construites , la vitesse accélérée passe inaperçue ; en roulant à une vitesse de soixante à soixante-dix milles à l'heure, le passager parcourt calmement son journal ou son livre, les enfants jouent dans l'allée, et un bord de verre rempli d'eau peut être transporté d'un bout à l'autre de l'autocar qui roule doucement sans se renverser. une goutte. Pendant ce temps, les nerfs des responsables du train sont maintenus sous haute tension et, si inconscients que puissent être les passagers du danger, réel ou imaginaire, les risques encourus ne sont jamais perdus de vue par les deux hommes. sur la locomotive.

L'homme à la tour de signalisation a une responsabilité égale. À certains égards, le fardeau qui pèse sur ses épaules est encore plus lourd, car il a peut-être entre les mains le sort d'une vingtaine de trains, avec la vie de centaines de passagers. De temps en temps, lorsque le mauvais levier a été tiré et qu'un train est détruit, nous entendons parler d'un signaleur qui dort à son poste, mais peu d'entre nous s'arrêtent pour penser combien de milliers de fois par jour le bon levier est tiré et à quel point il est exceptionnel. est l'abandon du devoir. Il y a des héros de la mer et des héros des champs de bataille, mais il y a dix fois plus de héros qui accomplissent leurs actes d'héroïsme sur les locomotives, dans les tours d'aiguillage et de signalisation et dans les gares de triage. Il n'est peut-être pas à la mode de comparer ces sauveurs de vies humaines à ceux qui détruisent la vie sur le champ de bataille, mais la valeur et l'endurance des premiers sont au moins aussi remarquables et méritoires que l'audace et la souffrance des seconds.

Dans "Scribner's Magazine", est récemment parue une description très graphique d'une tour de signalisation carrée à deux étages à " Sumach Junction".

"Cette tour", dit le collaborateur de la revue nommée, "avait deux rangées de fenêtres de tous les côtés et se trouvait à l'intersection des branches. À ce stade, la ligne principale s'est transformée de quatre voies en deux, et ici la piste de gravier, qui semblait avoir été posé par un entrepreneur paralysé, qui avait laissé derrière lui la ligne principale et la respectabilité, et qui clopinait hors de vue derrière la station de signalisation d'un air ivre. Sous la tour, à droite, une branche à double voie tapait. un pays fertile au-delà des dunes. Et sous la tour de signalisation, à gauche, une branche à voie unique, longue d'un mile seulement, mettait en contact South Sumach , une de ces villes ennuyeuses qui fabriquent grâce à l'énergie hydraulique, en contact avec le milieu. Cette petite branche (comme s'il s'agissait de gens mesquins) a causé plus de problèmes que toutes les autres lignes réunies. L'homme aux signaux l'a découvert.

" Sumach Junction avait donc sa place dans le monde et, peut-être, elle était plus importante que celle de bien des banlieues complaisantes et opulentes. Le cœur de cette petite communauté n'était pas centré, comme pourrait le supposer une personne irréfléchie, dans le l'église, ou la commanderie , ou l'épicerie, ou l'école, mais dans la tour de signalisation, c'était le pouls du quartier, c'était l'âme de milliers de voyageurs insouciants, dont la vie et le bonheur dépendaient d'une vigilance intelligente. trois hommes se relayaient là-haut dans la tour, verrouillant et déverrouillant les interrupteurs et les signaux jusqu'à ce qu'on puisse s'attendre à ce qu'ils s'évanouissent de vertige et de confusion. Ce n'était pas rare dans la tour de signalisation, quand l'un des trois voulait un. jour de congé, pour que les deux autres doublent leurs quarts de travail de douze heures. Tant que le service était bien effectué, le surintendant ne posait aucune question.

L'histoire a été écrite à cause de la maladie prolongée de l'un des trois, qui a obligé les deux autres à rester en service jusqu'à ce que leurs yeux soient souvent ternes et que leurs capacités cérébrales soient épuisées. L'un d'eux a finalement fonctionné jusqu'à ce que la nature ait vaincu la force de l'habitude et de la fiabilité, et une collision aurait eu lieu sans la conscience revenue de l'homme surmené et complètement épuisé.

Tandis que ce héros du quotidien dormait, ou plutôt perdait la pensée par épuisement extrême, la forte tempête de neige qui rendait la nuit doublement sombre avait tellement bloqué la machinerie du sémaphore qu'elle refusait de répondre aux efforts désespérés des spectateurs fatigués. signaleur, qui entendit un train de marchandises approcher et savait que s'il n'était pas signalé immédiatement, il se précipiterait dans l'arrière d'un train de voyageurs, qui se tenait en vue de la boîte de signalisation, avec sa locomotive désactivée. Finalement, abandonnant sa tentative de déplacer le levier, il s'est précipité dehors dans la nuit et s'est frayé un chemin à travers la neige en direction du train qui approchait. Il était à temps pour éviter la collision qui semblait inévitable, mais dans son enthousiasme, il a négligé son propre danger et a été renversé et terriblement blessé par le train qu'il avait signalé.

L'année dernière, la plus grande gare ferroviaire du monde, dans les gares de laquelle il y a un trafic immense et à partir de laquelle fonctionnent d'innombrables aiguillages et signaux, a été ouverte. Cette immense gare est située à Saint-Louis. Il couvre une superficie d'environ douze acres et est plus grand que les deux magnifiques dépôts de Philadelphie réunis. La deuxième plus grande gare ferroviaire du monde se trouve à Francfort, en Allemagne. La troisième par ordre de taille est la Reading Station à Philadelphie. Les quatre suivants sont le Pennsylvania Depot à Philadelphie, la gare de St. Pancras à Londres, en Angleterre, le Pennsylvania Depot à Jersey City et le Grand Central Depot à New York.

Nous avons tous entendu parler de vols particuliers de temps en temps, et les registres de poêles et d'autres objets lourds volés semblent montrer que peu d'objets sont suffisamment volumineux pour être absolument à l'abri du péculateur ou du kleptomane. Mais voler un train semble à l'esprit moyen une impossibilité, même si dans certaines conditions cela est même facile. Lors de la croisade des Commonwealers en 1894, plus d'un train fut volé. Tout ce qu'il fallait, c'était une force suffisante pour vaincre l'équipe du train dans une petite gare ou un réservoir d'eau, et un ou deux hommes sachant allumer la vapeur et entretenir un feu.

L'histoire raconte un cas bien plus remarquable de vol de train, auquel sont liés des événements de bravoure surprenants et des évasions éclair. Nous faisons référence au grand raid ferroviaire en Géorgie au cours de l'année 1862, lorsqu'une poignée de héros intrépides ont envahi un pays hostile, ont délibérément volé une locomotive et ont failli la remettre en toute sécurité entre les mains de leurs amis.

Un monument, surmonté d'une maquette de locomotive, a été érigé il y a quatre ou cinq ans pour commémorer un événement sans précédent et sans imitation. L'histoire du raid se lit comme une fiction, mais chaque incident que nous enregistrons est un fait. Chaque danger raconté a été couru. Toutes les difficultés ont été effectivement rencontrées, et l'échec final s'est produit exactement comme indiqué.

Les généraux Grant et Buell marchaient alors vers Corinthe, dans le Mississippi, où une jonction devait être effectuée. Les troupes confédérées se concentraient au même point et des troubles se préparèrent immédiatement. Le général Mitchell, qui commandait une des divisions de Buell, s'était avancé jusqu'à Huntsville, en Alabama, et un autre détachement s'était approché à moins de trente milles de Chattanooga. Il fut jugé opportun, et même nécessaire, de couper la communication ferroviaire entre

Chattanooga et l'Est et le Sud, et James J. Andrews fut choisi par le général Buell pour cette tâche.

Andrews choisit vingt-quatre esprits semblables à lui, qui entrèrent sur le territoire ennemi en tenue ordinaire du Sud et sans autres armes que des revolvers.

Leur but était de capturer un train, de brûler les ponts de la partie nord du Georgia State Railroad, ainsi que de l'East Tennessee Railroad, là où il s'approche de la Georgia State line, isolant ainsi complètement Chattanooga, qui était alors pratiquement sans garnison . Ces hommes se sont donné rendez-vous à Marietta, en Géorgie, à plus de 200 milles du point de départ, après s'être rendus (à l'exception de cinq, capturés en route ou tardivement) en petits détachements de trois ou quatre. La voie ferrée de Marietta était bondée de trains et de nombreux soldats se trouvaient parmi les passagers.

Après de nombreuses reconnaissances, il fut décidé de capturer un train à Big Shanty, à quelques kilomètres au nord de Marietta, et, achetant des billets pour différentes gares le long de la ligne en direction de Chattanooga, le groupe, qui comprenait deux ingénieurs, atteignit Big Shanty.

Pendant que le conducteur, le mécanicien et la plupart des passagers prenaient leur petit-déjeuner, le train fut saisi et, étant correctement équipé, après le dételage des wagons de voyageurs, il commença sa course féroce vers le nord. Pensez à l'exploit : vingt hommes, entourés d'une armée hostile, se sont lancés ainsi courageusement sur une route longue et difficile, encombrée d'ennemis.

Bien sûr, le vol du train « produisit une grande consternation, mais les ravisseurs s'enfuirent en toute sécurité, s'arrêtant fréquemment pour démolir la voie, couper les fils télégraphiques, etc. Andrews informa les gens des gares qu'il était un agent du train ». Le général Beauregard fit circuler un train de poudre impressionné jusqu'à Corinthe, ce qui fit généralement taire leurs doutes, même si certains agissaient de manière suspecte.

Le premier obstacle sérieux fut rencontré à Kingston, à trente milles du voyage. Ici, les ravisseurs et leur train ont été obligés d'attendre le passage de trois trains en direction du sud. Pendant une heure et cinq minutes, ils restèrent dans cette position la plus critique, seize hommes étant enfermés dans le wagon couvert, faisant office de munitions de Beauregard. Juste au moment où le train quittait Kingston, deux poursuivants sont apparus, à savoir le capitaine WA Fuller, le conducteur du train volé, et un officier qui se trouvait à bord au moment où il a quitté Big Shanty. Trouvant un wagon à main, ils l'avaient piloté et poussé en avant jusqu'à ce qu'ils trouvèrent une vieille locomotive debout avec de la vapeur sur une voie latérale, qu'ils chargèrent immédiatement de soldats et se précipitèrent en avant avec des roues volantes à leur poursuite, jusqu'à ce qu'ils atteignent Kingston, où ils prirent la locomotive et un wagon d'un des trains en attente, et continuèrent le voyage avec quarante confédérés armés.

C'était maintenant serré, avec un moteur se précipitant sauvagement après l'autre. Détruire le train qui les poursuivait était le seul espoir tangible des fuyards, qui s'arrêtaient encore et encore pour desserrer un rail. S'ils avaient été équipés d'outils appropriés, ils auraient pu le faire facilement, mais dans l'état actuel des choses, ils ont tout simplement perdu un temps précieux. Une fois, ils furent presque rattrapés par le moteur qui les poursuivait et obligés de repartir à une vitesse terrible. À un moment donné à Adairsville, ils ont échappé de peu à heurter un train express. Fuller, le conducteur du train volé, et ses compagnons, arrêtés par les obstacles de la voie, laissèrent leur locomotive derrière eux et partirent à pied, prenant finalement possession de l'express passé à Adairsville et le rebroussèrent à leur poursuite.

Lorsque Calhoun fut dépassé, les trains étaient en vue les uns des autres. On pensait que la voie était libre jusqu'à Chattanooga, et si seulement le train qui le poursuivait pouvait être détruit, la fin serait gagnée. Encore une fois, le manque d'outils a gêné le petit groupe audacieux. Ils ont fait des efforts désespérés pour briser un rail, mais les poursuivants étaient sur eux avant d'avoir réussi, et Andrews s'est précipité sur son moteur, laissant tomber un wagon puis un autre, qui ont été ramassés et poussés en avant, par les poursuivants, jusqu'à la gare de Resaca. .

Les deux moteurs tournaient, à l'époque, au régime le plus élevé. Andrews a finalement cassé l'extrémité de son dernier wagon couvert et a laissé tomber des traverses sur la piste pendant qu'il courait. Plusieurs fois, il manqua de soulever un rail, mais chaque fois l'arrivée des confédérés à portée de fusil le força de s'abstenir.

Un participant à l'exploit, dans son récit de l'affaire, publié dans « Battles and Leaders of the Civil War », par la Century Company, déclare :

"Ainsi, nous avons couru, kilomètre après kilomètre, dans cette poursuite effrayante, contournant les virages et passant devant les stations dans des perspectives apparemment infinies. Chaque fois que nous perdions de vue l'ennemi au-delà d'un virage, nous espérions que certains de nos obstacles avaient été efficaces pour le jeter du la piste, et que nous ne le verrions plus ; mais à chaque long recul, la fumée était à nouveau visible, et le sifflement aigu était comme le cri d'un oiseau de proie. Le temps n'aurait pas pu être aussi long, car le temps était long. une vitesse terrible dévorait rapidement la distance, mais avec nos nerfs tendus à la plus haute tension, chaque minute semblait une heure. À plusieurs reprises, la sortie de l'ennemi du naufrage semblait presque miraculeuse. À un moment donné, un rail fut placé en travers de la voie ferrée. si habilement dans la courbe, qu'on ne l'a pas vu jusqu'à ce que le train roule dessus à toute vitesse. Fuller dit qu'ils ont été terriblement secoués et ont semblé complètement rebondir hors de la voie, mais se sont arrêtés sur le rail en toute sécurité. souhaitaient quitter un train qui roulait à une vitesse aussi imprudente, mais leurs souhaits n'ont pas été exaucés.

Finalement, alors que l'espoir était presque épuisé, une dernière tentative fut faite. Des obstacles supplémentaires ont été jetés sur la voie, les panneaux latéraux et latéraux du dernier wagon ont été déchirés en lambeaux, tout le carburant disponible a été entassé dessus et des tisons enflammés ont été ramenés du moteur. Arrivant à un long pont couvert, la voiture, maintenant assez en feu, fut dételée ; mais avant que le pont ne soit complètement en feu, les poursuivants l'atteignirent, s'enfoncèrent dans la fumée et conduisirent la voiture en feu devant eux jusqu'à la voie secondaire suivante. Cet expédient a donc également échoué. Sans voiture, sans carburant - chaque morceau ayant été jeté dans le moteur ou sur la voiture en feu - et sans aucun moyen d'obstruer davantage la voie, l'équipe poursuivie était réduite au désespoir et, comme dernière ressource, à dix-huit milles de Chattanooga, ils abandonnèrent le train et se dispersèrent dans les bois, chacun pour se sauver.

La bonne vieille locomotive, désormais faible et inutile, était abandonnée. Selon certains récits, il a été inversé afin de provoquer une collision avec le train venant en sens inverse, mais selon d'autres, la vapeur s'est épuisée et la machine s'est simplement arrêtée faute de puissance. Quoi qu'il en soit, les chasseurs du train deviennent immédiatement les chasseurs des voleurs de train, dont plusieurs furent capturés le même jour, et tous sauf deux en une semaine. Deux de ceux qui n'avaient pas réussi à adhérer au parti ont également été capturés. Étant en tenue de citoyen à l'intérieur des lignes ennemies, tout le groupe était tenu comme espion. Une cour martiale fut formée et le chef ainsi que sept des vingt-deux autres furent condamnés et exécutés. Les autres n'ont jamais été jugés. Sur les quatorze restants, huit réussirent, grâce à un effort audacieux, à s'échapper d'Atlanta et finalement à atteindre le Nord. Les six autres échouèrent dans leur tentative et restèrent prisonniers jusqu'en mars 1863, date à laquelle ils furent échangés.

Toutes sortes d'histoires ont été entendues de temps en temps concernant le côté surnaturel du chemin de fer et les pitreries particulières et apparemment cachées dont les locomotives sont parfois coupables. L'histoire suivante mérite d'être reproduite et peut servir d'illustration à des centaines d'autres. Cela a été raconté par un ingénieur qui a travaillé sur l'Utah & Northern Railroad il y a des années, avant que cette route ne devienne une partie du système Union Pacific. La route était très accidentée et, à l'exception d'une longue étendue de broussailles de sauge le long de la rivière Snake, au nord de Pocatello, elle passait dans des canons , à travers des montagnes et à travers d'épaisses coupes d'argile, qui étaient souvent déversées sur les pistes par le printemps. des pluies. C'était, comme c'est le cas aujourd'hui, un chemin de fer pressé par les affaires.

C'était la seule ligne menant à Butte City, qui avait été fermée peu de temps auparavant et qui laissait alors présager sa future distinction de plus grand camp minier du monde. Les expéditions d'or et de lingots étaient très lourdes, et tout l'argent destiné aux banques de Butte et d'Helena était acheminé par cette route. Il n'y avait aucune ville le long de la ligne. Les seuls arrêts étaient effectués aux réservoirs d'eau et aux restaurants tels que la compagnie du chemin de fer avait construit à de longs intervalles. C'était une course difficile et difficile, et elle était rendue particulièrement solitaire par les étendues inhabitées de sable et de broussailles de sauge, ainsi que par les échos des hauts murs de granit de l'étroit canon . En plus, c'était une course dangereuse. Le gang de voleurs de train James et les frères Younger avaient opéré avec un tel succès dans le Missouri, le Kansas et le Minnesota que d'autres bandits s'étaient déplacés vers l'Ouest pour tenter des opérations similaires.

Enfin, les bureaux généraux de Wells, Fargo & Co. ont appris que plusieurs voleurs de train avaient été aperçus à Denver et qu'ils pourraient se diriger vers le nord dans l'espoir d'obtenir soit des lingots d'or dans l'un des trains en provenance de Butte, soit de l'argent. en échange dans un train montant. Après avoir détaillé ces conditions, l'ingénieur poursuivit.

"Nous avons eu un nouveau directeur pour la route, un homme de l'Est, qui avait de hautes idées sur la conduite des voyages ferroviaires sur ce qu'il appelait une base moderne. L'un des premiers résultats de sa gestion fut un train, qu'il appela le "Mormon Flyer". ", allant de Butte à Salt Lake, et programmé sur la carte de pointage pour parcourir quarante milles à l'heure. Nous lui avons dit qu'il ne pourrait jamais atteindre ce temps sur une route de montagne accidentée, où un train devait contourner les murs d'un canon comme une vache. les bois, mais il ne voulait pas le croire. Il a dit que si un train pouvait parcourir quarante-cinq milles à l'heure dans l'Est, il pourrait en parcourir quarante sur cette route. Le train était constitué d'une lourde locomotive de porc. un fourgon à bagages, un wagon express et deux traverses. Le premier train qui descendit sauta la voie à deux reprises, et le train qui remontait de Salt Lake fut détruit et faillit être jeté dans la rivière Snake. Puis les trains circulèrent avec quatre à six heures de retard, et le train remonta. les gens et les journaux ont commencé à plaisanter sur le « Mormon Flyer » et à demander le retour de l'ancienne ligne d'autocars de Salisbury. Le directeur se plaignait de temps en temps et disait que tout était de la faute des ingénieurs ; Il a dit que nous ne connaissions pas notre affaire et qu'il trouverait des hommes de l'Est qui feraient voler le « Mormon Flyer » à temps.

« Eh bien, un soir, à Butte, j'avais préparé mon train et j'attendais les ordres, lorsque le chef de gare m'a remis deux télégrammes. L'un venait du directeur de Salt Lake et disait : « Vous amenez le « Flyer » dans à l'heure demain, ou avec un préavis de deux semaines. L'autre provenait de l'agent Wells, Fargo & Co., à Salt Lake, et disait : « Le numéro 3 (le « Flyer » en direction nord) a été retenu cet après-midi près du coffre au trésor de Beaver Cañon pris et les passagers ont été volés. La meilleure description possible des voleurs fut donnée. J'ai montré les deux télégrammes au conducteur, qui a retenu le train jusqu'à ce qu'il puisse récupérer une douzaine de Winchesters de la ville. Entre-temps, j'avais mis le pompier en marche, et nous avons mis le feu. la touche finale à la locomotive n° 38, une grosse machine neuve, avec huit conducteurs et en parfait état, j'ai dit à mon pompier que si nous ne pouvions pas la faire passer à temps, nous laisserions le train en marche. le bord de la route, et ainsi enseigner un tour ou deux à l'homme qui voulait parcourir une route de montagne selon les méthodes orientales, j'ai sorti ce train de Butte comme s'il avait été tiré par un fusil, et lorsque nous avons atteint le bord de la route, et j'ai ainsi appris un tour ou deux à l'homme qui voulait parcourir une route de montagne selon les méthodes orientales. à plat au-dessous de Silver Bar Cañon, je l'avais bien installé et volais comme un loup effrayé. Le train tremblait d'un côté à l'autre comme un navire en mer, et nous sautions si vite au-delà des contreforts qu'ils ressemblaient à des poteaux de clôture. de sorte que mon pompier ne pouvait pas supporter de remplir le foyer, alors il a jeté le charbon sur le sol, s'est mis à quatre pattes et l'a pelleté. La numéro 38 semblait savoir qu'elle était recherchée pour conserver mon travail, et frémit comme un cheval de course à l'arrivée. Nous avons rattrapé le temps perdu dans les 100 premiers milles et sommes arrivés à Beaver Cañon avec quelques minutes à perdre.

"C'est lorsque je l'ai ralenti un peu dans le canon que j'ai remarqué quelque chose qui n'allait pas chez elle. Elle a abandonné sa démarche régulière et a commencé à trembler et à s'arrêter. Le foyer s'est bouché et la vapeur a commencé à baisser, et quand j'ai atteint un bout de chemin assez long dans le canon sombre et silencieux , elle a refusé de se remettre, elle a craché de la vapeur, elle a gargouilli et toussé, et rien de ce que je pouvais faire n'a pu la convaincre. J'ai dit au pompier que la vieille fille nous quittait. , et que nous pourrions tout aussi bien nous diriger vers de nouveaux emplois. Il a fait de son mieux pour la mettre en action, mais elle devait forcément faire ce qu'elle voulait à chaque seconde, et elle sifflait et soufflait comme un moteur de fret sur une montagne. et nous nous sommes déplacés aussi vite. Finalement, nous sommes arrivés à un virage serré, presque à l'embouchure du canon , puis le numéro 38 a poussé un grognement fort et provocateur et s'est arrêté. " " Elle a fini pour l'instant ". J'ai dit au pompier et nous sommes descendus du taxi avec nos lanternes.

"Les culasses étaient presque en face d'un haut rocher au niveau des virages. Eh bien, quand nous sommes arrivés là-bas, que pensez-vous que nous avons vu ? A moins de cent mètres en avant de l'embouchure du canon , et aussi clairement que le jour au clair de lune, Il y avait un tas de pierres sur la piste. De chaque côté se trouvait un groupe d'une demi-douzaine d'hommes masqués, avec des fusils Winchester à moitié levés. Dix verges plus loin se trouvaient une douzaine de chevaux piquetés près de quelques peupliers.

"Eh bien, vous pariez votre vie que nous ne pourrions pas retourner à ce train trop vite. Il n'était pas minuit, et en deux minutes, nous avions fait sortir l'équipage et les passagers avec suffisamment d'armes et de revolvers pour fournir à l'armée chinoise. Les passagers, dans ces jours, et dans ce pays, ils portaient des fusils. Quand les voleurs virent que le train s'était arrêté, ils se mirent en route, et furent accueillis par un feu sourd. L'un d'eux tomba, mais les autres coururent vers leurs chevaux et s'enfuirent.

"Maintenant, vous ne pouvez pas me dire qu'il n'y a rien d'autre dans un moteur que des machines", conclut l'ingénieur en se tournant vers les autres membres du Roundhouse Club.

"L'homme qui dit que ce n'est pas le cas est un imbécile", fut la réponse de l'un d'entre eux, et les autres hochèrent la tête en signe d'approbation.

CHAPITRE XVII.

UN CHEMIN DE FER VERS LES NUAGES.

Première histoire de Manitou - L'importante découverte de Zebulon Pike - Le péril et le triomphe final d'un jeune guérisseur - Une station thermale dans les années passées - Le Jardin des Dieux - Le chemin de fer jusqu'à Pike's Peak - Les premiers échecs et le succès final --La route la plus remarquable du monde : rouler au-dessus des nuages.

Manitou est un nom qui évoque des réminiscences de légende et d'histoire, et qui rappelle également au voyageur certaines des scènes les plus remarquables des Montagnes Rocheuses. On dit que l'homme qui sait apprécier la grandeur et la beauté de la nature peut passer six mois dans les environs de Manitou, puis revenir six mois plus tard pour trouver de toutes parts des joies et des trésors de beauté inexplorés.

Les premiers enregistrements fiables concernant cet endroit remontent à l'année 1806, lorsque le major Zebulon Pike découvrit ce qu'il appelait la Grande Montagne enneigée. Celle-ci, l'une des plus hautes des Rocheuses, est maintenant connue sous le nom de Pike's Peak, du nom de son découvreur, ou du moins du nom de l'homme qui le premier l'a décrit pour le bénéfice du public.

Il est reconnu que lorsque le major Pike traversait le Colorado, il y a près de cent ans, il aperçut à l'horizon ce qu'il considérait comme un nuage brumeux. Lorsqu'il réalisa enfin qu'il y avait une montagne devant lui, il en était à au moins cent milles, et il y avait deux ou trois collines plus petites à traverser avant de l'atteindre. Après avoir marché pendant plus d'une semaine, le groupe atteignit la montagne Cheyenne, qu'ils croyaient être l'ascension du grand sommet, une théorie qui fut bientôt réfutée. Manitou est au pied de cette grande montagne. Il a été décrit en détail pour la première fois par un touriste anglais qui a visité les sources de Manitou il y a à peine un demi-siècle. Il voyagea seul et fit preuve non seulement d'une immense bravoure, mais aussi d'un jugement illimité pour échapper aux attaques des bêtes sauvages et des Indiens tout aussi sauvages.

Sa description du voyage est pleine d'un grand intérêt. Il décrit comment une bande de mouflons de montagne s'est avancée jusqu'au bord d'un précipice en surplomb pour contempler l'intrus, et comment, un instant plus tard, un troupeau de cerfs à queue noire a couru devant lui, avec ce mépris du danger que l'on voit seulement chez les animaux. qui n'ont pas été en contact avec des êtres humains ou des armes modernes. Les oiseaux, nous dit-il, étaient indifférents à sa présence. Ils chantaient presque à portée de main et leur riche plumage le fascinait complètement. Il a continué dans son paradis des chasseurs jusqu'à ce qu'il tombe accidentellement sur un camp indien. Aucun Indien n'était présent, mais les feux de camp couvants l'avertissaient qu'ils n'étaient pas loin. Plus tard, il vit deux Indiens, qui étaient évidemment des Arapahoes , portant un cerf entre eux, et il comprit que la délicieuse chasse qu'il s'était promise n'aurait pas lieu.

Il fut capturé peu après dans un incendie de prairie, au cours duquel il risquait grandement d'être détruit ; seule l'audace de son cheval lui a sauvé la vie. Il avait entendu dire par les Indiens amis qu'il avait rencontrés au cours de sa marche que le Grand Esprit avait doté les eaux des sources de Manitou de pouvoirs de guérison miraculeux, et il buvait librement aux sources pures. Ces sources ont fait de Manitou une véritable Mecque pour les Indiens de l'Ouest et du Sud-Ouest pendant de nombreuses générations avant que les hommes blancs ne les découvrent. Des pèlerinages de grande ampleur étaient organisés à travers des montagnes et des rivières, et lorsqu'un chef indien montrait des signes de santé déclinante et ne bénéficiait pas des machinations des guérisseurs, il était généralement transporté à Manitou, quelle que soit la distance du voyage, ou combien étaient grands les obstacles à surmonter.

Parmi les nombreuses histoires racontées concernant des voyages de plusieurs semaines, voire plusieurs mois, l'une est exceptionnellement vivante et est évidemment fondée sur des faits, bien que la superstition ait entouré les faits de tant de couleurs qu'ils sont difficiles à découvrir. L'histoire raconte qu'autrefois, un grand chef, qui avait conquis toutes les tribus dont il connaissait l'existence, tomba malade et ne put bénéficier des soins des guérisseurs, appelés de toutes parts. Un certain nombre de ces malheureux médecins furent mis à mort pour n'avoir pas réussi à rétablir la santé du chef mourant. Enfin, il restait très peu de guérisseurs dans les environs ; ceux qui n'avaient pas été décapités avaient prouvé leur fort désir de vivre davantage en se retirant discrètement dans des lieux inconnus.

Un jour, on apprit la nouvelle du chef d'un jeune guérisseur d'une tribu voisine qui avait été négligé par les chercheurs, mais qui avait réussi de manière phénoménale à courtiser la santé et à prolonger la vie. La tribu était depuis longtemps réduite à un état de sujétion, et ledit chef envoya un détachement de ses braves, avec instruction de ramener le guérisseur vivant ou mort.

Le jeune homme, qui s'attendait à une convocation de ce genre, ne manifesta pas l'inquiétude attendue. Même lorsqu'on lui annonça que le vieux chef était certainement mourant et qu'il était impossible de l'aider en aucune façon, il gardait sa froide indifférence et se contentait de sourire.

Il portait avec lui un vase primitif, rempli de quelque fluide mystérieux, sur les vertus duquel il comptait implicitement. Lorsqu'il arriva au camp où gisait le chef malade, il fut convoqué immédiatement devant l'autocrate malade. Cet individu a exposé ses symptômes, puis, au lieu de demander, comme nous avons tendance à le demander à nos médecins, s'il existait des médicaments disponibles pour eux, il a dit au jeune guérisseur que si aucune amélioration ne se produisait dans quelques jours, il y aurait des symptômes. des funérailles au village , et il y aurait un guérisseur de moins dans les environs.

Cette introduction un peu surprenante ne déconcerta pas le jeune homme, qui versa une généreuse dose du liquide qu'il avait apporté avec lui et le fit boire au vieux chef. Pendant la nuit, il répéta les doses plusieurs fois et le lendemain il continua le traitement. À la surprise générale, le sang recommença à couler dans les veines du chef autrefois invincible, et ceux qui avaient eu pitié du jeune guérisseur commencèrent à le féliciter pour son triomphe. Quand, au bout de quelques jours, l'amélioration devint plus marquée, le jeune médecin expliqua au chef que l'eau qu'il lui avait donnée provenait de sources situées dans les montagnes lointaines, et que si le chef désirait obtenir une autre vie, il doit visiter ces sources et y rester quelques semaines.

Avec l'enthousiasme d'une vigueur renouvelée, le vieil homme accepta promptement la suggestion, et en quelques jours les préparatifs étaient terminés pour une grande marche à travers les Montagnes Rocheuses jusqu'à Manitou. La tradition raconte la splendeur de la marche et la manière dont les obstacles et les obstacles furent surmontés. Finalement, la grande montagne fut aperçue au loin, et quelques jours plus tard, une halte fut faite aux sources. Ici, le vieux chef reçut un traitement régulier et, en quelques jours, il put marcher aussi vigoureusement que jamais. Finalement, il revint dans sa tribu, non seulement renouvelé en santé, mais aussi renouvelé en jeunesse. Les archives de sa race indiquent que son apparence a été entièrement modifiée et que, au lieu de ressembler à un vieil homme, ses traits étaient ceux d'un jeune d'une vingtaine d'années. Le chef vécut de nombreuses années et finit par mourir au combat.

La renommée de sa guérison se répandit naturellement avec une grande rapidité. Le vieil homme était si connu qu'il devint un témoignage ambulant des mérites des sources, et des expéditions innombrables y furent en conséquence faites. Les Blancs, au contact des Indiens du Far West, entendirent parler de temps en temps des sources et de ce merveilleux remède. Pour beaucoup, les histoires étaient confondues avec les légendes concernant la recherche de Ponce de Leon pour la fontaine de jouvence perpétuelle. Plus tard, cependant, une enquête plus approfondie fut entreprise, et depuis plus d'une génération, la vérité, ainsi que les légendes de Manitou, sont généralement connues.

En conséquence, un grand point d'eau a poussé sur le site de ce qui était autrefois un lieu de repos mystérieux pour les Indiens et une retraite dans laquelle il était dangereux d'entrer. Environ 2 000 personnes vivent ici et, pendant la saison, il y a souvent 3 000 à 4 000 personnes en quête de soins. Il y a une grande avenue qui traverse le village, large de quatre-vingts pieds et bien entretenue. Au lieu d'être tracé selon une ligne mathématiquement droite, il suit les méandres de la rivière Fontaine-qui- Bouille . Cette fonctionnalité lui donne une apparence nouvelle et charmante. Il y a aussi un petit parc qui possède des caractéristiques que l'on ne trouve pas dans les terrains de loisirs des grandes villes, et il y a un sentier piétonnier connu sous le nom de Lover's Lane, dont l'aspect est si romantique qu'il est évidemment bien connu.

Les sources de Manitou sont naturellement l'élément le plus intéressant du lieu. La source Shoshone, au centre du village, est peut-être la plus connue. La source Navajo n'est qu'à quelques mètres et est considérablement plus grande. La source Manitou elle-même se trouve de l'autre côté de la rivière et est recouverte d'une source très élégante. La source Iron Ute est dans l'œuvre d'Engelman Cañon ou Glen, et est considéré par beaucoup comme le meilleur de tous. D'innombrables grottes et canons abondent dans toutes les directions. Le Manitou Grand Cañon se trouve à moins de trois kilomètres du village. Il présente l'apparence d'un manoir naturel, avec des pièces de plusieurs centaines de pieds de long et de haut. Les formations naturelles des roches particulières présentent des combinaisons déconcertantes de galeries, de colonnes et de fresques. Ici se trouve le magnifique orgue à stalactites. C'est, selon beaucoup, l'une des merveilles du monde. Il se compose d'un certain nombre de fines stalactites aux puissances de réverbération variables, et celles-ci jouent de délicieux airs ou du moins des tonalités.

L'un des grands objectifs d'un voyage à Manitou est de découvrir le Jardin des Dieux, de renommée mondiale mais au nom singulier. La route la plus directe pour y accéder depuis le village est par Manitou Avenue et Buena Vista Drive, cette dernière étant une route très fréquentée, qui entre dans l'avenue de gauche, à environ un mile de la ville, à mesure qu'on avance vers le Colorado. Ville. L'entrée du jardin se fait après Balanced Rock, un immense rocher qui se dresse directement à gauche de la route, posé sur une base si élancée qu'il suggère une pyramide irrégulière dressée sur son sommet. À droite, lorsque l'on passe devant cette curieuse formation, se trouve un mur abrupt de pierre stratifiée, drapé de vignes accrochées et envahi de conifères. En s'arrêtant un instant sur le sommet de l'élévation que l'on atteint ici, on peut regarder en contrebas la vallée dans laquelle se trouve le jardin. A l'ouest se trouvent les montagnes ; à l'est les plaines. La route qui serpente à travers la vallée est un chemin agréable. Les yeux et l'esprit sont occupés à contempler et à enregistrer les vues intéressantes qui abondent ici.

Personne ne sait pourquoi cette vallée a été nommée « Le Jardin des Dieux ». Il n'y a rien de particulièrement jardinier dans son apparence ; mais, sans doute grâce à « l'aide astucieuse d'une allitération appropriée », le nom est devenu très populaire, et il serait insensé de le contester ou de tenter de le changer. Il existe cependant de nombreuses suggestions selon lesquelles les forces du Titanic ont été à l'œuvre ici, et il faut peu d'imagination pour attribuer ces innombrables sculptures pittoresques , ces magnifiques œuvres architecturales rupestres, ces temples grandioses et imposants, non construits par des mains, aux agences de les dieux. Ici se trouvent sculptées dans la pierre par ces instruments rusés des mains de la nature - le vent, la pluie, le rayon de soleil et le gel - des figures curieuses, souvent grotesques, évoquant irrésistiblement des formes de vie. Ici se dresse une statue de la Liberté, appuyée sur son bouclier, avec le bonnet phrygien conventionnel sur la tête ; il y a une gigantesque grenouille sculptée dans le grès ; là-bas, il y a un pèlerin, le bâton à la main. Des groupes de personnages dans des attitudes curieuses sont visibles de toutes parts.

Des figures en pierre du lion, du phoque et de l'éléphant ont toutes été trouvées ; en effet, il n'est pas nécessaire d'avoir une imagination vive pour découvrir dans ce Jardin des Dieux une variété infinie de formes imitatives d'êtres humains, d'oiseaux, de bêtes et de reptiles. Ces personnages possèdent un intérêt curieux et attirent une attention étonnée ; mais les objets remarquables et majestueux ici sont la « Grande Porte » et les « Flèches de la Cathédrale ». Deux hautes tables de grès de couleur cornaline, placées directement l'une en face de l'autre, espacées d'une cinquantaine de pieds et s'élevant à une hauteur de 330 pieds, forment les portails de la célèbre Porte. Ils s'élèvent d'un terrain parfaitement plat et offrent un spectacle étrangement impressionnant.

Les « flèches de la cathédrale » ont un caractère similaire à celui de la passerelle, mais leurs crêtes sont nettement divisées en pinacles en forme de flèche. Les formes que prennent ici les roches sont certes remarquables, mais leur couleur est encore plus remarquable. Aucun grès de l'Orient ne brille avec une telle splendeur de teinte cornaline. Le contraste saisissant formé par ces rochers cramoisis se découpant sur le ciel d'un bleu profond et dorés par la haute et blanche lumière du soleil sans nuage du Colorado ne peut être décrit.

L'une des villes de chiens de prairie les plus visitées se trouve à proximité du Jardin des Dieux. Il est intéressant pour le touriste, et se visite généralement au retour du Jardin à Manitou. La ville est située sur la route qui traverse la grande porte d'entrée de Colorado City et peut être vue sur un petit plateau à gauche. Il y a un grand nombre de petites collines de sable et de gravier soulevées par les chiens autour de leurs terriers. Tous les beaux jours, on les voit travailler autour de leurs habitations, ou assis sur leurs hanches, prenant le soleil et bavardant gaiement avec quelque voisin. Le terrier a une pente facile sur environ deux pieds, puis descend perpendiculairement sur cinq ou six pieds, et après cela bifurque obliquement ; il mesure souvent jusqu'à un pied de diamètre. On prétend que le chien de prairie, la chouette et le serpent à sonnette vivent harmonieusement ensemble.

À ce sujet, M. William G. Smith, le naturaliste bien connu, dit : "Impossible. La chouette des terriers sera généralement vue là où les chiens se rassemblent, et partout où le sol est miné, son serpent est susceptible d'être trouvé ; mais soyez assuré que là Il y a une sorte de « dispersion » vive pour s'écarter de son chemin s'il entraîne sa carcasse visqueuse dans leurs terriers. Les chiens n'ont aucune envie de lui contester son droit et lui donnent toute la place qu'il veut. Les chiens à la maison sont de petits compagnons soignés et ne laissent aucune litière s'accumuler autour de leurs portes. Ils se couchent tôt et ne dérangent jamais leurs voisins avant le jour.

Attenant au jardin se trouve une région de crêtes. Une crête mène à une autre, et celle-ci à une troisième, et ainsi de suite. Ce pays accidenté, couvert de pins et de cèdres, et recouvert d'herbes touffes et de grama , constitue un terrain de prédilection, surtout en hiver, lorsque les lapins, les tétras des montagnes et les poules de sauge sont assez nombreux pour valoir la peine d' épauler un fusil. .

Le moyen d'atteindre les crêtes est de prendre la route du Jardin des Dieux et de la suivre jusqu'à atteindre la route des carrières. En poursuivant ce dernier jusqu'à une gorge, puis en tournant à gauche sur un embranchement qui zigzague sur les flancs de la gorge, on se retrouve bientôt au sommet d'une crête. La règle en escalade de crête est de ne jamais franchir un ravin, mais de toujours rester au sommet. Toutes les crêtes de ce voisinage convergent vers la crête principale, qui surplombe Queen's Cañon . Cette crête se courbe vers le nord-ouest et, au bout de deux ou trois milles, elle en rejoint une autre encore plus haute, qui, chose étrange, se trouve dominer le col de l'Ute, mille pieds au-dessus de la Fontaine qui- Bouille , qui coule au fond de la rivière. le canyon en contrebas - Eyrie, site d'une résidence privée - un vallon des plus intéressants, mais non ouvert au public. Le caractère des monolithes de ce canyon est plus remarquable encore que ceux du Jardin des Dieux.

Le Major Domo est une colonne de grès rouge, s'élevant à une hauteur de 300 pieds, avec une curieuse houle près du sommet, qui dépasse de beaucoup en diamètre la base du puits. Il semble qu'elle puisse tomber à tout moment par obéissance aux lois de la gravité, et elle n'est pas dépassée à cet égard par la Tour Penchée de Pise. Il existe un autre vallon de caractère similaire, à environ deux milles au nord-ouest, connu sous le nom de Blair Athol. C'est un bel endroit, mais, faute d'eau, il n'a jamais été utilisé comme lieu d'habitation. Il regorge de paysages extrêmement pittoresques et possède des formations rocheuses aux formes étranges et aux couleurs brillantes. Il y a des bosquets de pins magnifiques ; et la vue des plaines lointaines qui s'étendent jusqu'à l'horizon oriental est dégagée et d'un grand intérêt.

Nous avons déjà parlé de la découverte de Pike's Peak. Au sommet de cette montagne, à 14 147 pieds au-dessus du niveau de la mer, se trouve une petite station-service de signalisation, accessible par chemin de fer. Lorsque la montagne a été découverte pour la première fois, plusieurs efforts ont été déployés pour atteindre le sommet, mais sans succès. Le major Pike lui-même a exprimé son opinion selon laquelle il serait impossible à un être humain de gravir le sommet. À l'heure où l'ingénierie progresse, le mot « impossible » n'existe cependant pas. Plusieurs enthousiastes parlaient déjà il y a vingt ans de la possibilité d'un chemin de fer jusqu'au sommet même de ce pic autrefois inaccessible, et il y a quinze ans une étude fut réalisée, en vue de construire un chemin de fer jusqu'au sommet de la montagne, par une série de courbes et coins.

Les ingénieurs croyaient possible qu'un chemin de fer à écartement et équipement standard puisse être exploité sans appareils spéciaux, et cette opinion était si forte que les travaux ont commencé sur le projet. Huit milles de nivellement furent achevés, mais le projet fut ensuite abandonné à la suite de rapports défavorables reçus d'experts envoyés à cet effet. Leur déclaration était qu'aucun grade ne serait capable de résister à la force des lessivages, même si, chose étrange à dire, tout le nivellement qui a été réalisé est aujourd'hui aussi solide que jamais. Trois ou quatre ans plus tard, un autre projet, destiné à connaître plus de succès, voit le jour. En 1889, le nivellement commença et finalement les travaux furent terminés, et le sommet de Pike's Peak est désormais accessible par chemin de fer.

Ascension du Pike's Peak en train

La route elle-même est l'une des plus remarquables des États-Unis et du monde. La plate-forme a quinze pieds de large et il n'y a pas un seul pied de tréteau dans toute la construction. Il y a trois petits ponts de fer, et les précautions concernant les sections transversales de maçonnerie sont très élaborées. L'ascension moyenne par mile est de 1 320 pieds et l'ascension totale est de près de 8 000 pieds. Au centre de la voie, entre les lourds rails en acier, se trouvent deux rails à crémaillère, d'une grande solidité. Ceux-ci sont prévus pour assurer une sécurité absolue aux voyageurs, l'un étant à usage général et l'autre comme une sorte de réserve.

Des locomotives spéciales sont utilisées sur la ligne. Ceux-ci ont été construits par la Baldwin Company, de Philadelphie, et comprennent les derniers brevets en matière de construction de moteurs. Lorsqu'ils se trouvent sur une piste plane, ils semblent présenter une inclinaison d'environ 8 pour cent. Sur une route de montagne, comme celle de Pike's Peak, ils sont à peu près de niveau. Il y a trois roues de chaque côté du moteur, mais ce ne sont pas des roues motrices, elles sont simplement utilisées pour aider à supporter le poids. Les roues motrices fonctionnent sur les rails dentés au centre de la voie. Les voitures sont également inclinées, ou inclinées, comme le moteur. Aucun accouplement n'est utilisé, de sorte qu'un grand élément de danger est évité. Le moteur et les voitures disposent chacun de freins à crémaillère indépendants d'une puissance quasi illimitée. Lorsqu'il voyage à trois ou quatre milles à l'heure, le petit train, avec la locomotive qui le pousse au lieu de le tirer, peut être arrêté instantanément. Lorsque la vitesse atteint huit ou neuf milles à l'heure, l'arrêt peut être effectué en moins d'un tour de roue.

Non seulement la montée de Pike's Peak est une sensation merveilleuse et un rappel constant des triomphes de l'ingénierie, mais elle est également une source de plaisir continu pour l'amoureux du beau et du terrible de la nature. À peu près à mi-hauteur de la montagne se trouve une petite retraite à flanc de colline des plus charmantes, bien nommée « The Half-Way House ». C'est un établissement très confortable au sein de murs rustiques. Les pins et les sapins qui l'entourent ajoutent un grand charme au paysage, et la brise fraîche des montagnes est chargée d'odeurs très agréables. Les touristes y passent fréquemment une nuit et considèrent cette sensation comme l'une des plus uniques d'un long voyage.

Un touriste décrivant une montée de Pike's Peak par ce chemin de fer singulier, dit :

"Nous sommes maintenant bien au-dessus de la limite forestière. De tous côtés, on peut voir des fleurs étranges, de belles formes et de teintes variées. Les plantes qui atteignent des proportions considérables dans les plaines sont ici réduites à leurs formes les plus basses. Il n'est pas rare de trouver un les tiges de tournesol s'élèvent dans les prairies d'une hauteur de huit à dix pieds ; ici elles poussent comme des pissenlits dans l'herbe, conservant pourtant toutes leurs caractéristiques de forme et de couleur. Au-delà de cette prairie de montagne se trouvent de grands champs de granit désintégré, des cubes brisés de roche rose. , si vastes qu'elles pourraient bien être les ruines de toutes les anciennes villes du monde. Loin en contrebas, les eaux du lac Morain , et au-delà, vers le sud, se trouvent les Sept Lacs. , et les rails brillants s'étendent presque droit sur ce qui semble être un mur inaccessible de granit presque sans égal. Mais aucun obstacle physique n'est assez formidable pour arrêter la progression de ce merveilleux chemin de fer et, en passant l'abîme béant du « Cratère », la ligne ; se dirige directement vers le sommet. La pente est ici de 25 pour cent, et les passagers timides n'échapperont pas à un frisson de peur en regardant au bord de ce précipice, bien que le danger soit absolument nul. Enfin, le sommet est atteint et, en débarquant, les touristes peuvent chercher des rafraîchissements à l'hôtel, qui répondront à leurs besoins, puis passer le temps avant le retour du train à profiter de la vue et à se promener sur les soixante-dix acres de terrain accidenté. granit qui forme le sommet.

"La vue depuis le Pic, une fois aperçue, ne peut jamais être oubliée. La première sensation est celle d'un isolement complet. Le silence est profond. Les nuages sont au-dessous de nous et se brisent sans bruit en vagues écumantes contre les parois des falaises. De temps en temps le silence est rompu par le roulement profond du tonnerre venant des profondeurs, comme si la voix du Créateur prononçait un sévère édit de destruction. La tempête se lève, les brumes nous enveloppent, il y a un souffle de vent, un bruit de grêle. , et nous cherchons refuge à l'hôtel.

" Arrêtez-vous un moment avant d'entrer et levez les mains. Vous pouvez sentir le picotement aigu du courant électrique qui s'échappe du bout de vos doigts. L'orage est bientôt terminé et vous pouvez voir les rayons du soleil dorer les surfaces supérieures de la des nuages blancs qui se balancent et se balancent au-dessous de vous à mi-hauteur des flancs de la montagne et cachent complètement le monde en dessous. Le paysage change, comme un rideau tiré, les nuages s'écartent et comme du haut d'une autre sphère nous regardons la majesté ; des montagnes et des plaines, un océan de sommets inextricablement enchevêtrés apparaît. Les forêts sombres et vastes semblent de vagues ombres sur les flancs des montagnes lointaines. Une ville est minuscule dans l'étendue d'un seul bloc ; posés en courbes gracieuses sur le manteau de velours vert des plaines infinies, les rochers de granit rouge sous nos pieds sont étoilés de petites fleurs, si minuscules qu'elles sont presque microscopiques, mais teintées des couleurs les plus délicates et les plus tendres.

"La majesté de la grandeur et le mystère de la petitesse sont ici mis face à face. Quelles merveilles de la création existent entre ces deux extrêmes ! L'esprit réfléchi est impressionné par la contemplation de cette scène, et quand vient la réflexion que ces vastes espaces ne sont que grains de sable sur un rivage infini de création, et qu'il existe des mondes de beauté aussi éloignés et variés entre les petites fleurs et les recherches ultimes du microscope que ceux qui existent, sur une échelle ascendante, entre les fleurs et le grand globe lui-même. , l'esprit est submergé d'émerveillement et d'admiration. C'est en vain qu'on s'efforce de décrire la scène. Seuls ceux qui l'ont vue peuvent en réaliser la grandeur et la magnificence.

Les amateurs d'équitation considèrent les environs de Pike's Peak et de Manitou presque comme un paradis. Un trajet de quelques kilomètres dans n'importe quelle direction mène à un endroit particulièrement attrayant ou historique. Crystal Park est l'une des stations balnéaires les plus populaires de ce type. Il est entouré de hautes montagnes de tous côtés, avec une entrée qui ressemble à une porte naturelle. En été, ce parc est une profusion de fleurs, avec des fleurs sauvages et des vignes rarement vues dans une telle splendeur ailleurs dans le monde. Il existe plusieurs points élevés d'où l'on peut voir la campagne environnante à des kilomètres. Au-dessus du parc se trouve le Cameron's Cone. C'est une montagne très intéressante, même si elle ne peut être atteinte et escaladée que par des individus robustes et athlétiques. Tout autour se trouvent une profusion de canons . Le Red Rock Cañon était autrefois une station balnéaire populaire. Elle tire son nom de la profusion de grès rouge sur toutes ses faces. Cette richesse naturelle a fini par détruire la beauté du cañon , qui est aujourd'hui un amas de carrières de pierre. Bear Creek Cañon a moins de côté pratique que de pittoresque. Un ruisseau très charmant coule au centre, et il y a deux ou trois petites chutes très charmantes.

Le Ridge Road est une espèce de boulevard récemment construit à l'usage des visiteurs de Manitou. Par endroits, la pente est si abrupte que les dames timides ne se soucient pas de la descendre. Pour le reste, c'est une artère très agréable, avec de nouvelles surprises et de nouveaux délices qui attendent le touriste à chaque fois qu'il la parcourt. La vue dans toutes les directions est des plus charmantes et des plus étendues. Pike's Peak peut être vu avec un grand avantage, et dans les quarante milles de route, de nombreux aspects différents de cette montagne peuvent être observés. La route mène également au Cañon de William .

Cheyenne Mountain, bien que quelque peu éclipsée par Pike's Peak, mérite d'être remarquée. Sa forme est très massive et ses flancs sont presque recouverts de canons , de ruisseaux et de cascades. Deux vastes gorges, connues sous le nom de Canyons Nord et Sud , sont particulièrement demandées par les visiteurs. Les parois de ces gorges sont d'un riche granit et s'élèvent perpendiculairement de chaque côté à mille pieds de hauteur. L'effet est très merveilleux à bien des égards. Dans le South Cañon se trouvent les célèbres Sept Chutes, qui ont été immortalisées par Mme Helen Hunt Jackson, la célèbre poétesse, dont les restes ont été enterrés sur Cheyenne Mountain à sa propre demande. Les Sept Lacs doivent également être vus par tous les visiteurs de la région de Manitou, et il y a tellement d'autres particularités à examiner et de trésors à découvrir que, peu importe combien de temps on reste dans le quartier, un pincement au cœur se fait sentir quand la visite est terminée.

Il existe d'autres pots en Amérique où l'on peut rencontrer des scènes plus horribles. Il y en a peu cependant où les combinaisons soient aussi délicieuses et les vues générales aussi attrayantes et variées.

CHAPITRE XVIII.

DANS LES ENTRAS DE LA TERRE.

Le Grand Cañon du Colorado--Niagara surpassé--Le cours du fleuve Colorado--Une équipe d'enquête à travers le Cañon --Expériences d'une nuit terrible--De merveilleux contrastes de couleurs dans les rochers massifs--Un mur naturel aux mille Pieds hauts--Hiéroglyphes qui n'ont jamais été déchiffrés--Reliques d'une race supérieure--Conjecture sur l'origine des anciens hommes blancs barbus.

Nous avons déjà parlé du Niagara comme de l'une des merveilles du monde et de l'un des sites de beauté les plus recherchés d'Amérique. Nous allons maintenant consacrer quelques pages à la description d'une merveille naturelle bien plus remarquable et d'un phénomène qui, s'il était situé plus près du centre de la population, aurait depuis longtemps surclassé même Niagara en tant que Mecque du touriste.

Il est fait référence au Grand Canyon du Colorado.

Peu de gens ont la moindre idée de l'ampleur ou de l'horreur de ce canon . C'est clairement l'une des merveilles du monde, et son immensité est telle que l'explorer de bout en bout est un travail de la plus grande difficulté possible.

Même en superficie, le canyon est extraordinaire. Il est suffisamment grand pour contenir plus d'un pays du Vieux Monde. Il est suffisamment long pour s'étendre à certains des plus grands États de l'Union. Certains des plus petits États de la Nouvelle-Angleterre seraient complètement engloutis dans l'abîme béant si, par quelque moyen, ils y étaient physiquement transportés. Un train express circulant à grande vitesse, sans arrêt et sur une chaussée de première classe, pourrait difficilement se rendre d'un bout à l'autre du canyon en moins de cinq heures, et un train ordinaire avec le trajet habituel Le pourcentage d'arrêt ferait à peu près la distance entre le matin et le soir.

Réduit au record de figures froides, le Grand Cañon est constitué d'une série de gouffres mesurant environ 220 milles de longueur, jusqu'à 12 milles de largeur et fréquemment jusqu'à 7 000 pieds de profondeur.

Cette caractéristique merveilleuse du paysage américain est décrite en détail dans « Our Own Country », publié par la National Publishing Company. En décrivant le cañon , cet ouvrage abondamment illustré dit que les chiffres cités "ne touchent pas facilement une corde sensible dans l'esprit humain, pour la simple raison qu'ils impliquent quelque chose de complètement différent de tout ce que plus de 99 pour cent des habitants de que le monde ait jamais vu. L'homme qui contemple Niagara pour la première fois est étonné de la profondeur de la gorge ainsi que de la force de l'eau et celui qui a vu Niagara peut apprécier quelque peu les merveilles du Grand ; Cañon , lorsqu'il garde à l'esprit que la grande merveille du monde occidental s'étend sur des kilomètres sur une distance plus de cinquante fois plus profonde que les chutes et les gorges, est généralement admis comme étant la grandeur scénique la plus horrible à la portée du voyageur ordinaire. Et ce n'est pas tout. Les visiteurs de Paris qui ont profité d'une vue plongeante sur la ville gay depuis le sommet de la tour Eifel, ont été terriblement impressionnés par son immense altitude et ont été étonnés de l'effet sur l'apparence des êtres vivants et inanimés. objets jusqu'à présent en dessous d'eux. Combien d'Américains qui ont été ainsi impressionnés par l'entreprise française ont compris qu'il existe dans leur propre pays une gorge naturelle, aux points de laquelle la distance entre le sommet et la base est plus de cinq fois aussi grande que la hauteur de la rivière. la Tour Eifel ?"

Le fleuve Colorado prend sa source dans les Montagnes Rocheuses, traverse les territoires de l'Utah et de l'Arizona, puis coule entre ce dernier et l'État de Californie, pour finalement se déverser dans le golfe portant le nom de Golden State. Sur plus de deux cents milles de son cours, il traverse la gorge connue sous le nom de Grand Cañon , ce qui en fait une rivière très difficile à explorer. Au cours du XVIe siècle, certains des explorateurs espagnols, à qui ce pays doit tant pour les premiers enregistrements et descriptions, ont traversé les déserts alors peu exploités du Sud-Ouest et ont découvert le Grand Cañon . Beaucoup de leurs récits sur les merveilles du Nouveau Monde ressemblaient tellement à des contes de fées et semblaient si manifestement exagérés qu'on ne leur accordait que peu de crédit. C'est pourquoi leurs estimations concernant la gorge à travers laquelle coule le Rio Colorado Grande ont été traitées comme des fables et ont été ridiculisées plutôt que crues.

Le major Powell, que peu d'hommes ont fait plus pour éclairer le monde sur les merveilles du Far West, décrit le canon avec beaucoup de justesse et parle de la manière la plus attrayante des innombrables canons et cavernes, des tourbillons et des tourbillons, des ruisseaux et des rivières. des gués et des cascades qui abondent de tous côtés. Dans sa première description détaillée du canyon , il déclare que « chaque rivière qui y pénètre a creusé un autre cañon ; chaque ruisseau latéral a également creusé un autre cañon ; chaque ruisseau coule dans un canon ; chaque ruisseau né d'une averse et ne vivant que dans les averses. , s'est creusé un canyon ; de sorte que toute la partie supérieure du bassin du Colorado est traversée par un labyrinthe de ces gorges profondes. Autour du bassin se trouvent des montagnes à l'intérieur du bassin , des étendues de terre depuis le bord jusqu'au bord. Les bords sont constitués de roches nues ou de sables flottants, avec ici et là des lignes de cônes volcaniques, et de scories noires et de cendres éparpillées un peu partout.

Ces dernières années, des milliers de personnes ont été attirées par ce grand canyon , même si très peu ont réussi à l'explorer dans toute sa longueur. Rares sont en effet ceux qui ont pu passer le long du balcon du canyon et contempler les innombrables merveilles de la nature, empilées les unes sur les autres, apparemment jusqu'à la région même des nuages. La notion courante de canyon , comme nous le dit le capitaine CE Dutton, est celle d'une entaille profonde et étroite dans la terre, avec des parois presque verticales, comme une grande tranchée soigneusement creusée. Il existe des centaines de gouffres dans le pays des plateaux qui répondent très bien à cette notion. Il est cependant regrettable que le formidable passage du fleuve Colorado à travers les Kaibabs ait jamais été appelé canyon , car son nom l'identifiait à la conception la plus basse. Par endroits, la distance à travers le gouffre jusqu'au point le plus proche du sommet du mur opposé est d'environ sept milles. Une estimation plus correcte de la largeur générale serait de onze à douze milles. Il est donc quelque peu regrettable qu'il y ait une idée répandue, d'une certaine manière, selon laquelle une partie essentielle de la grandeur du Grand Cañon réside dans l'étroitesse de son défilé.

Comme l'exprime le major Powell, il y a plutôt une série de canons qu'un seul énorme. Partout où la rivière s'est frayée un chemin à travers les grès, les marbres et les granites des montagnes Kaibab, des images magnifiques et impressionnantes sont vues, tandis qu'au-dessus se trouvent des dômes et des pics, certains de grès rouge et d'autres d'une blancheur neigeuse. Cataract Cañon à lui seul mesure quarante et un milles de long et compte soixante-quinze cataractes et rapides, dont cinquante-sept se trouvent dans un espace de dix-neuf milles. Un voyage au bord d'une rivière avec une cascade tous les vingt pieds en moyenne n'est pas une plaisanterie, et seuls les hommes les plus robustes ont pu l'accomplir. Au printemps 1889, l'équipe d'enquête d'un projet de chemin de fer allant de Grand Junction au golfe de Californie a effectué ce voyage, et à partir de sa description publiée, plus d'informations réelles peuvent être glanées sur le canon lui-même que presque n'importe quelle simple description verbale.

Les géomètres devaient emporter avec eux, sur leur dos, pendant une grande partie du trajet, les réserves limitées de nourriture qu'ils emportaient avec eux, car il était souvent impossible de faire avancer les bateaux. Lors de l'utilisation des bateaux, plusieurs étaient bouleversés, et tout était incertitude quant au tarif qui serait présenté au prochain repas, même s'il devait y avoir un repas. M. Frank M. Brown, président de la compagnie ferroviaire, a perdu la vie dans l'un des tourbillons. Il était dans un bateau, un peu en avance sur les autres, et semblait joyeux et plein d'espoir. Il a crié à ses camarades à l'arrière de venir avec leurs bateaux et qu'il allait bien. Un instant plus tard, ses amis furent étonnés de voir le bateau disparaître, et leur chef nageant sans cesse dans un tourbillon, s'efforçant d'atteindre une eau calme.

C'était un bon nageur et un homme courageux, mais ses efforts furent vains et il finit par couler. Le groupe a attendu et observé pendant des heures, mais a finalement été contraint de reconnaître le fait que leur ami et chef avait disparu à jamais.

Il fut décidé presque immédiatement de battre en retraite. Alors que le groupe cherchait un canon latéral menant vers le nord par lequel ils pourraient sortir, il est devenu évident qu'une tempête se préparait. La pluie commença à tomber en pluie régulière et à augmenter en quantité. Les enquêteurs n'avaient pas de vêtements secs autres que ceux dans lesquels ils se tenaient debout, et il n'y avait aucun abri d'aucune sorte à portée de main. Ils étaient près du Paradis de Vassey , dans la partie la plus profonde du canyon qu'ils avaient encore atteint. Une tempête dans un tel endroit voyait son horreur s'intensifier au-delà de toute mesure, et les hommes effrayés cherchaient un abri dans toutes les directions. Finalement, à environ quarante pieds du flanc de la falaise de marbre, on aperçut l'ouverture d'une petite caverne. Dans celui-ci, MRB Stanton, l'un des membres du groupe, est monté. Il n'y avait pas assez de place pour son corps dans toute sa longueur, mais il s'y glissa du mieux qu'il put, se recroquevilla et essaya de dormir.

S'ensuit une nuit terrible. Vers minuit, il fut réveillé par un terrible coup de tonnerre, qui résonna et se répercuta à travers le canon d'une manière magnifiquement horrible. Il avait déjà été pris dans des tempêtes dans des régions montagneuses et des vallées profondes, mais il ne s'était jamais senti aussi terriblement seul ni aussi superstitieusement alarmé qu'à cette occasion. De temps en temps, un éclair vif illuminait les recoins sombres de la gorge, projetant des ombres épouvantables sur les falaises, les flancs des collines, les ravins et la rivière. Là encore, il y avait l'obscurité qui, comme le dit Milton, pouvait être ressentie, et le sentiment de solitude était presque intolérable.

Entre-temps, la rivière s'était gonflée en torrent, à cause des pluies torrentielles, qui avaient transformé chaque ruisseau en rivière, et chaque affluent du Colorado en une rivière magnifique, bien que déchaînée. Le bruit provoqué par la rivière excitée, alors qu'elle sautait par-dessus les rochers massifs le long de son lit, rivalisait avec le tonnerre, et les échos semblaient s'étendre sur des centaines de kilomètres dans toutes les directions. Ce qui affectait le plus le voyageur bloqué était le bruit au-dessus de sa tête, la réverbération provoquant un sentiment d'alarme à l'idée que d'énormes masses de roches étaient déplacées de leur haute éminence à des milliers de pieds au-dessus de sa tête et se précipitaient sur lui.

La nuit fut enfin passée, et lorsque la tempête se fut calmée, les survivants du groupe réussirent à sortir du canon et à atteindre un plateau situé à 2 500 pieds au-dessus. Ils prirent alors un bref repos, mais avec ce mépris du danger qui est caractéristique du véritable Américain, ils organisèrent aussitôt une autre expédition, et quelques mois plus tard reprirent la tâche si tragiquement interrompue et gâchée d'une si triste fatalité.

Le voyage à travers Glen Cañon était comme un voyage d'agrément sur une rivière tranquille en automne, avec de belles fleurs sauvages et des fougères à chaque camp. À Lee's Ferry, ils ont mangé leur dîner de Noël, avec une table décorée de fleurs sauvages cueillies ce jour-là.

Le 28 décembre, ils recommencèrent à parcourir cette partie de Marble Cañon rendue tragique par la fatalité de l'été précédent. "Le mardi suivant", écrit M. Stanton, "nous avons atteint l'endroit où le président Brown a perdu la vie. Quel changement dans les eaux ! Ce qui était alors un torrent rugissant, maintenant, avec l'eau quelque neuf pieds plus bas, semblait de le rivage ressemblait à une douce ondulation sur un lac tranquille. Cependant, en le parcourant avec nos bateaux, nous trouvions le même courant rapide, le même immense tourbillon, et entre eux le même tourbillon, avec ses cercles toujours changeants. Marble Cañon semblait destiné à nous causer des ennuis. Le 1er janvier, notre photographe, M. Nims , est tombé d'un banc de falaise, à environ vingt-deux pieds, sur la plage de sable en contrebas, recevant un violent choc et en brisant un. Ses jambes juste au-dessus de la cheville, ayant suffisamment de bandages et de médicaments, nous avons rendu Nims aussi confortable que possible jusqu'au lendemain, lorsque nous avons chargé l'un des bateaux pour lui faire un lit de niveau et construit une civière avec deux rames et une pièce. de toile, je l'ai mis à bord et j'ai descendu la rivière sur quelques kilomètres - en passant par deux petits rapides - jusqu'à un canon latéral qui menait à la route de Lee's Ferry.

Le lendemain, après avoir découvert un moyen de sortir du profond ravin, l'un des membres du groupe parcourut trente-cinq milles jusqu'à Lee's Ferry, où un chariot fut obtenu pour l'arpenteur blessé. Huit des hommes les plus forts du groupe entreprirent alors la tâche de transporter l'homme blessé sur une distance de quatre milles et de gravir une colline de 1 700 pieds de haut. Le fait que le dernier demi-mile présentait un angle de 45 degrés, en haut d'un éboulement meuble, est révélateur de la formation extraordinaire du Grand Cañon. La civière devait être attachée à des cordes et soulevée doucement au-dessus de falaises perpendiculaires, de dix à vingt pieds de haut. Le voyage dangereux et fastidieux était enfin accompli, et le voyage continuait.

Finalement, la partie inexplorée du canyon fut atteinte. Sur trente milles en descendant de Marble Cañon , jusqu'au petit fleuve Colorado, nous avons découvert les plus beaux paysages. À Point Retreat, les murs en marbre massif se dressent perpendiculairement à 300 pieds de haut du bord de la rivière. Derrière ces murs, le grès repose en bancs et s'incline jusqu'à une hauteur totale de 2,500 pieds. Au-dessus de l'étroit ravin de marbre, la couleur est principalement d'un gris riche, bien que la présence de minéraux ait par endroits donné tellement de teintes qu'une apparence tout à fait arc-en-ciel est présentée. Les grottes et les cavernes soulagent la monotonie des murs solides. Ici et là, on aperçoit une grotte des plus charmantes, tandis que l'action de l'eau dévalant les flancs des falaises a laissé en de nombreux endroits de petits ponts naturels. D'innombrables fontaines d'eau pure et étincelante ornent les rochers lisses, et çà et là de petites oasis de fougères et de fleurs qui semblent étrangement déplacées si loin dans les entrailles mêmes de la terre.

Au-dessous de Point Hausbrough , nommé en l'honneur de Peter M. Hausbrough , qui s'est noyé lors du premier voyage d'exploration, le canon s'élargit rapidement. Les bancs de marbre sont remplacés par des couches de calcaire et entre la rivière et les rochers, les champs verts et les bosquets d'arbres deviennent communs. La vue depuis la rivière, à travers cette verdure, avec des rochers de grès pour fond immédiat et des montagnes enneigées au loin, est extraordinaire par sa magnificence et ses combinaisons. Entre la grande jonction du Petit Colorado avec le canon principal et la Granite Gorge, il y a environ huit cents milles d'une section très différente. Les preuves de l'action volcanique abondent. Les roches et les rochers semblent avoir été déplacés par le vent et mélangés en un tas. Les roches sont en grande partie chargées de minéraux et, par conséquent, presque toutes les couleurs connues sont représentées, dans la pureté la plus remarquable. La rivière traverse une large vallée dont les parois supérieures sont espacées de plusieurs kilomètres.

La Granite Gorge elle-même est totalement différente. Ici, les grands murs de granit partent du bord de l'eau. Les premiers pieds sont généralement verticaux. Ensuite, sur mille pieds ou plus, la montée forme un angle d'environ 45 degrés, tandis que parfois des masses de roches se détachent de manière proéminente et surplombent la rivière. Au-dessus du granit se trouve une masse de grès de couleur foncée, avec un front vertical. En de nombreux endroits, il est parfaitement noir, la couleur étant intensifiée par l'éclat du rouge en dessous. Si un artiste devait peindre une falaise d'un rouge profond, avec une bordure noir de jais au sommet, les critiques du Vieux Monde auraient tendance à le déclarer fou. Pourtant, c'est bien là la coloration de cette section du plus beau canyon du monde entier.

Bien que le canon à cet endroit varie en largeur au sommet de six à douze milles, la rivière coule en réalité à travers une gorge étroite et ressemble beaucoup à la nature d'un long rapide ou cataracte. Sur dix milles, la chute est en moyenne de vingt et un pieds par mille, ce qui suffit à rendre le courant très dangereux même à basse mer, et quelque chose de terrible après de fortes pluies ou une fonte importante des neiges. À un endroit, la chute est de quatre-vingts pieds sur cinq cents mètres environ, et ici, bien entendu, la navigation est pratiquement hors de question. Les explorateurs dont nous avons parlé furent alors obligés de procéder avec beaucoup de réflexion. Parfois, ils parcouraient les rapides, mais très souvent ils étaient obligés d'abaisser leurs bateaux au moyen de lignes, et même de les soulever au-dessus de rochers particulièrement dangereux.

Au pire de tout, l'un des bateaux, alors qu'il était abaissé par des lignes, a été heurté par un tourbillon et s'est serré entre deux rochers. Il devint nécessaire que les hommes se mettent à l'eau pour libérer le bateau. Muni de lignes solidement attachées à leur corps, certains des explorateurs les plus audacieux se sont aventurés dans l'eau et ont tenté de desserrer le bateau, ou du moins de sécuriser les précieuses provisions et couvertures à bord. Nous étions en janvier et l'eau était si froide que personne ne pouvait la supporter plus de quelques minutes à la fois, de sorte que le processus était long et fastidieux. Finalement, le bateau fut sorti, mais il fallut cinq jours pour le réparer, et même alors, c'était un très mauvais moyen de navigation. Quelques jours plus tard, un rapide encore plus puissant et plus dangereux fut rencontré. Les précautions nécessaires peuvent donner une idée de la force de l'eau . Une ligne de 250 pieds de long était tendue devant l' avant et le bateau était balancé dans le courant. Il a traversé sans grande difficulté les endroits apparemment les plus dangereux. La ligne s'est relâchée lentement et le bateau est resté sous contrôle, mais lorsqu'il a atteint le courant principal, il a commencé à devenir contraire, et a finalement fait demi-tour et semblait avoir heurté un courant inverse. Plusieurs heures de travail ont permis au bateau d'atteindre le rivage, mais le suivant s'est brisé en mille morceaux en traversant certains des rochers pointus.

Les quarante miles de Granite Gorge regorgent de merveilles. La section étrangement mal nommée, Bright Angel Creek, est absolument sombre, même à midi. Il a été décrit comme une sentinelle du grand canon et peu de gens ont osé tenter de le traverser. Plus bas, les parois de granit deviennent moins abruptes et le granit noir atténue la monotonie des couleurs. Ici et là, au détour de canons latéraux et de virages brusques, se dévoile la vaste vue arrière de la gorge, avec ses falaises de grès. Ceux-ci sont en retrait à plusieurs kilomètres de la rivière, avec d'immenses montagnes ici et là. Au-dessus du grès sombre se trouvent des pentes aplaties de roches jaunes, brunes, rouges, vertes et blanches, riches en minéraux. À travers celles-ci, la force de l'eau a creusé pendant des siècles des cascades étroites, semblables à des tranchées, d'apparence remarquable et attrayantes par leur variété de couleurs.

Il est difficile d'imaginer un mur dressé de mille pieds de haut avec le rouge comme couleur prédominante et avec des teintes plus vives près du sommet.

Des bancs de marbre, avec des touffes de verre et des buissons, apparaissent ici et là, tandis que parfois il y a une petite étendue de verdure impeccable. Au-dessus de tout cela, il y a quelque chose comme deux mille pieds de grès de couleur plus claire. Celui-ci est embelli par des tourelles et des dômes en spirale, et partout où la pente est suffisamment progressive, les pins et les cèdres abondent en grand nombre. Derrière tout cela, il y a un fond de neige au sommet des montagnes, et lorsqu'une vue inattendue peut être obtenue depuis la rivière en contrebas, il y a une telle profusion de couleurs que l'œil se rebelle, et une sensation qui n'est pas sans rappeler un mal de tête se produit. .

D'autres merveilles se révèlent tous les quelques milliers de pieds. A l'embouchure du prochain ruisseau, la coloration est différente. Les couches s'abaissent visiblement, et le marbre, jusqu'ici exposé à la vue, est maintenant sous la surface. Le grès forme la limite de la rivière et s'élève à un angle aigu par rapport au bord de l'eau. Le fleuve lui-même est par conséquent étroit, mais la grande vallée est encore plus large au sommet. La hauteur des murs varie de 2 000 à 8 000 pieds, et pendant la saison des pluies, l'eau dévale les flancs avec une grande profusion. Des milliers de petits ruisseaux rejoignent le cours d'eau principal et augmentent considérablement le volume d'eau. Parfois, la rivière monte de quatre ou cinq pieds en une seule nuit, bouleversant tous les calculs et rendant la navigation extrêmement risquée. Lorsque, par hasard, le soleil parvient à pénétrer dans les profondeurs de ce canyon , les effets kaléidoscopiques sont exquis et incitent les plus indifférents à s'arrêter et à s'émerveiller.

La découverte d'un volcan éteint explique en grande partie les merveilles du grand canon . Le volcan est examiné par des milliers de touristes, c'est l'un des endroits à atteindre où les scientifiques sont prêts à courir d'innombrables épreuves et risques. Personne ne peut dire quand le volcan était actif, mais d'après la nature du cratère, il est parfaitement clair qu'à un moment donné, il a craché des volumes de lave, ce qui a eu un effet marqué sur la formation de la roche et sur la configuration du terrain. le pays environnant. Au-delà du volcan, sur de nombreux kilomètres, les couleurs vives déjà évoquées sont supplantées par des teintes plus sombres . Parfois, il y a un peu d'écarlate et, en règle générale, le grès est recouvert de la substance mystérieuse tirée des entrailles de la terre par les montagnes aujourd'hui silencieuses, mais autrefois magnifiquement horribles.

L'équipe d'exploration dont nous avons parlé a parcouru 600 milles de canons et a constaté qu'il n'y avait pas deux milles identiques. Finalement, après trois mois de difficultés, ils émergèrent dans un pays ouvert et devinrent presque fous de joie. Jamais la campagne ne leur parut si belle, ni la verdure si attrayante, et le panorama de beauté qui s'offrait à leurs yeux les fit crier de joie et pousser des cris de gratitude pour leur délivrance finale d'une série d'épreuves et de dangers qui, à la fois, une fois, cela semblait presque insurmontable.

La région regorge également de curiosités archéologiques et de hiéroglyphes remarquables. Beaucoup d'entre eux se trouvent à proximité du Grand Cañon du Colorado et sur les falaises dans lesquelles les célèbres habitants des falaises d'autrefois ont élu domicile. Les hiéroglyphes, marqués sur des rochers ou d'autres substances durables, ont été utilisés par presque toutes les races anciennes pour perpétuer l'histoire de certains événements parmi elles. Cela est particulièrement vrai pour les peuples anciens qui vivaient en Arizona. Les remarquables images de rochers et de rochers, portant d'étranges symboles, laissées par les races préhistoriques de l'Arizona, ont été la cause de nombreuses discussions parmi ceux qui les ont vus, quant à l'identité de ces anciens créateurs de hiéroglyphes. Ces disques de rock peuvent être divisés en trois types différents, dont on pense qu'ils ont été réalisés par deux races différentes. La première race, ou race très ancienne, a laissé des traces sur les rochers, dans certains cas uniquement de symboles, et dans d'autres cas d'images et de symboles combinés. La dernière race, qui est apparue après la disparition de la première race, n'a fait que des représentations grossières d'animaux, d'oiseaux ou de reptiles, sans utiliser de symboles ou de combinaisons de lignes.

Mémoires hiéroglyphiques des âges passés

L'âge des pictogrammes et des hiéroglyphes les plus anciens ne peut être que conjecturé, mais tous donnent certaines indications selon lesquelles ils datent de plusieurs siècles, et la différence entre le travail de la race ancienne et celui de la race ultérieure amène l'observateur à croire que les hiéroglyphes les plus anciens ont été créés. par un peuple bien supérieur à ceux qui leur succédèrent, et qui ne laissa aucune trace de symboles, comme nous l'avons dit, à l'exception de représentations grossières d'animaux et de reptiles.

Dans de nombreux cas, il est tout à fait évident que le même rocher ou falaise a été utilisé par les deux races différentes pour apposer leurs marques, la race la plus récente , ou inférieure, faisant souvent ses pictogrammes sur ou à travers les écritures hiéroglyphiques de la première race. Il ne fait aucun doute sur la supériorité des premiers peuples qui ont laissé leurs écrits sur les rochers et les rochers trouvés dans les anciens monticules, ruines et tombes, car leurs écrits montrent un ordre et une conception bien définie des symboles, qui étaient évidemment destinés à transmettre leur histoire aux autres ; et il est fort probable que ceux qui ont construit les grands monticules, les maisons et les canaux soient les auteurs de ces écrits. On peut affirmer avec vérité que les habitants des falaises des maisons rocheuses des profonds canons des montagnes étaient de la même race que les bâtisseurs de monticules des vallées, car exactement la même classe de hiéroglyphes que l'on trouve sur les rochers des ruines antiques des vallées. , se trouvent sur les rochers près des maisons des habitants des falaises.

Si cette race supérieure se distinguait tellement de toutes les autres races anciennes de l'Arizona, dans la mesure où ses travaux étaient si avancés qu'ils résolvaient ce que l'on appellerait , même aujourd'hui, des problèmes d'ingénierie difficiles ; creuser de grands canaux de plusieurs kilomètres de longueur, dont les vestiges sont visibles à l'heure actuelle, et les amener à une telle perfection pour l'irrigation ; construire de si grandes maisons et vivre dans des villes - ne se pourrait-il pas, comme beaucoup de ceux qui ont étudié ce sujet le prétendent maintenant, que cette race supérieure était composée de blancs au lieu d'une race de couleur cuivre, comme on le suppose généralement ?

Les hiéroglyphes de la race la plus ancienne se trouvent souvent sur des rochers abrités sur les pentes des montagnes qui s'élèvent des vallées. Généralement protégés des éléments par des falaises en surplomb, le climat sec a empêché les écrits de s'user, et étant dans la plupart des cas cueillis dans des rochers qui ont une surface noire et luisante, mais d'une couleur plus claire en dessous, le contraste est très perceptible, et lorsqu'ils sont placés dans des endroits bien en vue, ces hiéroglyphes peuvent être vus à plusieurs centaines de mètres.

Comme aucun outil métallique n'a jamais été trouvé dans les monticules, les ruines ou les habitations à flanc de falaise, les hiéroglyphes ont probablement été enfoncés dans la roche avec une pierre pointue beaucoup plus dure que la roche sur laquelle le travail a été effectué. C'est un fait singulier que, bien que le fer, le cuivre, l'or et l'argent abondent dans les montagnes de l'Arizona, aucun outil, ustensile ou ornement de ces métaux ne se trouve dans les monticules ou les ruines. Pourtant, on a découvert des structures en forme de fourneau d'origine ancienne, qui semblent avoir été utilisées pour réduire les minerais, et dans et autour desquelles se trouvent de grandes quantités d'une sorte inconnue de scories.

Dans de nombreux cas, les rochers hiéroglyphiques ont été trouvés en grands tas, au nombre de plusieurs centaines, comme si de nombreuses personnes différentes avaient contribué à la collection avec un morceau de cette étrange écriture. Ces rochers gravés ont été retrouvés enfouis dans le sol avec des ollas contenant des os carbonisés d'êtres humains, et si les écrits sur les rochers pouvaient être déchiffrés, nous apprendrions sans aucun doute les vertus du défunt préhistorique, tout comme nous le faisons d'une personne qui meurt aujourd'hui, quand on lit l'épitaphe sur une pierre tombale de celui qui est enterré en dessous.

En ouvrant certains des monticules, l'enquêteur découvre qu'ils sont constitués des murs effondrés de grands bâtiments en pisé, et en creusant plus profondément, il découvre des pièces de diverses dimensions et qui, dans de nombreux cas, ont des murs et des sols cimentés. Dans un cas, on a trouvé les empreintes des pieds et des mains d'un bébé, faites probablement lorsque l'enfant avait rampé sur le ciment mou nouvellement posé. Dans un autre monticule, les murs cimentés d'une pièce ont été retrouvés couverts de hiéroglyphes et de dessins grossiers, censés représenter des constellations stellaires.

Dans une certaine mesure, certaines des roches représentées nous racontent une partie de la vie quotidienne de cette race ancienne, car dans un certain nombre de cas, les images gravées dans les roches, bien que grossièrement formées, sont explicites, et l'artiste ancien raconte clairement par son travail ce que l'on entend. Au bord d'une petite vallée des Monts de la Superstition, on a trouvé un grand rocher sur lequel étaient gravés de nombreux petits animaux, représentant apparemment des moutons, et sur un côté se trouvait la figure d'un homme, comme s'il les observait. Il se peut que l'ancien berger lui-même, assis à l'ombre du grand rocher, pendant que ses moutons paissaient dans la vallée en contrebas, ait passé du temps à réaliser cette image rocheuse. Les moutons sauvages et robustes que l'on trouve encore dans les montagnes de l'Arizona sont peut-être les restes de grandes bandes autrefois domestiquées par ces peuples.

Le squelette de l'homme préhistorique, creusé sous les stalagmites de la grotte de Menton, en France, et qui a fait parler et réfléchir tous les hommes scientifiques du monde, ne prouve pas plus d'âge que bien des squelettes, reliques ou ossements de certains de ces anciens bâtisseurs de tumulus et de canaux.

Un incident illustrant la grande antiquité de l'homme préhistorique en Arizona est le suivant : en creusant un puits dans le désert au nord de Phoenix, à une profondeur de 115 pieds de la surface, un mortier de pierre, tel que celui utilisé par les anciens, a été trouvé debout. , et on y trouva un pilon en pierre, montrant que le mortier n'avait été transporté là par aucun courant d'eau souterrain, et qu'il n'avait pas été dérangé de la position dans laquelle son ancien propriétaire l'avait laissé avec le pilon dedans. Il n'y a qu'une seule façon de rendre compte de ce mortier et de ce pilon. Ils avaient été initialement laissés sur ce qui était à cette époque la surface du sol, et le lent lavage des montagnes avait progressivement, pendant des âges inconnus, soulevé la surface sur des kilomètres de chaque côté jusqu'à une étendue de 115 pieds.

La question est souvent posée : cette écriture hiéroglyphique sera-t-elle un jour déchiffrée ? Les auteurs des écritures ou inscriptions hiéroglyphiques les plus anciennes semblent avoir eu des formes ou des marques bien définies, qui étaient couramment utilisées pour cette classe d'écriture. N'est-il pas tout à fait raisonnable qu'une race aussi avancée dans d'autres domaines ait perfectionné une méthode de transmission, par des marques quelconques, de ses archives à ceux qui pourraient lui succéder ? De plus, là où tant de systèmes sont démontrés dans l'utilisation des symboles, on peut présumer que la même marque, partout où elle est utilisée dans la même position, porte avec elle une signification fixe, identique à tout moment. Avec un système de marques aussi bien établi, il doit y avoir une clé pour les pensées cachées dans l'écriture, et très probablement la clé pour déchiffrer ces hiéroglyphes se trouvera un jour sur l'un des rochers hiéroglyphiques encore inconnus dans les hautes montagnes ou dans les monticules non découverts. encore examiné. D'un autre côté, il ne peut y avoir de clé pour expliquer la classe inférieure des pictogrammes réalisés par les gens qui sont venus après la disparition des bâtisseurs de tertres, de canaux et de villes, car les formes grossièrement marquées de reptiles, d'animaux ou d'objets similaires avaient une signification, si n'importe lequel, variant selon chaque fabricant individuel.

Qui étaient ces gens qui ont formé ici une grande nation dans l'obscurité d'un passé lointain ? Étaient-ils les anciens Phéniciens, qui n'étaient pas seulement une nation maritime mais colonisatrice, et qui, à bord de leurs navires bien équipés, auraient pu trouver leur chemin vers la côte sud de l'Amérique il y a des siècles, et de là voyager vers le nord ? Ou s'agissait-il de partisans de

Votan ou de Zamna , qui avaient erré vers le nord et fondé une colonie aztèque ? Quels qu'aient été ces gens et quelle que soit leur origine, les preuves des grandes œuvres qu'ils ont laissées derrière eux prouvent amplement qu'ils étaient supérieurs et différents des autres races autour d'eux, et ces personnes particulières pourraient avoir été les « hommes blancs barbus », " dont les Indiens avaient des traditions lorsque les disciples de Coronado sont arrivés pour la première fois dans les vallées de Gila et de Salt River en 1526.

CHAPITRE XIX.

NOS GRANDES VOIES NAVIGABLES

L'importance des rivières pour le commerce il y a une génération--L'homme fluvial idéal--Le grand fleuve Mississippi et son importance pour notre terre natale--Le perfide Missouri--Un second qui a trouvé le déguisement de cuisinier très pratique--Comment un second compagnon Surmonté les désagréments d'un embarras financier temporaire.

Durant le dernier quart du siècle où l'on écrit les chiffres « 1 » et « 8 » sur chaque ligne de date, le chemin de fer à vapeur a, dans une très large mesure, détraqué le nez du bateau à vapeur, tout comme, à à l'heure actuelle, nous sommes menacés d'une révolution si complète dans les transports et la force motrice qu'il est permis de prédire que, bien avant qu'un quart de siècle ne se soit écoulé, l'électricité remplacera presque entièrement la vapeur. Mais même si tel était le cas, il ne faudrait pas oublier de vieilles connaissances, et chaque citoyen des États-Unis devrait sentir que la prospérité du pays est due, dans une très large mesure, aux magnifiques voies navigables du pays et à l'esprit d'entreprise des hommes. qui équipèrent les flottes fluviales et les exploitèrent, avec plus ou moins de profit.

Le véritable homme du fleuve n'est pas aussi remarquable qu'il l'était à l'époque où Saint-Louis, Cincinnati, Memphis et d'autres centres ferroviaires importants d'aujourd'hui étaient exclusivement des villes fluviales. L'homme du fleuve était un roi à cette époque. Le capitaine parcourait les rues avec autant de dignité que sur son propre pont, et les terriens le considéraient comme une personne digne et réputée. Le second était un grand homme dans l'estime de tous ceux qui le connaissaient et de bon nombre de ceux qui ne le connaissaient pas. Dirigeant son équipage avec une barre de fer, et habitué à être obéi avec une promptitude considérable et louable, il adopta dans la conversation générale un ton de voix considérablement plus fort que la moyenne, et chacun prit l'habitude de lui céder la place.

La digue d'une ville fluviale, avant que les chemins de fer ne traversent le pays en reniflant et en soufflant et n'interfèrent avec le monopole dont jouissait si longtemps le bateau à vapeur, était une scène d'agitation et d'activité continue. Parfois, maintenant, on voit sur une digue beaucoup de hâte et de bruit. Mais les scènes les plus chargées d'aujourd'hui deviennent insignifiantes comparées à celles qui ne sont rapidement plus qu'un souvenir indistinct. Les immenses cargaisons de marchandises de toutes sortes seraient rangées le long du fleuve, et de petits drapeaux pourraient être vus dans toutes les directions.

Ces drapeaux n'étaient peut-être pas exactement la preuve de l'activité du maître d'école ou de la prédominance d'une éducation supérieure. Ils rappelaient plutôt qu'une grande majorité des travailleurs des rivières savaient peu lire et écrire moins. Dire à un homme de couleur, il y a vingt ou trente ans, d'aller chercher une certaine cargaison, étiquetée avec le nom d'un bateau ou d'un destinataire particulier, aurait été tirer de l'individu à qui on s'adresse un véritable sourire de plantation d'antan, avec quelques observations caustiques sur le manque. des installations scolaires à l'époque où les routiniers auraient dû étudier les « trois R », mais ne l'ont pas fait. Il était cependant relativement facile de localiser une cargaison au moyen d'un drapeau, et l'identification échouait rarement, car les drapeaux pouvaient varier en couleur, en forme et en taille, de manière à offrir une distinction ainsi qu'une différence.

Ceux qui se souviennent de la scène animée de la digue, avec l'ornement de drapeau auquel il est fait référence, conviendront qu'il y avait quelque chose de pittoresque et de bruyant à l'époque du fleuve, et seront enclins à regretter, et presque à déplorer, le fait que les choses ne soient plus. du point de vue d'un homme de rivière, ce qu'ils étaient.

Dans aucun pays au monde la construction de chemins de fer n'a été réalisée avec autant d'entreprise que dans notre pays natal. Avant les énormes dépenses consacrées à la construction des voies ferrées et à l'équipement ferroviaire, il fallait tirer parti des extraordinaires possibilités de navigation et de transport offertes par les grandes voies navigables du pays. Comme les chemins de fer ont été naturellement construits à l'Est avant l'Ouest, la valeur de nos voies navigables centrales et occidentales est naturellement mieux comprise par le lecteur moyen, car elles ont continué à jouer un rôle indispensable dans les transactions commerciales de tous genres jusqu'à une période assez récente. .

Les rivières de l'Est sont moins magnifiques en étendue et en volume que celles de l'Ouest, bien que beaucoup d'entre elles soient pittoresques et extrêmement attrayantes. L'Hudson a souvent été qualifié de « Tamise de l'Amérique », non pas parce qu'il y a une quelconque ressemblance entre la longueur des deux fleuves sur lesquels sont situées les deux plus grandes villes des temps modernes. Cette comparaison est plutôt le résultat du nombre immense de résidences familiales et de centres de villégiature coûteux construits le long des rives des deux fleuves.

Dans un autre chapitre, nous racontons une sorte de voyage sur le pittoresque Hudson, dont les rives sont bordées de monuments historiques et de points d'intérêt pressant. Nous donnons l'illustration d'un bateau de plaisance sur l'Hudson, qui rappelle les nombreuses et délicieuses promenades fluviales faites à différentes époques, ainsi que les événements d'importance nationale centrés autour du fleuve, bondé, année après année, de plaisanciers. de la métropole surpeuplée à son embouchure.

Un bateau à vapeur de plaisance Fin de Siècle

Le fleuve Mississippi est le plus grand et le plus grandiose d'Amérique du Nord. A quelques milles au-dessus de Saint-Louis, il est rejoint par le fleuve Missouri, et si l'on calcule la distance entre la source de ce dernier et le golfe du Mexique, on trouve le plus long fleuve du monde. A une distance considérable de la source du Père des Eaux se trouvent les chutes de Saint-Antoine, découvertes il y a plus de deux cents ans par des pionniers entreprenants, qui pensaient avoir découvert le cours supérieur du grand fleuve. Le paysage de la rivière aux chutes et au-delà est très attrayant et, dans de nombreux cas, si beau qu'il dépasse toute description verbale. Dans de nombreuses autres parties du fleuve, le paysage est grandiose, bien qu'il y ait parfois de longues étendues de plaine qui tendent à devenir monotones et stériles de pensée poétique.

À propos du fleuve tout entier, M. LU Reavis écrit avec enthousiasme :

« Plus nous considérons le sujet », dit cet auteur, « plus nous sommes obligés d'admettre que le Mississippi est un fleuve merveilleux et que personne ne peut évaluer son importance pour le peuple américain . le grand Euphrate était à l'ancienne Assyrie, ce que le Danube est à l'Europe, ce que le Gange est à l'Inde, ce que l'Amazone est au Brésil – tout cela, et plus encore, le fleuve Mississippi est au continent nord-américain. à une époque antérieure, les hommes auraient adoré le Mississippi, mais à notre époque, nous pouvons faire mieux, nous pouvons l'améliorer. C'est vers cela que tous nos efforts doivent être dirigés, et nous devons continuellement garder à l'esprit qu'aucune autre amélioration, ancienne ou moderne, n'est possible. relatif aux intérêts du commerce a toujours retenu l'attention d'hommes d'une importance égale à celle du fleuve Mississippi, afin de contrôler ses eaux et de permettre une navigation ample et libre de Saint-Paul au golfe du Mexique.

Au cours des dernières années, l'agitation en faveur de l'amélioration du fleuve a pris une forme très précise, et de temps à autre des crédits importants ont été accordés par le Congrès dans le but de maintenir le fleuve navigable à toutes les périodes de l'année. Dès 1873, le président du Comité sénatorial des voies de transport reprochait au gouvernement de négliger d'améliorer en profondeur les grands fleuves. Un quart de siècle s'est écoulé depuis lors et, de l'avis de nombreux riverains compétents, il reste encore beaucoup à faire, non seulement dans le fleuve, mais aussi dans la méthode de conception et d'exécution des améliorations.

Le fleuve Missouri, grand affluent du Mississippi, a souvent été décrit comme l'un des fleuves les plus dangereux et les plus agressifs de l'univers. Il semble être animé par un esprit d'agitation et un désir de changement, à tel point que le centre du lit de la rivière se déplace fréquemment vers la droite ou vers la gauche si rapidement qu'il fait disparaître des fermes et des maisons prospères. Parfois, ce procédé erratique menace l'existence même des villes et des ponts, et des dizaines de milliers de dollars ont été dépensés de temps à autre en travaux de jour et de nuit pour freiner l'agressivité du courant et le contraindre à se confiner dans ses propres limites.

Le Mississipi proprement dit apporte des lacs jusqu'à sa jonction avec la rivière Missouri une eau claire, dont le reflet est si vif, que la verdure des rives lui donne un aspect tout à fait vert. Le Missouri, en revanche, est boueux et turbulent, entraînant avec lui, même à marée basse, une grande quantité de sable et de sédiments. Aux crues, il entraîne avec lui les arbres et tout ce qui passe à sa portée, mais à toutes les époques de l'année, son eau est plus ou moins boueuse. A la jonction des deux rivières, la différence de couleur de l'eau est très apparente et, chose étrange, il n'y a un mélange complet que lorsque plusieurs milles ont été parcourus par le courant. Dans des conditions ordinaires, la partie ouest du courant est beaucoup plus sombre que la partie orientale, même à vingt milles de ce qu'on appelle généralement l'embouchure du Missouri.

Le Muddy Missouri s'élève dans les montagnes Rocheuses. Il est en réalité formé par la jonction de trois rivières : la Jefferson, la Gallatin et la Madison. Par une étrange incongruité, le cours supérieur du Missouri se trouve à moins d'un mile de celui du Columbia, bien que les deux fleuves coulent dans des directions opposées, le Columbia se jetant dans l'océan Pacifique et le Missouri trouvant une entrée dans le golfe du Mexique via le Mississippi. . A une distance de 441 milles du point extrême de navigation des bras supérieurs du Missouri, se trouvent ce qu'on appelle les « Portes des Montagnes Rocheuses », qui présentent un aspect extrêmement grandiose et pittoresque. Sur une distance d'environ six milles, les rochers s'élèvent perpendiculairement depuis le bord de la rivière jusqu'à une hauteur de 1,200 pieds. La rivière elle-même est comprimée à une largeur de 150 mètres, et sur les trois premiers milles, il n'y a qu'un seul endroit, et celui de quelques mètres seulement, sur lequel un homme peut se tenir entre l'eau et l'ascension perpendiculaire de la montagne.

A une distance de 110 milles au-dessous de ce point, et à 551 milles de la source, se trouvent les « Grandes Chutes », à près de 2 600 milles de la sortie du Missouri dans le fleuve Mississippi. À cet endroit, la rivière descend par une succession de rapides et tombe sur une distance de 351 pieds sur seize milles et demi. La chute inférieure et supérieure a une pente perpendiculaire de 98 pieds, la deuxième de 19 pieds, la troisième de 47 pieds et la quatrième de 26 pieds. Entre et au-dessous de ces chutes, il y a des rapides continus d'une descente de 3 à 18 pieds. Les chutes, après celles du Niagara, sont les plus grandioses du continent.

Au-dessous des "Great Falls", il n'y a pas d'obstacle substantiel à la navigation, sauf qu'au milieu de l'été et en automne, après la montée de juillet, l'eau est souvent insuffisante pour la navigation à vapeur . Cela résulte du fait que, bien que le fleuve Missouri draine une grande partie du pays et reçoive de nombreux affluents, dont certains sont navigables sur plusieurs centaines de milles, il traverse une grande partie de son cours à travers un pays sec et ouvert, où le processus d'évaporation est très rapide. Le canal est rendu complexe par le grand nombre d'îles et de bancs de sable, et dans de nombreux cas, il est rendu exceptionnellement dangereux en raison d'innombrables chicots.

Des volumes ont été écrits sur les aventures des pionniers et des chasseurs d'or, qui remontèrent le Missouri avant les chemins de fer et même la civilisation, pour commercer avec les Indiens ou chercher du métal jaune dans les grandes collines du pays inexploré, où on recherche beaucoup de richesses facilement acquises. Certains des hommes les plus riches de l'Ouest ont aujourd'hui un souvenir vif des dangers qu'ils ont rencontrés lors de leur voyage sur ce fleuve et des ennemis qu'ils ont dû soit rencontrer, soit éviter. Parfois, des Indiens hostiles attaquaient un bateau au milieu du fleuve, des deux côtés de la rivière, et lorsqu'on tentait de faire descendre de l'or ou des marchandises coûteuses sur la rivière, des attaques audacieuses étaient souvent menées par des voleurs blancs, dont la férocité et les desseins meurtriers étaient tout aussi aussi remarquables que ceux des tribus aborigènes. De nombreux meurtres ont été commis et les graines ont été semées pour d'innombrables mystères et disparitions inexpliquées.

La rivière Ohio est un autre des grands affluents du Mississippi. Autrefois, l'importance de cette voie navigable était énorme. Le Mississippi lui-même traverse le Minnesota, le Wisconsin, l'Illinois, l'Iowa, le Missouri, l'Arkansas, le Kentucky, le Tennessee, le Mississippi et la Louisiane. L'Ohio exploite et draine un pays beaucoup plus ancien que beaucoup de ces États, d'où son importance à l'époque où Cincinnati était la grande porte d'entrée de l'Ouest et une ville manufacturière de première importance.

L'Ohio est un grand fleuve qui s'étend sur plus de mille milles et relie Pittsburg au Caire, en passant par des villes aussi importantes que Louisville et Cincinnati. Sur cette rivière, certains des événements les plus intéressants de l'histoire du fleuve se sont déroulés dans le passé. Bien des tragédies et bien des comédies sont incluses dans ses annales, et même aujourd'hui, bien que parallèle, traversée et retraversée par des chemins de fer, c'est une voie de commerce des plus importantes.

La rivière Tennessee est un affluent de l'Ohio, dans lequel elle entre si près du Mississipi qu'elle a une relation très étroite avec ce grand fleuve. Entrant dans l'Ohio à Paducah, dans le Kentucky, le Tennessee est l'un des fleuves les plus grands et les plus importants à l'est du Mississippi. Il est formé par l'union de deux rivières qui prennent leur source dans les montagnes Allegheny et se rejoignent à Kingston, Tennessee. La rivière coule ensuite vers le sud-ouest à travers l'Alabama et, en tournant vers le nord, traverse des parties du Tennessee et du Kentucky. En longueur, le Tennessee dépasse 1,200 milles, et, à l'exception de quelques endroits très dangereux ici et là, c'est strictement un fleuve navigable.

Traversant ainsi un pays qui n'est pas encore entièrement doté de voies ferrées, le Tennessee constitue une liaison importante entre un certain nombre de petits points de navigation, qui autrement seraient coupés des relations commerciales avec les grands centres. Les moyens de transport sont donc bons et rappellent à bien des égards l'époque où le trafic fluvial était généralisé. Des bateaux circulent presque toute l'année sur cette rivière jusqu'aux pointes de l'Alabama, et non seulement il s'agit d'un commerce de fret important et lucratif, mais les personnes en quête de plaisir et de santé sont également transportées en grand nombre.

Tout n'était pas prosaïque dans la vie fluviale d'autrefois. Nous avons tous entendu parler des grandes courses sur le fleuve Mississippi entre de magnifiques paquebots et de l'excitation sur le pont lorsque l'un puis l'autre prenaient un léger avantage. Des histoires, plus ou moins fiables, ont été racontées à maintes reprises sur les immenses sommes d'argent gagnées et perdues par les spéculateurs qui ont soutenu leurs propres bateaux contre tout venant. Les trucs et les plaisanteries ont également prévalu et perdurent jusqu'à nos jours. Le passager d'un bateau sur la rivière Tennessee est presque sûr d'apprendre comment un second très populaire a échappé à son arrestation en se déguisant en cuisinier. L'histoire est suffisamment amusante pour supporter la répétition, et dépourvue de détails corroborants, évidemment conçus pour donner une vraisemblance artistique au récit, elle est la suivante :

Le bateau a été arrêté à un débarcadère dans une petite ville du Kentucky où les lois contre les jeux de hasard étaient censées être très strictes. Certains officiers du bateau étaient déterminés à tuer le temps en pariant quelques dollars au poker, au faro ou à quelque chose de pire, et des enquêtes furent en conséquence faites pour savoir où on pouvait trouver un jeu. Les résultats furent satisfaisants du point de vue des joueurs, et la foule se rendit à l'endroit désigné, emmenant avec elle le second, très gros, de bonne humeur, mais peu spéculatif. Le jeu s'est déroulé dans une petite salle à l'arrière d'un restaurant presque tout aussi petit. Tout s'est bien passé pendant un moment , et ceux qui gagnaient pensaient avoir tout ce que leur cœur pouvait désirer. Tout à coup, un des hommes de couleur arriva en courant avec une notification indiquant que l'endroit était en train d'être perquisitionné.

C'était une affaire de chacun pour soi. Comme c'est l'habitude dans des cas de ce genre, un ou deux d'entre eux se sont retrouvés sous la table, où ils ont bien sûr été rapidement retrouvés et arrêtés. Deux autres sautèrent par la fenêtre, dans les bras de deux députés qui étaient là pour les recevoir. Le compagnon, surpris pour la première fois de sa vie dans une salle de jeux, a pensé à un très bon plan d'évasion. Attrapant son chapeau et son manteau, il se dirigea vers la cuisine, où il trouva une dame de couleur au bon caractère qui travaillait dur en remuant la pâte en prévision d'un luxe de table pour un repas à venir. Avec une présence d'esprit admirable, le compagnon ramassa un tablier, l'attacha autour de lui et dit à "maman" de prendre quelques minutes de repos car elle était visiblement fatiguée, il saisit sa cuillère en bois et continua à remuer la pâte comme s'il ne l'avait jamais fait. fait autre chose dans sa vie.

Entre-temps, tous les autres membres du groupe avaient été arrêtés et emmenés dans le petit bâtiment à charpente qui remplissait à la fois la fonction de prison et de tribunal de police. Diverses conjectures furent échangées sur le sort du second, dont l'ignorance des événements liés aux raids de jeu devait lui être très gênante de diverses manières. Toute inquiétude à ce sujet fut cependant dissipée. Le vieil homme a si bien joué son rôle que lorsque les assaillants l'ont vu travailler péniblement avec la cuillère en bois, ils ont conclu qu'il était membre de l'établissement. En conséquence, ils le laissèrent tranquille et, une fois le raid terminé, il remit son chapeau et son manteau, avec l'indifférence et la nonchalance d'un acteur expérimenté, et retourna tranquillement au bateau.

Ici, il informa les amis des individus incarcérés de l'état dans lequel ils se trouvaient et leur conseilla d'aller à leur libération, préférant se tenir le plus loin possible des représentants de la loi. La liberté a été obtenue grâce au paiement de sommes considérables sous forme d'amendes et de frais, et bien que l'événement ait eu lieu il y a quelques années, la manière dont le joueur inexpérimenté s'est échappé, tandis que ses amis les plus endurcis et expérimentés ont été arrêtés, est toujours une constante. source de gaieté parmi les officiers et les passagers.

C'est au cours d'un voyage délicieux et nettement sensationnel sur le fleuve Columbia que les passagers ont été informés d'un tour relativement ancien, qui a été exécuté avec la plus grande rapidité et rapidité par un jeune second. Ce jeune homme n'a jamais été connu pour avoir de l'argent. Généreux à l'extrême et plein de bonne humeur, il parvenait à se débarrasser de son salaire aussi rapidement qu'il lui était versé, et son impécuniosité était une plaisanterie constante parmi les membres de l'équipage et les passagers réguliers. Un jour, le bateau eut un accident et resta amarré dans une petite ville pendant quatre ou cinq jours. Le héros de l'histoire, avec un certain nombre d'autres individus au cœur léger, débarqua naturellement par plaisir. Ils passèrent ce qu'on appelle généralement du bon temps, mais le peu d'argent dont ils disposaient au début fut bientôt épuisé.

Deux ou trois conseils de guerre eurent lieu pour déterminer comment obtenir un approvisionnement en rafraîchissements liquides, d'un caractère non compris dans la carte de tarif de l'homme de tempérance. Enfin, le second s'engagea à assurer le nécessaire sans dépenser d'argent. Il emprunta un lourd pardessus appartenant à l'un des convives, puis sortit deux grandes bouteilles de vin. Il remplit l'un d'eux d'eau et le boucha solidement. Il prit l'autre vide et, avec celui-ci dans ses poches, entra dans le salon. En présentant la bouteille vide, il a demandé au barman combien il facturerait pour la remplir, et après avoir entendu le montant, il lui a dit de continuer.

Dès que la bouteille fut remplie et rendue au second, il la glissa dans sa poche et, d'une manière très terre-à-terre, commença à prendre des dispositions pour la liquidation de la dette, à un moment opportun. L'homme du saloon était naturellement mécontent de toute discussion sur ce personnage et a dit à son client soit de payer l'alcool, soit de le rendre immédiatement. Prenant un air d'innocence blessée, notre ami a sorti la bouteille d'eau, l'a tendue au barman et a dit qu'il "devinait qu'il devrait la reprendre". Le fournisseur sans méfiance de l'alcool qui à la fois réjouit et enivre, grommela considérablement, vida la bouteille d'eau dans la dame-jeanne de whisky, rendit la bouteille au chercheur de crédit apparemment inconsolable et lui dit de « sortir ».

Bien entendu, aucune deuxième commande n'était nécessaire. Cinq minutes plus tard, on aurait pu voir tout le monde partager le contenu de la bouteille qui n'avait pas été vidée, mais qu'ils n'ont pas tardé à vider. L'astuce remplit admirablement son objectif. Quand, environ deux semaines plus tard, l'homme qui avait joué était de nouveau en ville, il est venu au saloon pour payer le whisky. Il fut traité avec beaucoup de gentillesse, mais des allusions furent librement faites quant à la nécessité d' être accompagné par un gardien dans ses voyages. En d'autres termes, le barman a clairement refusé de croire qu'il avait été trompé comme il l'a déclaré. Cet aspect de la plaisanterie était, de l'avis de ses auteurs, le plus amusant de tous, et il est à peine besoin de dire que très peu d'efforts furent faits pour désabuser le barman incrédule mais un peu trop crédule.

Le fleuve Columbia est l'un des plus intéressants et remarquables du continent. S'élevant tout près de la source de la rivière Missouri, il se dirige, par une route très détournée, vers l'océan Pacifique, étant par endroits très étroit et dans d'autres anormalement large. Les Dalles du Columbia sont connues dans le monde entier. Ils sont situés à environ soixante ou soixante-dix milles à l'ouest de la ville de Portland et à une distance facile du Mont Blanc américain. Ils s'étendent de la gare de Dalles , une petite ville sur l'Union Pacific Railroad, jusqu'à Celilo , une autre gare à environ quinze milles plus à l'est. Entre ces deux points, le lit du Columbia est considérablement réduit en largeur, et ses limites sont deux énormes parois rocheuses qui s'élèvent presque perpendiculairement au niveau de l'eau. La largeur du gouffre, à travers lequel l'eau s'écoule sauvagement, varie considérablement, mais à aucun moment dans la partie ouest elle ne dépasse 130 pieds, bien que de chaque côté des Dalles la largeur de la rivière elle-même variait d'environ 2 000 à bien plus. à plus de 2 500 pieds.

Comme le volume d'eau est énorme à cet endroit, surtout après la pluie et la fonte importante des neiges, il y a souvent une montée de cinquante pieds en quelques heures dans l'étroit canal des Dalles . Parfois, l'élévation dépasse soixante-dix pieds, et il en résulte un effet des plus extraordinaires. Depuis de nombreux points le long des berges de la rivière, on peut voir le mont Hood s'élever dans les nuages. Les bluffs eux-mêmes sont des merveilles de formation, très difficiles à expliquer ou à rendre compte. Lorsque l'eau est basse, des falaises presque verticales apparaissent. Les falaises varient en hauteur dans une mesure remarquable, et plus l'eau est basse, plus l'apparence des personnages le long d'elles est grotesque. Lorsque l'eau est très basse, il y a une cascade, ou une cascade, tous les quelques pieds, présentant une apparence de tumulte et d'écume continus, très attrayante pour le visiteur, mais très répréhensible au point de vue de la navigation.

Lorsque les eaux sont hautes, ces cascades se perdent de vue, et les rochers qui les forment se couvrent d'un torrent furieux, qui semble vouloir tout précipiter dans sa course précipitée vers l'océan Pacifique. L'exploitation forestière est l'une des utilisations les plus importantes du fleuve Columbia, et lorsque d'immenses masses de bois dévalent les Dalles , à une vitesse parfois aussi grande que cinquante milles à l'heure, toutes les notions préconçues d'ordre et de sécurité sont réduites à néant. Il y a un tronc d'arbre, long de plus de 3 000 pieds, sur lequel les billots se précipitent si rapidement qu'à peine vingt secondes sont occupées dans tout le voyage. Les Dalles peuvent généralement être décrites comme une auge merveilleuse, et le nom est un mot français qui signifie bien cette caractéristique.

Plus bas sur la rivière et près de la ville de Portland, il y a des chutes très charmantes, pas exceptionnellement grandes ni hautes, mais d'un caractère très délicieux et pleines de contradictions et de particularités. La navigation en bateau à vapeur sur le fleuve Columbia, dans ses sections navigables, est extrêmement agréable et instructive. C'est le plus grand fleuve d'Amérique qui se jette dans l'océan Pacifique. Sur plus de 140 milles, il est navigable par les plus gros bateaux à vapeur, tandis que d'autres navires peuvent s'élever beaucoup plus haut et plus près de la source pittoresque. Dans certaines sections, on peut voir des glaciers d'une grande ampleur, et il y a aussi de nombreux points sur lesquels la légende et la tradition ont été très chargées. Selon l'une de ces traditions, les Indiens qui vivaient autrefois sur les rives du fleuve étaient aussi courageux que les anciens Spartiates et les Grecs, bien que si cela est à peu près exact, la loi et l'argumentation sur la filiation doivent être entièrement erronées, car les Indiens de cette section figure aujourd'hui parmi les plus méchantes et les plus répréhensibles de tout le pays.

Une illustration artistique est donnée du bateau à vapeur « à dos de baleine », utilisé principalement sur nos lacs du Nord. Le baleine à dos varie d'un engin quelque peu maladroit, ressemblant beaucoup en apparence au dos d'une baleine, à l'engin beaucoup plus attrayant et navigable montré dans l'illustration. Ces baleines ont un rôle très important à jouer dans la navigation interne. Il semble capable de résister avec aisance aux intempéries et aux eaux agitées. Contrairement à la plupart des navires qui sont sécuritaires dans ces conditions, il nécessite très peu d'eau pour naviguer en toute sécurité et il peut transporter de lourdes charges dans six ou huit pieds d'eau.

Bateau à vapeur Whaleback sur les lacs

La renaissance du commerce des bateaux à vapeur sur nos grands fleuves, et la récupération sur les chemins de fer d'au moins une partie du commerce volé, est un passe-temps favori parmi les hommes de rivière en général, et en particulier parmi ceux dont les parents leur ont enseigné dès le berceau. véritable importance des magnifiques voies navigables intérieures généreusement fournies à notre terre natale par une Providence toute sage. Il est sérieusement proposé de tenter cette renaissance à l'aide de bateaux à vapeur à dos de baleine, et si le projet est réalisé, le succès qui accompagnera cet effort surprendra probablement agréablement même les plus enthousiastes parmi ceux qui le préconisent actuellement.

CHAPITRE XX.

À TRAVERS LE GRAND NORD-OUEST.

L'importance de certains de nos États les plus récents - L'histoire romantique du Montana - Les mauvaises terres et leurs opposés exacts - La civilisation là-haut dans les montagnes - Les Indiens qui ne se sont jamais disputés avec les hommes blancs - Les traditions concernant le mont Tacoma - Merveilleux Villes de l'extrême nord-ouest - Un État en forme de grande chaise - Les chutes de Shoshone.

Au cours des dernières années, de nouveaux États ont été admis dans l'Union, qui forment à eux seuls un magnifique empire. Nous faisons allusion aux grands territoires du Nord-Ouest qui sont devenus des États au cours de la dernière décennie et qui ont tant ajouté d'éclat à l'écusson de notre terre natale. La plus grande ignorance règne quant à ces États et quant à l'angle nord-ouest des États-Unis proprement dits, terme généralement appliqué à cette grande République, à l'exception de l'Alaska.

De temps en temps, on entend parler d'un grand incendie de forêt dans le Nord-Ouest, et parfois le monde est horrifié par les informations faisant état d'une terrible calamité de cette nature, entraînant de grandes pertes de vies humaines et de biens. De ce fait, on a tendance à considérer la partie nord-ouest des États comme une immense forêt, offrant toujours une tentation à ce terrible agent destructeur qu'est le feu. Les gens qui prétendent avoir fait des tournées à travers le pays ajoutent à la complication en s'étendant sur cette seule caractéristique et en omettant toute référence aux autres caractéristiques, dans lesquelles le grand Nord-Ouest domine de la tête et des épaules ses concurrents et donne une leçon au monde entier. en productivité, en fécondité et, pourrions-nous ajouter, en industrie.

L'Exposition universelle a servi à désabuser dans une large mesure l'esprit du public sur ce qui est destiné à devenir l'une des régions les plus riches des États-Unis. Les élégants bâtiments d'État érigés sur les rives du lac Michigan et les magnifiques étalages de fruits, de céréales, de minerais et de différents produits ont dû convaincre le visiteur moyen qu'il y avait bien plus à l'extrême ouest et au nord-ouest que lui. avait rêvé. Beaucoup ont été incités, à la suite des informations qu'ils ont reçues, à associer leur fortune à celle des jeunes États, et bien que la situation financière du pays n'ait pas été calculée pour accélérer la réalisation de leurs espoirs dignes d'Aladdin, la plupart d'entre eux ont assez bien réussi. pouvoir se féliciter du changement de lieu et de métier.

Nous ne pouvons parler que de quelques-unes des caractéristiques les plus remarquables de cette grande section, plus grande, en fait, que plusieurs nations de l'Ancien Monde réunies. Helena est la capitale d'un de ces nouveaux États, auquel on donne le nom euphonique de Montana. Le nom est très approprié, car il signifie « appartenant aux montagnes ». Les Indiens portaient un nom très similaire pour le territoire maintenant inclus dans l'État, et le juge Eddy l'a appelé « l'État Bonanza » en raison de ses sensations minières, nom qui lui est resté fidèle depuis lors. Les armoiries de l'État sont significatives et presque allégoriques. Le présent est lié au passé par le retrait d'un buffle, signe de l'extermination de cette espèce intéressante et précieuse. Les grandes ressources minières du Montana sont montrées par la pioche et la pelle d'un mineur, et à l' arrière-plan le soleil se couche derrière les éminences des montagnes Rocheuses. Le Montana a été découvert pour la première fois par des Canadiens il y a environ deux cents ans. La première colonie permanente a eu lieu au début du siècle actuel et, jusqu'au cours des cinquante dernières années, tous les biens et ustensiles utilisés étaient traînés jusqu'au fleuve Missouri depuis Saint-Louis, sur une distance de près de 2 000 milles. Lorsque la guerre éclata, le territoire était occupé presque entièrement par des Indiens, avec quelques audacieux commerçants de fourrures et un certain nombre de missionnaires qui, dans l'exercice de leur devoir, n'avaient aucune crainte. La découverte de l'or, qui eut lieu presque simultanément avec le coup de feu du premier coup de feu dans le conflit entre le Nord et le Sud, attira des milliers d'aventuriers de toutes les parties de l'Union et introduisit des millions de capitaux. Certaines mines connurent un succès phénoménal et, même si les échecs causèrent les brûlures d'estomac habituelles, la moyenne des succès fut très élevée. Les mines d'or de l'État ont rapporté des sommes fabuleuses, et plus récemment des mesures ont été prises pour extraire du quartz et de la roche toute la richesse qui s'y trouve.

Le Montana est un État du Nord-Ouest en fait comme en nom. Il est situé sur le haut plateau entre la Continental Divide et la Bitter Root Range. Un cinquième de sa superficie s'étend au-delà des montagnes Rocheuses et sa limite nord est la région enneigée du Canada et de la Colombie-Britannique. La partie orientale de l'État, limitrophe des Dakotas, est constituée pour la plupart de terres de prairies, s'élevant rapidement vers l'ouest et formant l'approche des puissantes Rocheuses. La partie ouest, limitrophe de l'Idaho, a un caractère beaucoup plus montagneux. On peut voir ici quelque 50 000 milles carrés de pays vallonné, dont la plupart des sommets s'élèvent à des hauteurs dépassant 10 000 pieds. L'État à lui seul est plus grand en superficie que l'ensemble des îles britanniques, et il est infiniment plus grand que l'ensemble de la Nouvelle-Angleterre. C'est un pays aux distances magnifiques, comme le montre le fait que la frontière du nord est égale en longueur à la distance entre le grand siège du savoir et de la culture du Massachusetts et la capitale de l'éphémère Confédération.

Bien que la majeure partie du Montana soit riche en agriculture ou en minéraux, une zone considérable est occupée par les fameuses Bad Lands. Le général Sully a décrit ces terres avec beaucoup de précision, ou du moins avec justesse, lorsqu'il a déclaré qu'elles lui rappelaient « l'autre endroit où les incendies étaient éteints ». On a donné tant de descriptions des Mauvaises Terres que nous n'avons guère besoin d'y faire référence en détail. L'argile, la roche et la poussière particulière qui se trouvent tout autour de ce territoire deviennent, à la moindre provocation, les plus méchants types de sables mouvants. Rien ne peut prospérer dans les Mauvaises Terres qui regorgent pourtant de témoignages de vie préhistorique et qui, peut-être, furent autrefois le théâtre d'activité et même de prospérité.

La vallée de Gallatin, qui s'étend sur environ quatre cents milles carrés, contraste exactement avec les Bad Lands. On dit que c'est l'un des endroits les plus fertiles du monde et, d'un commun accord, on l'appelle l'Égypte du Montana. Une partie en a été cultivée, et son rendement à l'acre s'est révélé prodigieux. A proximité de cet endroit fertile naissent deux des fleuves les plus remarquables d'Amérique. Le plus grand d'entre eux est le Missouri, qui, mesuré depuis sa source jusqu'à son entrée finale dans le golfe du Mexique le long du lit du fleuve Mississippi, est en réalité le plus long fleuve du monde. Là-haut, dans les montagnes, le Missouri, qui deviendra par la suite l'un des fleuves les plus dangereux et les plus destructeurs de l'univers, coule à travers des canyons pittoresques et de grandes gorges rocheuses, laissant finalement à l'État un grand fleuve, bien qu'encore insignifiant en comparaison avec le volume qu'il doit prendre et le travail de drainage qu'il doit accomplir plus loin des puissantes collines parmi lesquelles il a pris sa source.

Le chemin de fer du Pacifique Nord traverse ce merveilleux État, avec un si grand avenir devant lui. Helena, la capitale du Montana, était à l'origine un camp minier, et les premières prophéties prédisaient qu'elle ne survivrait pas à l'enthousiasme minier. Ces prophéties se sont toutefois révélées totalement erronées. Ce n'est plus une simple ville minière, avec des hommes rudes, occupés et incultes qui se précipitent ici et là à la poursuite avide de leur occupation quotidienne. C'est aujourd'hui non seulement la capitale judiciaire du Montana, mais c'est aussi le grand centre de progrès éducatif. Elle possède un certain nombre de très beaux édifices publics et abrite de nombreux hommes qui, après avoir fait fortune dans les mines du nouveau Nord-Ouest, ont été si impressionnés par la beauté du paysage et du climat qu'ils ont décidé de demeurer. où au début ils avaient simplement l'intention de séjourner. Helena se trouve à plus de 4 000 pieds au-dessus du niveau de la mer et ses 20 000 habitants sont réputés valoir plus de 100 000 000 de dollars. L'apôtre du socialisme ou du communisme qui suggérait un partage égal entre les 60 000 000 d'habitants de toutes les richesses de la nation, trouverait peu d'encouragement dans cette grande ville de montagne, où la pauvreté, sinon inconnue, est très rare.

Butte est bien plus typique en tant que ville minière. Ceci est situé sur une colline tout à fait particulière et on y accède par une promenade le long de la vallée de Silver Bow. Tout près se trouve la merveilleuse mine Anaconda. Les mines du quartier ont la réputation d'avoir un rendement immense, les extractions annuelles d'or, d'argent et de cuivre étant évaluées à plus de 33 000 000 $. La fonderie Anaconda, construite il y a une douzaine d'années, est considérée comme la plus grande du monde, et la ville elle-même semble littéralement parler d'exploitation minière par ses rues, ses maisons, ses commerces, ses habitudes et ses habitants.

Missoula est la troisième plus grande ville du Montana. Son emplacement est splendide pour une ville. Le Hell Gate Cañon et la rivière se fondent dans une magnifique plaine, au pied de la célèbre vallée de Bitter Root. La rivière Hell Gate jaillit du canyon et des montagnes dans la vaste plaine et traverse majestueusement la limite extrême nord de celle-ci, serrant étroitement la chaîne Mission au nord. Sur le côté ouest de la vallée, la rivière Bitter Root se combine avec la Hell Gate, et ensemble, et maintenant sous le nom de rivière Missoula, elles coulent vers l'ouest entre de hautes montagnes. L'extrémité nord de la vallée a une largeur d'environ six milles ou plus. La grande ouverture dans la montagne est de forme plutôt triangulaire, avec le sommet du triangle à plusieurs kilomètres en amont de la vallée, au sud. Voici une ville aménagée et construite en parfaite harmonie avec son emplacement, comme en témoignent le goût de l'aménagement du lieu et le caractère de ses quartiers d'affaires et de ses résidences. Les téléphones, l'éclairage électrique et l'approvisionnement en eau se trouvent même dans les banlieues reculées de Missoula.

Les montagnes les encerclent littéralement. Immédiatement au nord-est se trouve une colline dénudée qui ressemble de manière surprenante à un animal. Il ressemble à un énorme éléphant couché, dont l'arrière-train forme l'extrémité nord du Hell Gate Cañon , autour duquel le chemin de fer se courbe en sortant du cañon . Le « Mammoth Jumbo », comme on l'appelle à juste titre, s'incline, la tête vers le nord et le tronc étendu derrière lui. Un œil est clairement visible et une énorme épaule est visible. Au sud, pointu, décisif, avec un escarpement rocheux abrupt qui nous fait face et une longue crête qui en descend, se trouve le pic Lolo, de la chaîne des racines amères, un point de repère remarquable. Ce surplombe le col Lolo, par lequel le chef Joseph est venu lors de sa célèbre retraite du général Howard en 1877, qui s'est terminée par la bataille des montagnes Bear Paw, le 5 octobre, où le chef courageux et compétent a été capturé avec le reste de sa tribu. alors qu'ils sont presque à portée de liberté juste de l'autre côté de la frontière canadienne.

A l'extrémité sud de la vallée, sur les rives de la rivière Bitter Root, et avec la chaîne de montagnes servant de toile de fond efficace, se trouve le fort Missoula, un poste militaire agréablement situé. Plusieurs interprétations de la signification du mot « Missoula » sont données. Le Père Guidi , prêtre de longue résidence dans le pays, m'a donné ce qu'il considère comme le vrai, qui indique également la manière dont le Canon de la Porte de l'Enfer et la rivière ont été baptisés. L'endroit où se trouve Missoula était autrefois le théâtre de conflits entre les différentes tribus indiennes. Les « Flatheads » et les « Blackfeet » étaient des ennemis mortels et, vraisemblablement, se sont battus pour ce bel endroit. Quoi qu'il en soit, le sol juste à l'embouchure du Hell Gate Cañon était couvert il y a longtemps de crânes et d'ossements humains.

Ces Indiens Flathead se distinguent par le fait qu'ils n'ont jamais adopté une attitude hostile envers les Blancs. Ils sont avancés en civilisation, comme l'auront noté les lecteurs du chapitre IX et de l'illustration qui l'accompagne. La tradition affirme que leur religion exige que la tête de chaque enfant soit aplatie au moyen d'une planche avant que les os ne durcissent suffisamment pour prendre une forme. Quoi qu'il en soit, aucun des membres survivants de la tribu n'a la tête particulièrement plate, et tous nient catégoriquement l'affirmation selon laquelle la nature est jamais perturbée de la manière indiquée. Ces Indiens s'appellent eux-mêmes « Selish », nom apparemment sans raison ni origine. La réserve Flathead a été créée il y a une quarantaine d'années. Sur trois côtés, elle est entourée de hautes montagnes et couvre environ 2 240 milles carrés de territoire. La gare, Arlee, doit son nom au dernier chef de guerre des Flatheads. Les passagers sont souvent amusés par les Indiens aux ponts criards que l'on voit à cette gare, qui se trouve tout près de la réserve.

Une histoire intéressante s'attache à la rivière Jocko et à la réserve. On raconte qu'un Irlandais nommé Jacob Finley a établi un ranch sur la rivière au début du siècle actuel. Les Canadiens français qui se sont établis dans le quartier et se sont mariés avec les Indiens, appelaient Finley par son prénom avec une prononciation française particulière, qui le faisait ressembler beaucoup à Jaco ou à Jocko, ce dernier nom devenant progressivement généralement adopté. Il était tout à fait naturel de donner à la rivière et à la vallée le nom du propriétaire du ranch, et le nom fut finalement généralement accepté comme correct. Cet homme, Finley, laissa derrière lui une famille de dix-sept personnes, et avant sa mort plusieurs années, ses descendants directs se comptaient dans trois ou quatre siècles pairs.

Les Indiens appelaient le ruisseau Nlka , une combinaison imprononçable de lettres, résultant d'un événement très intéressant bien que diversement décrit.

Mme Ronan, l'écrivaine bien connue, raconte une histoire intéressante sur la façon dont les Indiens donnent des noms. Ainsi, sa propre fille s'appelait Isabel, mais les Indiens l'appelaient « Sunshine ». En février 1887, la petite fille est née. Quelques jours avant sa naissance, le temps avait été extrêmement maussade. Presque simultanément à la naissance de l'enfant, le soleil, si longtemps caché sous les nuages, éclata pour réjouir le cœur de l'homme. D'un commun accord, les Indiens déclarèrent que la petite avait apporté du soleil avec elle, d'où ce nom qui, comme les événements ultérieurs l'ont prouvé, était exceptionnellement approprié.

Ce chapitre est accompagné d'une illustration du mont Tacoma. Cette montagne est l'une des plus attrayantes et des plus élevées du Nord-Ouest. Comme on peut facilement le supposer, d'innombrables traditions y sont liées. On ne peut pas commettre de plus grande erreur que d'imaginer que les Indiens qui vivent dans cette région sont naturellement athées et ignorants. Pour celui qui étudie la religion, il existe plutôt parmi ces gens une croyance inhérente en l'Être Suprême, avec de très fortes preuves de la vérité de la révélation divine. L'une des traditions, racontée avec beaucoup de ferveur et de sérieux à propos de Tacoma, implique un Sauveur de l'humanité. Avec beaucoup de respect et de respect, le bon auditeur parmi le groupe de touristes apprend qu'à une époque - les légendes sont rarement très précises en matière de temps ou d'espace - un Sauveur est arrivé dans un canoë en cuivre, sa mission étant de sauver les Siwash. Les Indiens, dont on parlait comme du peuple élu du Grand Invisible. Le fait qu'un prophète ou un missionnaire soit certainement venu dans cette région et y ait prêché semble être évident d'après la survie très certaine des doctrines qu'il a enseignées. Son credo semble avoir été un mélange très approprié de tout ce qu'il y a de meilleur dans les enseignements de Bouddha, avec l'ajout de nombreux préceptes du « Sermon sur la montagne ».

Deux vues du mont Tacoma

L'amour envers l'humanité, le mal de la vengeance et les gloires du pardon constituent les principaux traits de la doctrine. La légende, ou la tradition, raconte que l'opposition à ce croisé fut si violente, qu'il attaqua si violemment les institutions locales, qu'il fut finalement capturé et cloué à un arbre. Cet acte de crucifixion résultait d'un sermon final dans lequel la destruction gratuite d'êtres humains était dénoncée avec une grande véhémence. Comme neuf, au lieu de sept ou trois, est le nombre général évoqué dans cette section, il n'est pas surprenant que l'histoire continue en affirmant qu'après neuf jours, le "Mystérieux" fut réanimé et recommença son travail de réforme et scolarité.

Rien en rapport avec l'histoire ne peut être contesté. Certains pensent que c'est le résultat d'une immigration fortuite en provenance des régions de Palestine, à laquelle est également attribuée l'histoire du déluge.

Chez presque tous les Indiens du Nord-Ouest, il existe une histoire ou une légende du déluge, et il doit y avoir des centaines de Noé dans l'esprit des conteurs. On nous dit, par exemple, que lorsque le Grand Esprit inonda la terre entière, il n'y avait pas assez d'eau pour couvrir le sommet du mont Tacoma. L'homme choisi pour empêcher l'anéantissement complet de la race humaine fut averti dans un rêve, ou par tout autre moyen, de grimper au sommet de cette grande montagne, où il resta jusqu'à ce que les méchants en dessous de lui soient anéantis, sans homme. femme ou enfant en fuite. Une fois le déluge terminé et les eaux commencées à se retirer, le Grand Esprit hypnotisa ou hypnotisa cet être humain solitaire et créa pour lui une épouse d'une beauté exceptionnelle. Ensemble, ces deux-là ont recommencé la bataille de la vie et, comme le raconte la légende, chaque être humain existant peut retracer sa lignée jusqu'à eux.

La montagne vaut sûrement tout ce qu'on en dit. Sa grande hauteur a déjà été commentée. Debout, avec son sommet à 14 444 pieds au-dessus du niveau de la mer, il est en fait une sentinelle pour presque tout l'État. Hazard Stevens, le premier homme à gravir Tacoma, a rapporté que les Indiens l'appelaient ainsi parce que le mot signifie, dans leur vocabulaire, « montagne », et qu'il avait été donné à Tacoma parce que c'était un véritable prince parmi les collines. On l'appelait autrefois Rainier, du nom d'un seigneur britannique, mais le nom indien a généralement prévalu.

Tacoma a été décrit par de nombreux touristes comme un rival des sommets les plus vantés des Alpes suisses. Comme le montrent les illustrations, qui sont remarquablement bonnes, il y a un léger brouillard autour de la montagne. Lorsque la lumière est faible, le sommet au sommet des nuages présente un aspect particulier, presque artificiel. Lorsque les nuages sont très blancs, la ligne de démarcation devient extrêmement faible, et il est très difficile de les distinguer les uns des autres. Parfois, pendant plusieurs jours, la montagne est littéralement recouverte de nuages et son sommet caché à la vue. Ceux qui ont la chance de pouvoir apprécier ce qui est horrible et unique dans l'histoire ne se lassent jamais de contempler Tacoma. Ils sont heureux de l'inspecter de tous les côtés. Certains l'appellent un sépulcre blanchi . Il fut un temps où c'était tout sauf l'éminence calme et paisible d'aujourd'hui. Tout indique qu'il s'agissait autrefois d'un des volcans les plus actifs qui aient existé.

Il existe une ville, ou plutôt une cité, du même nom que la montagne. Ceci est situé sur la baie Commencement. Elle se trouve à l'ombre même de la grande montagne dont nous avons parlé et qui semble la protéger contre les ennemis de l'intérieur. Il y a quinze ans, c'était un simple village sans grande importance. Elle est rapidement devenue une ville de grande importance. En 1873 , la Northern Pacific Railroad Company décida d'en faire le terminus ouest de son important réseau. Il en est résulté un renouveau de vie, ou plutôt une véritable naissance de ce lieu qui compte aujourd'hui 40 000 habitants et qui est une ville extrêmement riche et prospère. La Tacoma Land Company, habilement secondée par le chemin de fer, a encouragé l'entreprise dans cet endroit de la manière la plus chaleureuse, et maintenant certains des grands bâtiments de la ville, dont beaucoup d'habitants de l'Est affectaient d'ignorer l'existence, sont plus que magnifiques. --ils sont majestueux.

Seattle est un autre diamant encore plus brillant dans la couronne de Washington. C'est une grande ville, avec un port magnifique, et son nom est celui d'un puissant chef indien qui, lors de la fondation de la ville, il y a quarante ans, faisait les choses pratiquement à sa guise. Son importance a pris très rapidement, mais en 1889, l'un des plus grands incendies des temps modernes a détruit des propriétés d'une valeur de 10 000 000 $, y compris les meilleurs immeubles et structures commerciales de la ville. Les gens qui n'avaient jamais vu Seattle pensaient immédiatement que la ville était morte, et les spéculations allaient bon train quant à l'endroit qui assurerait son magnifique commerce. Ceux qui parlaient ainsi ignoraient totalement la nature des hommes qui avaient fait de Seattle ce qu'elle était. En quelques jours seulement, les travaux de reconstruction commencèrent. L'incendie gêna quelque peu la ville et arrêta sa progression. Mais Seattle se porte mieux après le désastre et constitue aujourd'hui un monument à la politique du "zéro désespoir " de ses dirigeants.

Spokane Falls est un autre merveilleux exemple de la poussée et de l'énergie du Nord-Ouest. C'est une ville très jeune, les premières traces de sa fondation ne remontant pas à plus de 1878. Lors du recensement de 1880, l'endroit n'avait aucune importance et reçut très peu d'attention de la part des recenseurs. En 1890, elle comptait environ 20 000 habitants et suscitait l'admiration du pays tout entier par les progrès qu'elle avait réalisés en matière d'électricité. Sa puissance hydraulique est énorme et, tirant pleinement parti de celle-ci, l'électricité est produite à faible coût et utilisée à toutes fins disponibles et possibles.

L'État de Washington, dans lequel sont situées ces trois villes, borde l'océan Pacifique et est l'un des plus grands de nos nouveaux États. Le premier explorateur moderne du territoire fut un Espagnol, suivi quelques années plus tard par des marins anglais. Juste à la fin du siècle dernier, certains capitalistes de Boston, car il y avait déjà des capitalistes à cette époque, bien qu'ils estimaient leur richesse par milliers plutôt que par millions, envoyèrent deux navires dans cette région pour faire du commerce de fourrures avec les Indiens. L'un de ces navires était le "Columbia", qui a donné son nom à la région, dont une partie le conserve encore, bien que la section dont nous parlons maintenant possède et se vante du nom du "Père" de son et de notre pays.

Washington est devenu un État il y a cinq ans. C'est un grand pays minier, mais il est encore plus connu pour ses merveilleuses ressources en bois d'œuvre. Le commerce de Puget Sound est énorme. Une seule entreprise emploie 1,250 hommes dans les scieries et l'exploitation forestière, et elle est responsable d'avoir introduit dans la section des machines améliorées de tous types. Les débuts de l'histoire du grand commerce du bois sont pleins d'intérêt, et c'est là seulement un point dans lequel les progrès ont été énormes. Une autre grande entreprise a coupé 63 000 000 pieds de bois en un an et en a expédié plus de la moitié hors du pays. Le cèdre blanc, de la qualité la plus coûteuse, est très commun dans l'État de Washington, et il est utilisé pour la fabrication de bardeaux, qui se vendent à des prix très élevés et sont considérés comme particulièrement et, en fait, anormalement bons. On y trouve également des pins blancs d'une quantité et d'une taille immenses. Certaines grumes sont si grandes qu'elles ne sont surpassées que par les grands arbres phénoménaux à croissance anormale que l'on trouve à quelques centaines de kilomètres plus au sud, sur le grand versant du Pacifique.

L'Idaho est un autre des grands États du grand Nord-Ouest. Il se situe en grande partie entre les deux États que nous venons de décrire si brièvement, et sa forme est si particulière qu'on a dit qu'il ressemblait à une chaise, avec les montagnes Rocheuses et la chaîne des Racines Amères comme siège avant et arrière. Une autre comparaison le compare à un triangle rectangle, avec la chaîne des racines amères comme base. Il s'agit d'un vaste plateau, en forme de coin, et on peut dire qu'il est constitué d'une masse de chaînes de montagnes repliées les unes sur les autres.

Trois noms ont été soumis au Congrès lors de la première désignation du territoire. Il s'agissait de Shoshone, du Montana et de l'Idaho. Ce nom de famille a finalement été choisi parce qu'il est censé signifier « la vue sur la montagne ». La dérivation la plus exacte du nom semble être une vieille légende Shoshone, impliquant la chute d'un objet mystérieux du ciel sur l'une des montagnes. Le paysage de cet État est varié en tout, sauf en beauté, qui est presque monotone. Bear Lake, l'une de ses grandes attractions, est le paradis des pêcheurs. Ses eaux s'étendent sur vingt milles dans une direction et huit ou neuf milles dans l'autre. Cette vaste étendue d'eau est l'une des meilleures stations de pêche à la truite au monde. Bien que situé dans une vallée, le lac Bear est si haut dans les montagnes que ses eaux sont gelées pendant plusieurs mois de l'année, la glace se brisant rarement avant une bonne partie du mois d'avril. L'eau est toujours froide et donc particulièrement favorable à l'élevage de la truite. Le lac Pen d'Oreilles a une longueur d'environ trente milles et sa largeur varie de trois milles insignifiants à plus de quinze. Elle est parsemée d'îles d'une grande beauté et d'une grande verdure. A proximité se trouve la montagne Granite, avec d'autres collines et sommets atteignant en moyenne 10 000 pieds de hauteur. Le lac a un immense littoral, s'étendant jusqu'à 250 milles. Sur un bon dixième de cette distance, les voies du Pacifique Nord sont proches du lac, offrant ainsi aux passagers une vue très agréable sur cet intérieur, qui a été comparé au lac bavarois de renommée mondiale, Königs See.

L'État est également connu pour la réputation de grandeur étrange qu'a acquise la rivière Snake, également connue sous le nom de Shoshone. Il s'agit d'un jet d'eau très rapide. Grâce à son parcours sinueux, il mesure mille milles dans le seul Idaho et draine environ les deux tiers de l'État. Près du cours supérieur de la rivière Snake, à proximité du parc de Yellowstone, se trouvent des fonds très fertiles, avec de longues étendues de terres de vallée. Les chutes américaines plongent sur une masse de lave d'environ quarante pieds de haut, avec un pont ferroviaire si proche que le rugissement de l'eau couvre le bruit de la locomotive. Sur soixante-dix milles, la rivière Shoshone coule à travers un canon profond et sombre , avec une masse de cascades et de nombreuses îles volcaniques entre elles. Viennent ensuite les grandes chutes Shoshone elles-mêmes, rivalisant à bien des égards avec celles du Niagara et possédant parfois un volume d'eau encore plus important. Les chutes ont près de mille pieds de largeur et la descente dépasse deux cents pieds. De nombreux écrivains ont affirmé que ces chutes présentaient des caractéristiques de beauté qui n'ont d'égale nulle part au monde. Selon une description, ils ressemblent à une cataracte de neige, avec une avalanche de joyaux au milieu de solides portails de lave.

Bancroft, résumant les grandes caractéristiques de cet État, dit de manière très concise : « Les premiers explorateurs pensaient généralement qu'il y avait plus d'étranges et d'horribles dans le paysage et la topographie de l'Idaho que d'agréables et d'attrayants. Une connaissance plus intime des caractéristiques moins remarquables du pays révéla de nombreuses beautés. Le climat des vallées se révéla beaucoup plus doux que, à en juger par leur élévation, on aurait pu s'y attendre. Des lacs pittoresques furent découverts parmi les montagnes, fournissant dans certains cas. les eaux navigables. Le poisson et le gibier abondent. De belles forêts de pins et de sapins couvrent les pentes des montagnes, sauf dans la région des laves ; et la nature, même dans cette partie phénoménale de son domaine, n'a pas oublié de préparer la terre à l'occupation de l'homme. ni négligé de lui donner un sol merveilleusement chaud et fertile pour compenser le travail consistant à maîtriser la sauvagerie de ses lieux apparemment déserts.

CHAPITRE XXI.

DANS LE SUD-EST CHAUD.

La Floride et son nom approprié--Les premières parties de l'Amérique du Nord découvertes par les hommes blancs--Les premières vicissitudes de ses explorateurs--Une immense ligne côtière--Comment Key West est devenue une grande ville de cigares--La rivière Suwanee--St . Augustine et son hôtel de renommée mondiale – Old Fort Marion.

La Floride est le nom donné à l'un des États les moins connus de l'Union. Ponce de Leon était le parrain de ce coin sud-est de notre terre natale. Son baptême a eu lieu à une époque reculée. Le jour de l'événement était le dimanche de Pâques, appelé en espagnol Pascua Floria , ce qui signifie littéralement « la fête fleurie ». C'est donc presque par hasard que la Floride a reçu un nom singulièrement approprié et bien choisi. D'un bout à l'autre, dans les deux sens, il y a une profusion de beautés semi-tropicales et de fleurs, dont certaines sont entièrement particulières au voisinage immédiat. Il y a aussi une abondance de fruits, et souvent les fleurs des arbres fruitiers forment à elles seules un joli spectacle floral.

Les armes de l'État sont très particulières et appropriées. La figure principale est celle d'un Indien allongé sur une berge, dispersant des fleurs autour de lui. Au loin, le soleil se couche au milieu de belles collines. Au centre, il y a une rivière avec un bateau à vapeur dessus et un grand cocotier poussant à côté. La devise de l'État a été adoptée par de nombreuses communautés, mais elle est toujours la bienvenue à cet effet : « In God We Trust ».

En ce qui concerne son climat, la Floride peut offrir une grande variété. Des dizaines de milliers de phtisiques ont cherché à retrouver une nouvelle vie dans les régions les plus chaudes de l'État, et beaucoup en sont revenus avec un grand bénéfice. Les hivers sont de l'ordre de l'été indien, étant singulièrement secs, sains et exempts de poussière. Le Gulf Stream augmente la température de cinq à dix degrés par temps froid, et dans la partie sud, la température descend rarement en dessous du point de congélation. La vague de froid exceptionnelle de 1894-95 peut être citée comme une véritable exception à la règle générale, et les lourdes pertes subies par la culture des fruits ont été autant une surprise qu'une perte.

La Floride a l'honneur d'être la première partie de l'Amérique du Nord découverte par les Blancs. Ponce de Leon, dont le nom même évoque la romance et la poésie, a exploré une partie du pays en 1513, lorsqu'il a proclamé la souveraineté de l'Espagne sur ce pays. En 1527, une compagnie de soldats espagnols tenta d'en chasser les habitants indigènes. La tentative échoua, mais une autre, quelque quatorze ans plus tard, eut plus de succès. L'Espagne n'a pas obtenu de titre clair sur la péninsule sans protester. Les huguenots français ont construit le fort Caroline sur la rivière Saint-Jean vers le milieu du siècle. Peu de temps après cette entreprise, une flotte espagnole surprit et anéantit les pionniers, sur les tombes desquels ils placèrent l'inscription : « Non pas comme Français, mais comme luthériens ». Cette tentative brutale de donner un aspect religieux au meurtre fut très vite ressentie. Une expédition française s'empare du fort, pende la garnison l'une après l'autre, en annonçant qu'elle le fait, et pend les voyous « non comme Espagnols, mais comme traîtres, voleurs et meurtriers ».

La Floride occidentale fut colonisée à la fin du XVIIe siècle et, en 1763, le territoire désormais inclus dans l'État fut cédé à la Grande-Bretagne en échange de Cuba. La colonisation s'ensuit et un très grand nombre de conservateurs britanniques s'installent dans le pays. En 1814, les États-Unis s'emparèrent de certaines parties du pays et, quatre ans plus tard, il devint évident que la domination européenne devait y cesser. Lorsqu'en 1821 l'Espagne céda ce territoire aux États-Unis, le nombre d'habitants blancs était à peine de 600, alors qu'il y avait au total 4 000 Séminoles qui y résidaient.

La guerre Séminole a commencé en 1835 et a duré sept ans. La guerre a coûté environ 20 000 000 de dollars et plus de 1 500 soldats américains ont perdu la vie au cours de la campagne. Plus de 30 000 soldats furent engagés dans le conflit et les Indiens, profitant de leur connaissance du pays, résistèrent pendant une durée extraordinaire à une force supérieure. Peu à peu, les sauvages furent repoussés vers le sud et les Séminoles furent finalement vaincus. Ceux qui ont survécu ont été pour la plupart envoyés à l'ouest du fleuve Mississippi. On en trouve encore quelques-uns, cependant, dans une réserve à environ quinze milles de Fort Pierce sur Indian River.

Lorsque les États du Sud ont fait sécession, la Floride les a suivis. En 1864, le général Seymour mena 7 000 soldats presque jusqu'à Lake City. Jacksonville resta sous contrôle fédéral, mais l'État évita heureusement de devenir un champ de bataille entre les forces opposées.

La Floride possède un patrimoine géologique très intéressant. Elle a évidemment été fondée sur des récifs coralliens, et les formations sont si récentes qu'on y trouve peu de minéraux. La roche phosphatée est l'une des productions naturelles les plus remarquables de l'État, et sa valeur réelle n'a pas encore été complètement déterminée. L'État lui-même est naturellement divisé en deux parties, l'Est et l'Ouest. L'est de la Floride comprend une longue péninsule et s'étend vers l'ouest jusqu'à la rivière Suwanee, sur laquelle le mélodiste nègre se plaît à chanter. L'ouest de la Floride a un caractère plus intérieur. Les mesures de l'État sont particulières. Il y a donc 700 milles entre la rivière Perdu et le cap de Sable. De l'Atlantique à l'extrême ouest, la distance est d'environ 400 milles, et du nord au sud la distance est légèrement plus grande. La péninsule elle-même mesure en moyenne moins de 100 milles de largeur. La Floride possède naturellement un immense littoral. Sur ce total, près de 500 milles se trouvent sur la côte atlantique, et quelque 700 milles se trouvent dans le golfe du Mexique. Les ports abondent de toutes parts, et lorsque la Floride deviendra un État manufacturier en même temps qu'un État fruitier, ses ressources pour l'exportation lui seront un immense avantage pour vaincre la concurrence et l'opposition.

Ce trait de côte fait de la pêche maritime l'une des activités les plus rémunératrices de l'État. Environ 10 000 hommes sont constamment employés à ce travail. Certains des poissons trouvés ici sont des spécialités de choix et coûteuses, notamment le vivaneau rouge, le pompano, le maquereau espagnol et la truite de mer. Les tortues sont abondantes et la pêche au tarpon procure un divertissement à ceux qui sont plus strictement sportifs. La pêche aux éponges est également une activité assez rémunératrice, qui suscite toujours beaucoup d'intérêt auprès des visiteurs d'autres États. À elle seule, Key West envoie chaque année des éponges d'une valeur de 500 000 dollars, deux grandes capitales d'Europe étant les meilleurs clients.

Key West est cependant mieux connu pour ses cigares. Il est situé sur ce que les Espagnols appelaient à l'origine Bone Reef, en raison des grandes quantités d'ossements humains qui y avaient été trouvés par les premiers explorateurs. Il y a quatre-vingts ans, un certain nombre de pêcheurs de la Nouvelle-Angleterre se sont installés à Key West, à environ soixante milles de la Floride proprement dite et à environ quatre-vingt-dix milles de La Havane. La grande révolution dans la nature des affaires et des habitudes de la ville fut provoquée par l'installation, il y a moins d'un quart de siècle, d'un important groupe d'exilés cubains. Ceux-ci apportèrent avec eux les secrets de la fabrication des cigares de la plus haute qualité. Ils entreprirent aussitôt de créer des usines aussi grandes que leurs moyens le permettaient, et l'activité se développa si rapidement qu'il existe désormais des installations permettant de fabriquer près de 150 000 000 de cigares chaque année. À celui qui apprécie la différence entre les bons et les mauvais cigares, il est à peine nécessaire de dire qu'en qualité comme en quantité, le produit de cette île hispano-américaine a progressé.

Le port de Key West est le neuvième port d'entrée du pays. Il est si naturellement imprenable qu'il a échappé à la capture pendant la guerre civile, lorsque les ports de la côte du Golfe étaient une source particulière d'attaques et d'envie. La légende et l'histoire s'entremêlent autour du port avec des histoires d'un intérêt passionnant, dont beaucoup ont constitué l'intrigue de romans à succès et célèbres. La ville possède des rues particulières mais attrayantes, avec des arbres tropicaux des deux côtés. À sept milles se trouve Key West, le point le plus méridional du territoire des États-Unis. Depuis l'immense jetée du phare, la distance jusqu'à l'île de Cuba est inférieure à dix-huit milles.

De retour à l'intérieur des terres, nous passerons peut-être quelques minutes

Cette rivière, comme nous l'avons vu, forme la limite ouest de la Floride orientale. C'est un ruisseau très romantique qui traverse un pays d'une beauté incomparable, avec des arbres tropicaux et des sous-bois jusqu'au bord de l'eau. Il entre en Floride depuis la Géorgie du Sud et traverse un pays qui varie de la forêt à la plaine et des hautes terres à la vallée. Le long de ses rives se trouvent un certain nombre de petites maisons du Sud, peu d'entre elles se vantant de la magnificence dont nous lisons souvent, mais toutes paisibles et attrayantes. De l'un d'eux, nous donnons une illustration. À première vue, ils ne semblent pas avoir quelque chose de très remarquable à propos de la petite maison et de ses environs, mais après y avoir réfléchi et regardé, on découvrira quelque chose de plus que poétique. La vieille ballade nègre que nous avons citée plus haut donne dans ses vers une idée charmante du fleuve et des souvenirs et des pensées qui s'y accrochent. Les fêtes d'excursion sont très fréquentes le long de la rivière. Certains s'adonnent à la chasse et profitent de la profusion de gibier de toutes parts. D'autres préfèrent se livrer à une rêverie paisible et ne penser qu'aux vieux gens pittoresques qui, comme nous le raconte la chanson, restent toujours dans les environs.

La rivière Ocklawaha ressemble à la Suwanee à bien des égards. Des bateaux à vapeur le parcourent sur une distance considérable, et il est rarement difficile d'y amener des passagers. On dit qu'il y a plus d'alligators dans cent pieds carrés d'eau, dans certaines sections de cette rivière, que l'on peut en trouver dans n'importe quelle autre eau du monde. Depuis le pont d'un paquebot, il est très intéressant d'observer les mouvements particuliers de ces créatures dangereuses, et de nombreuses conjectures sont échangées sur ce qui se passerait dans le cas où l'un des observateurs tombait par-dessus bord. Sur les rives de la rivière, les bosquets de cèdres sont fréquents. La Floride fournit au monde entier le bois nécessaire à la fabrication des crayons à papier, et les incursions faites dans ses forêts de cèdres à cette fin menacent de priver l'État d'une de ses caractéristiques les plus uniques. Le cyprès, un bois qui commence tout juste à être apprécié à sa juste valeur, est également abondant dans les environs, et plusieurs des marécages de cyprès dont on parle tant sont traversés. On voit également des ananas pousser vigoureusement, ainsi que le vanillier, qui ressemble au tabac dans sa feuille. Les feuilles de vanille sont très largement récoltées et vendues dans un but pas très clairement défini ou expliqué.

Le banian doit être vu pour être compris. C'est en réalité un produit exclusif de Floride et on le trouve dans le pays de Key West, où le coton des îles marines pousse toute l'année, indifférent aux changements de saison. Le banian est presque une colonie d'arbres à lui seul, possédant apparemment une douzaine de troncs en un seul. Toutes les branches supérieures sont plus ou moins unies, et le vieux proverbe : « Dans l'union il y a la force », semble avoir en lui une illustration et une confirmation uniques.

Lake Worth est l'un des plus beaux lacs du Sud. C'est une très belle nappe d'eau, interrompue seulement par l'île Pitts, qui est située près de son extrémité nord. Les produits les plus utiles et les plus désirables du Nord ont ici leur foyer agréable, aux côtés de ceux les plus appréciés de la région de l'équateur. Un habitant de la Nouvelle-Angleterre peut trouver ses pommes de terre, son maïs sucré, ses tomates et d'autres produits favoris de son jardin, et peut cueillir, sans pratiquement changer de position, des produits qui sont généralement considérés comme brésiliens. Il trouve dans son environnement, aussi abondant et aussi libre que l'eau qui jaillit devant lui, des voisins aussi étranges que le café, le tamarin, la mangue, la papaye , la goyave, la banane, le sapadillo , l'amande, la pomme à la crème, la pomme maumec , le pamplemousse, l'ombre, Poire Avadaco et d'autres connaissances tout aussi nouvelles.

Et ce sont tous des voisins, de véritables résidents, des natifs du sol, et non des immigrants importés ou des visiteurs exigeants qu'ils soient traités avec tendresse. Les parents géants, également à l'aise, sont l'hévéa, l'acajou, l'eucalyptus, le liège et le mimosa. Tout cela, à quarante heures de voyage de New York, à atteindre en hiver par un voyage tout chemin de fer, et à déguster dans un climat de mai perpétuel. Ce n'est qu'il y a quelques années (moins d'une douzaine) que les beautés de Lake Worth étaient pour la première fois vaguement signalées par des sportifs aventureux, qui avaient contemplé sa beauté indescriptible.

Aujourd'hui, le goût et le travail des riches capitalistes de l'Est et de l'Ouest ont bordé ses belles rives de demeures élégantes. L'un d'eux, McCormick Place, est célèbre depuis deux ans pour sa merveilleuse beauté. Il est situé à Palm Beach, sur la rive est du lac, et fait face à l'ouest ou à l'intérieur des terres. Il reçoit ainsi l'air frais du lac et les brises de l'Atlantique, qui n'est qu'à quelques pas. L'ensemble du domaine s'étend sur 100 acres, tous en haute culture. Il a un front de mer sur le lac et l'océan de 1 200 pieds. Dans ce bel endroit, M. McCormick a construit un château si joliment fini, à l'intérieur comme à l'extérieur, conçu avec si bon goût et si élégamment meublé, qu'on pourrait imaginer qu'il s'attendait à recevoir la royauté dans ses murs.

On dit que nulle part sur le continent on ne trouve dans un seul endroit une plus grande variété de plantes végétales, comme on le voit ici dans la pleine perfection d'une croissance vigoureuse. Les cactus sont alors des merveilles de variété et de beauté. L'idée que l'on se fait de ce qu'est un cactus ne peut jamais être complète tant qu'on n'a pas été témoin d'une scène comme celle-ci et d'une collection de cette ampleur. Les arbres fruitiers forment un massif de bosquets. Dans certains d'entre eux, d'énormes cocotiers dominent toutes les autres plantes, tandis qu'à côté de ces monarques de la culture arboricole se trouvent des bosquets d'arbres nains, moins énormes mais tout aussi intéressants.

Cette région a été décrite comme des sables mouvants mentaux. Il y a quelque chose dans l'atmosphère qui rend l'homme le plus industrieux inactif. Ici, l'individu nerveux, irritable et pointilleux, qui pendant des années n'a jamais su ce que signifiait le repos et qui s'est agité lorsqu'il ne pouvait pas travailler, se retrouve détendu, contre son gré, dans un état qu'un célèbre homme d'État a décrit comme une « désuétude inoffensive ». ". La douceur de l'air, à la fois chaude, vivifiante et vivifiante, sans être sévère, provoque une sensation naturelle de repos. La fascination que cela crée devient vite écrasante. Plus le visiteur reste longtemps, plus il se livre complètement et désespérément à ses sentiments, jusqu'à ce qu'il ne s'en arrache finalement que par un effort douloureux.

La baie de Biscayne se situe au terminus de la péninsule de Floride et à l'extrême sud-est des États-Unis. Le visiteur qui se trouve ici se trouve sur ce qu'on appelle souvent le grand orteil saillant de l'Union. Au sud de lui, il y a un certain nombre d'îles, mais il n'y a plus de terre ferme. La baie est presque un lac. Il s'étend bien sur la côte, mais n'est pas entièrement entouré de terres. Il a entre cinq et dix milles de large et quarante milles de long. Une vingtaine de petites criques l'alimentent depuis l'océan. L'eau est bleue et claire et peu profonde, ce qui fait du lac l'un des plus beaux lieux de croisière au monde. Tout au long des côtes se trouvent de petits établissements pittoresques, tous d'aspect nettement méridional, et sur chacun desquels le voyageur peut entendre des légendes innombrables.

Saint Augustine est peut-être la ville dont on parle le plus en Floride. C'est une vieille ville espagnole pittoresque avec une grande histoire. Les témoignages du passé semblent disparaître rapidement, le recul étant forcé par l'introduction d'idées modernes et d'immenses sommes de capital moderne. L'église du Souvenir est l'un des éléments caractéristiques de la ville, et derrière elle, le voyageur aperçoit, à mesure qu'il s'approche, des tourelles et des tours de toutes formes et de toutes tailles. Les trottoirs sont presque uniformément bons, et lorsqu'on circule dans les rues pour la première fois, chaque détour semble mettre en lumière quelque nouvelle merveille et quelque beauté inattendue. Des haies formées de lauriers-roses, d'arbor vitae, de mélèzes et de cèdres, sans parler des masses de roses de toutes sortes, bouleversent toutes ses idées préconçues sur la croissance des arbres, des arbustes et des fleurs, et le convainquent qu'il est arrivé dans une terre où coule effectivement du lait. et le miel, où les hivers sont pratiquement inconnus.

L'Hôtel Ponce de Leon est naturellement le grand objet de sa recherche, et si sa bourse le lui permet, le touriste s'y arrêtera certainement, ne serait-ce que pour dire qu'il a dormi, au moins une nuit, dans cet endroit extraordinaire et merveilleusement magnifique. hostellerie. Si le Ponce de Leon était à New York, Philadelphie, Saint-Louis ou Chicago, il susciterait des murmures d'admiration de toutes parts. Mais son existence ne serait pas considérée comme quelque chose d'extraordinaire, comme c'est certainement le cas dans une ville de la taille de Saint-Augustin. L'entreprise qui a conduit à sa construction a été maintes fois commentée , et les méthodes libérales de gestion ont également fait l' objet de nombreux commentaires. Alors que la calèche franchit la porte voûtée de la cour fermée, fleurie toute l'année de parfum et de beauté, le touriste commence à s'excuser mentalement du scepticisme dans lequel il s'est laissé aller à l'égard de cette merveille de l'époque. Après avoir gravi plusieurs terrasses successives de larges marches de pierre, il se retrouve enfin devant la magnifique façade du grand hôtel. Devant lui se trouve le grand portail, surmonté de l'arc souvent décrit de boucliers espagnols en terre cuite. Tout autour, il y a de larges galeries et de larges fenêtres, avec des couronnements artistiques très coûteux . Les galeries sont soutenues par des piliers massifs mais soignés, et les coins ombragés et tranquilles sont pleins d'influence romantique.

Tout rappelle l'Espagne ancienne, même si la splendeur et l'architecture sont souvent celles de l'extrême Orient. Il y a cinq salons élégamment décorés, dans lesquels se trouvent des tables en onyx précieux et sur les murs desquels se trouvent des peintures d'une grande splendeur. Au plafond, des fresques exquises racontent l'histoire du vieux cavalier qui a donné son nom à l'hôtel et sa recherche patiente et fidèle de la légendaire fontaine de jouvence que personne n'a encore trouvée. Au dîner, le visiteur est presque consterné par la magnificence du service, et son appétit est susceptible d'être blessé par ses réflexions sur le prix de l'argenterie et de la porcelaine servies devant lui. Parfois, jusqu'à un millier de convives s'assoient ensemble, et le service semble parfait pour un nombre illimité de visiteurs.

Ce grand hôtel a été érigé comme le grand temple décrit dans les Écritures, pratiquement sans marteau ni clous. Moulé dans du béton, il est pratiquement résistant aux intempéries et au temps, et il est ignifuge dans un sens du terme bien plus littéral que celui généralement adopté dans les grandes villes. Il n'y a pas de faux-travail, du sous-sol à la tour. Le marbre italien, la terre cuite et l'onyx mexicain sont les principaux matériaux utilisés, et rien d'« aussi bon » n'est toléré.

La vue depuis Saint Augustin peut difficilement être excellée dans aucune partie du monde. Les vieilles portes de la ville rappellent au touriste des histoires espagnoles et des fables orientales. Au loin, il aperçoit Fort Marion, décrit comme la plus ancienne fortification des États-Unis. Il a été construit par l'un des rois espagnols à grands frais et, selon l'opinion des experts, il survivra probablement à de nombreuses générations à venir. Il est construit en ciment cocquina , que l'on trouve uniquement en Floride, et qui semble avoir un caractère éternel.

Fort Marion a été le théâtre, au cours des années passées, d'innombrables événements d'un intérêt passionnant, et l'étudiant en histoire, qui le voit pour la première fois, se réjouit d'évoquer des souvenirs à son sujet. Au cours des anciennes guerres indiennes, il y eut plusieurs massacres à cette époque, au cours desquels les Indiens se surpassèrent parfois en actes de sang. Il y a environ vingt ans, le vieux fort a été transformé en prison indienne, et certains des membres des tribus indiennes les plus pires et apparemment les plus irrécupérables y ont été emmenés. Cela comprenait Mochi , la squaw indienne qui semblait considérer le meurtre comme un grand art et une grande vertu, "Rising Bull", "Medicine Water", "Big Mocassin " et d'autres voyous rouges qui avaient fait leurs preuves au-delà de tout espoir de réforme. La tour de guet du fort se dresse au-dessus des bâtiments environnants et est probablement l'une des plus anciennes tours de guet et phares du monde.

L'ancienne digue s'étend du fort jusqu'au vieux marché aux esclaves historique et à la place, où des brises fraîches peuvent être obtenues les jours les plus chauds. Il y a la cathédrale, le plus ancien lieu de culte du pays, si l'on en croit les historiens locaux, avec son carillon de cloches qui appelait pour la première fois les fidèles au culte il y a plus de 200 ans. A l'est, les eaux douces de la jolie baie attirent l'attention de tout visiteur qui a en lui une part de poésie ou d'appréciation du beau. Non loin de là se trouve l'île Anastasia. Au nord de la baie de Mananzas se trouve l'endroit où Sir Francis Drake, l'un des premiers amiraux d'Angleterre, a débarqué, et à proximité se trouve le phare souvent décrit, avec son ancien prédécesseur espagnol juste au nord.

Non loin de Saint-Augustin se trouve le vignoble Carmonna . Ici, il y a soixante-quinze acres de terres couvertes de vignes. La deuxième année, ces vignes ont produit deux tonnes et demie de raisins par acre. La mer de feuilles, répondant à la douce brise qui souffle généralement, présente un aspect vert très reposant à l'œil et ouvre de nouvelles idées sur la couleur et l'étendue. Tout autour de Moultrie, il y a des hectares et des hectares de raisins blancs du Niagara, et dans quelques années, les expéditions de ce fruit en Floride seront énormes.

Une maison reposante du sud

Un après-midi de juin

Une scène tropicale